MAGINOT LINE

수능과 직결되는 최정예 영단어

마지노 999

마지노 999

초판1쇄 2008년 7월 20일

지은이 | 지소철
펴낸이 | 신성모
펴낸곳 | 북&월드
 (EYE는 "Enjoy Your English"라는 뜻으로 북&월드의 영어 관련서 브랜드입니다.)
주소 | 서울 마포구 신수동 448-6번지 한국출판협동조합 내 도서출판 북&월드
등록 | 2000년 11월 23일 제10-2073호
전화 | 02-326-1013
팩스 | 02-322-9434
e-mail | gochr@hanmail.net

ISBN 978-89-90370-70-9 53740

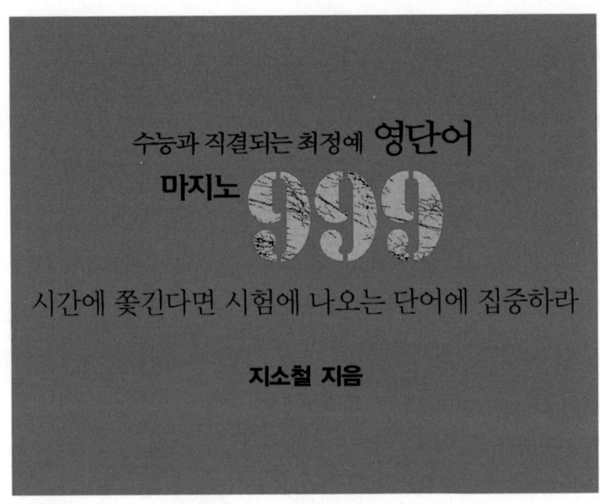

EYE

반란을 부추기는 발칙한 책

단어는 많이 알수록 좋은 것이다. 말이란 단어와 단어가 조합된 것이라는 일반적인 진실을 새삼 떠올리지 않아도, 우선 시험을 볼 때 단어를 많이 알면 좋은 점수를 받을 확률이 높아지는 것 아닌가! 맞다. 영어를 정복하기 위해서, 그리고 수능에서 고득점을 얻기 위해서 단어는 많이 알아야 한다. 그런 사실을 알면서, 왜 999개라는 시시껄렁한 숫자를 달고서 많은 어휘 책들 속에 이 책을 던진 것일까?

안타까움 때문이다. 뒤늦게 정신을 차리고서 공부를 하겠다고 결심한 수험생들을 보면 안타깝다. 그들을 보면 "게으른 녀석! 그동안 뭘 하다가 이제야 영어 단어를 외우겠다고 덤비느냐!"고 꾸짖기보다는, "그럼 이제 시간이 얼마 남지 않았지만, 이 단어들은 꼭 암기하렴!" 하고 조언하고 싶었다. 벼랑 끝에 서 있는 그들에게 희망을 주고 싶었고 실질적인 도움의 손길을 내밀고 싶었다.

방학만 되면 이번엔 꼭 단어책 한 권을 다 외워서 어휘 짱이 되겠다고 결심을 하지만, 막상 개학할 때까지 100페이지를 못 넘기고 결국 다음을 기약하는 모습을 보면 안타깝다. 1800 또는 2000이란 단어 수에 매몰되어, 어떤 단어가 정말 중요한지, 어떤 단어들이 실용적이며 실제로 시험에 나올 가능성이 큰지 모르고 무턱대고 덤벼드는 학생들을 보면 안타깝다. 그런 수험생들에게 "우선 이 단어들을 공부하렴. 수능에 실제로 많이 출제되었고, 앞으로도 나올 확률이 아주 높은 단어들이란다.”라고 어둠 속 등대처럼 환한 안내를 해주고 싶었다.

　94년부터 치러진 수능 외국어영역, 교과서의 단어들을 모두 분석해서 가장 중요한 단어들, 출제될 수밖에 없는 단어들, 문장의 이해를 위해 반드시 암기해야 하는 단어들을 선별했다. 또한 수능 듣기, 독해 지문과 성격과 내용이 흡사한 예문을 단어의 자동 반복 학습이 가능하도록 제시함으로써 실용성을 높였다.

　분명 『마지노 999』는 “공부짱”들을 위한 책이 아니다. 그들은 이미 수능 어휘의 “마지노선”을 넘었기 때문이다. 뒤늦게 영어 단어를 공부하고자 하는, 영어 단어에 자신이 없는, 시간에 쫓기는 학생들이 “깜짝 반란”을 일으키길 바라는 “발칙한” 책. 선택은 여러분의 손에 달렸다. 부디 이 책으로 여러분의 소중한 희망의 불꽃이 활활 타오르길 바란다.

　끝으로 이 책의 출간을 흔쾌히 허락하신 신성모 사장님과, 디자인과 편집을 위해 애쓰신 한기석 디자이너님, 그리고 이 책을 선택해준 여러분께 감사의 마음을 전한다.

지소철

철저한 분석과 선별을 거쳐 탄생한 999

지금까지 치러진 수학능력시험, 교과서, 타출판사에서 발행된 단어책들을 꼼꼼히 분석해, 실전에서 유용한 단어들만 선별했다. 즉 듣기와 독해 문제를 푸는데 모르면 안 되는 단어들만 추렸다는 것이다. deck, oval처럼 출제 가능성도 적고, 몰라도 전체 문맥을 이해하는 데 지장이 없는 단어들은 과감히 뺐다. 영어를 공부하다 보면 이 단어들도 언젠가 다시 만날 것이고, 영어의 달인이 되기 위해 알아야 하는 것이지만 시간에 쫓기는 여러분이 수능에 집중하고자 한다면 잠시 잊어도 될 거란 판단 때문이었다.

이런 생각을 바탕으로 선별한 단어들은 일선 학교와 학원에서 직접 학생들을 가르치시고 수능 경험이 풍부한 선생님들의 수정을 거쳤다. 선생님들마다 약간의 이견은 있었지만, 수능을 분석해보면 "놀랍게도" 실제 출제되는 단어들의 수가 상당히 적다는 점에 대부분 동의했고, 수능을 위해 뒤늦게 영어 단어를 공부하는 학생들에게 고등학교 수준의 1000 단어 정도면 충분하다는 점에도 생각을 같이 했다.

게으른 녀석들의 마지막 희망 999

대부분의 수능 영단어 책들이 1800~2000 단어를 제시한 것에 비하면 『마지노 999』의 단어 수는 절반 정도로 적은 편이다. 듣기와 독해 지문을 100% 이해하는 데에는 한계가 있을 수 있고, 만점을 기대하는 것도 무리일 수 있다. 인정해야 한다. 하지만 이 책이 만점을 원하는 "공부짱"들을 위해 기획되지 않았다는 점을 이해할 필요가 있다.

이 책을 선택한 여러분은 분명 시간 관리에 미숙했다. 그것이 지나친 자신감 때문이었든지, 영어 단어를 너무 쉽게 생각했든지, 또는 잘못된 학습법 때문이었든지, 여러분은 실수를 한 것이고, 이제 그 실수를 어떡해서든 만회하고자 한다. 그렇지 않은가? 수능의 지문을 100%는 아니더라도, 문제를 푸는 데 지장이 없을 정도로 이해해서 고득점을 쟁취하고자 한다면, 분명 이 책은 많은 도움이 될 것이다. 그렇다고 해서 이 책이 "편법"을 가르치는 것은 아니다. 이 책에 제시된 단어들은 전반적인 영어 실력 향상을 위해서도 상당히 중요하며, 대학에 가서도 참고자료로 삼아도 좋을 만큼 알찬 내용을 담고 있다.

일석삼조의 효과 만점 예문

분명히 말한다. 예문을 철저히 학습하지 않는다면 이 책은 무용지물이다. 그 이유는 이렇다.

● 수능 문장과 흡사해 실전 준비에 유리한 실용적 예문을 제시했다. 따라서 수능뿐만 아니라 실제 말하고 글을 쓸 때도 도움이 된다.

● 무슨 말인지도 모를 추상적 예문은 없다. 듣기와 독해에 전혀 도움이 안 되는 "덜떨어진" 예문도 없다. 단어의 이해와 실전에 도움이 되는 예문만 있을 뿐이다.

● 표제어가 해당 예문뿐만 아니라 다른 단어의 예문에서도 등장한다. 자동 반복학습이 가능한 것이다. 따라서 이 책에는 연습문제가 없다.

다음과 같이 다른 곳에서 등장하는 단어는 이탤릭체로 강조해 놓았다.

- **We had a hard time to understand the contract because of some obscure words.**
  우리는 일부 의미가 불분명한 단어들 때문에 계약서를 이해하는 데 어려움을 겪었다.
- **I was perplexed by her *obscure* explanation.**
  난 그녀의 분명하지 않은 설명에 어리둥절했다.

보지 않고도 입에 "짝" 붙을 때까지 반복해서 읽고 외우기 바란다.

까다로운 구동사와 중학 필수 단어까지

구동사는 까다롭다. 기본 단어의 조합을 모르면 가슴이 터질 것 같다. 왜? 억울하니까! Round 3에 그런 까다로운 구동사들을 정리해 놓았다. 모르는 것만 체크해서 사전을 찾아 철저히 익히기 바란다.

친절하게도^^, 이 책에는 중학교 필수 단어들까지 들어 있다. 수능에 등장하는 어휘의 60~70%는 중학교 단어들이다. 당연히 "기본"이다. 기초가 부실하면 그 위에 아무리 좋은 걸 올려놓아도 무너진다. 역시 빠르게 체크하면서 모르는 단어들만 골라 먹자. family, son 같은 초딩 단어들은 없다. Sorry!

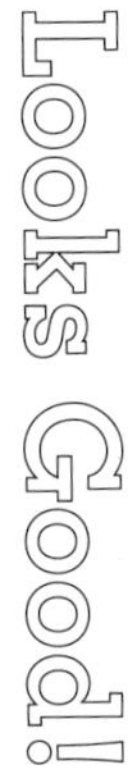

수능에서 3번 이상 등장한 단어들만 모은 Round 1

achieve는 수능에서 33번 등장했다. 왜? 중요하고 많이 쓸 수밖에 없는 단어니까! 이번 라운드에서는 수능에 3번 이상 등장한 단어들을 출제 빈도 순서로 줄 세웠다. 언제든 다시 등장할 수 있는 필수 단어들이다.

수능 고득점을 위한 필수 단어들을 모은 Round 2

문장의 이해를 위해 반드시 알아야 할 단어들, 문제의 열쇠가 되는 단어들을 모았다. 이 중엔 실제로 수능에 출제된 것들도 상당수 있으며, 대부분 실제 많이 쓰는 실용적 단어들이다.

까다로운 "동사+전치사[부사]" 정복을 위한 Round 3

모르면 너무 억울한 구동사들을 모았다. 우선 동사와 전치사[부사]의 기본 의미를 생각해보고, 까다롭다 싶은 것들은 체크해서 반드시 사전이나 다른 책들을 참고해 자기 것으로 만들기 바란다.

수능의 기본, 중학교 필수 단어를 정리한 Round 4

중학교 단어들은 정말 중요하다. 이미 말했듯이 수능 어휘의 60% 이상은 여러분이 중학교에서 배운 것들이다. 이미 다 알고 있는 것들이라 믿지만, 그래도 다시 확인하면서 기초를 튼튼히 다지자!

다 덤벼!

Round 1과 2에 심심찮게 등장하는 코너다. 관련이 있는 단어들을 싸잡아서 학습할 수 있다. 일목요연하게 정리되어 있어, 재밌게 읽다보면 일거다득하는 뿌듯함을 느낄 것이다.

Table of Contents

Round 1

수능이 계속되는 한
외울 수밖에 없는 필수 단어

391

:

이번 Round에는 94년부터 지금까지 수능에 최소 3번
이상 등장한 단골 출제 단어들을 출제빈도순으로
정리했다. 대부분 실생활에서 많이 쓸 수밖에 없는
필수 단어들이기 때문에 실용성을 중시하는 수능
지문에서 자주 등장하는 것은 지극히 당연하다. 33번
등장한 achieve부터 만나보자.

achieve
[ətʃíːv]

통 (일, 목적 등을) 이루다, 성취하다

- You will never achieve anything if you don't study harder.
  더 열심히 공부하지 않으면 넌 결코 아무 것도 이루지 못할 거야.
  ▶ achievable[ətʃíːvəbl] 형 성취할 수 있는, 이룰 수 있는
  ▶ achievement[ətʃíːvmənt] 명 성취, 달성

perform
[pərfɔ́ːrm]

통 실행하다, 해내다; 연기[연주]하다

- Most of the students performed well in the exam.
  대부분의 학생들이 시험을 잘 봤다.
  ▶ performance[pərfɔ́ːrməns] 명 실행, 이행; 연기[연주]

activate
[ǽktəvèit]

통 활성화하다, 작동시키다

- The *alarm* is activated by the lightest pressure.
  아주 살짝만 눌러도 경보 장치가 작동된다.
  ▶ active[ǽktiv] 형 활동적인, 적극적인 ↔ passive(소극적인)

condition
[kəndíʃən]

명 상태, 상황; 조건
통 ~라 조건을 붙이다, 제한하다

- His car is in excellent condition.
  그의 자동차는 상태가 아주 좋다.
- What I can buy is conditioned by the amount I earn.
  내가 살 수 있는 것은 내가 버는 돈의 액수에 제한된다.
  ▶ conditional[kəndíʃənəl] 형 조건에 따르는
  ▶ on the condition that ~ ~라는 조건으로, 만약 ~라면

govern
[gʌ́vərn]

통 다스리다, 통치하다; 좌우하다, 억제하다

- Prices of goods are governed by the cost of *raw* materials.
  제품의 가격은 원료의 구입 비용에 좌우된다.
  ▶ government[gʌ́vərnmənt] 명 정부, 지배, 통치

improve
[imprú:v]
동 개선하다, 향상시키다; 나아지다

- With this book, you will *improve* your English.
  이 책을 공부하면 네 영어 실력이 향상될 거야.
  ▶ **improvement**[imprú:vmənt] **명** 향상, 발전 = advancement, progress

define
[difáin]
동 (의미를) 규정하다, 정의하다; (범위 등을) 한정하다

- Some words are hard to *define* because they have many different meanings.
  어떤 단어들은 다른 의미들을 많이 갖고 있기 때문에 정의하기가 힘들다.
  ▶ **definition**[dèfəníʃən] **명** 정의, 의미 규정
  ▶ **definite**[défənit] **형** 뚜렷한, 명확한, 한정적인
  ▶ **definitely**[défənitli] **부** 분명히, 확실히 = certainly

determine
[ditə́:rmin]
동 결심[결정]하다, 결정하게 만들다; 판별하다

- I *determined* to study abroad.
  나는 유학 가기로 결정했다.
  ▶ **determination**[ditə̀:rmənéiʃən] **명** 결정, 결심

physical
[fízikəl]
형 물리적인, 육체의

- He needs to *improve* his *physical* strength to survive in the EPL.
  프리미어 리그에서 살아남기 위해서 그는 육체적 힘을 더 길러야 한다.
  ▶ **physical examination** 신체검사
  ▶ **physics**[fíziks] **명** 물리학
  ▶ **physicist**[fízisist] **명** 물리학자
  ▶ **physician**[fizíʃən] **명** 내과 의사
  ▶ **surgeon**[sə́:rdʒən] **명** 외과의사

therefore
[ðɛ́ərfɔ̀ːr]

[접][부] 따라서, 그러므로 = accordingly, thus

- I think, therefore I *exist*.
  나는 생각한다. 그러므로 나는 존재한다.

environment
[invái∂rənmənt]

[명] 환경, 주위 상황

- We must *prevent* the pollution of the environment for ourselves and the future *generations*.
  우리 자신과 미래 세대를 위해 환경오염을 막아야 한다.
- Children need a happy home environment.
  어린이들은 행복한 가정환경을 필요로 한다.

▶ environmental[invài∂rənméntl] [형] 환경의, 환경적인
▶ environmentalist[invài∂rənméntlist] [명] 환경(보호)론자

다 덤벼!

다양한 의미의 "배경"과 "환경"

⇨ **background**
  · 주요 사물이나 사람 뒤에 펼쳐진 경치나 배경 공간
  · 어떤 사건이 왜 일어나게 되었는지 설명해주는 배경 상황
  · 어떤 사람의 가정, 사회적 계급, 경험, 교육 정도를 뜻하는 배경

⇨ **circumstance**
  · 어떤 사건, 사람, 행동 등에 영향을 준 사실, 조건, 일로서, 주위 형편이나 정황 등을 의미함

⇨ **environment**
  · 자연 환경
  · 사람의 감정, 생활, 성장 등에 영향을 미치는 물리적, 사회적 환경

⇨ **surroundings**
  · 어떤 장소, 사람 등을 둘러싼 환경으로서, 삶의 질에 영향을 미칠 수 있는 모든 것

demand
[dimǽnd]

동 요구하다, 필요로 하다; 묻다
명 요구, 청구; 수요

- He demanded that I answer his question immediately.
  그는 자기 질문에 대해 즉시 답하라고 내게 요구했다.
  ▶ demand and supply 수요와 공급

influence
[ínfluəns]

명 영향, 효과, 영향력, 영향력 있는 사람[사물]
동 ~에게 영향을 미치다, ~을 좌우하다

- His advise influenced me to take the opportunity.
  그의 조언은 내가 그 기회를 잡는 데 영향을 미쳤다.
  ▶ under the influence of ~의 영향을 받아, ~의 영향 하에 있는
  ▶ influential[ìnfluénʃəl] 형 영향력 있는, 힘 있는 = powerful

support
[səpɔ́ːrt]

동 떠받치다, 지지[지원]하다, 양육[부양]하다, 유지하다
명 지원, 지지, 유지, 보조

- He has old parents and three children to support.
  그에게는 부양해야 할 늙은 부모와 자식 셋이 있다.
- Which team do you support?
  넌 어떤 팀을 응원하니?

approach
[əpróutʃ]

동 다가가다, 가까워지다, 접근하다, 교섭하다
명 접근, 접근법

- We have to be very careful in approaching this problem.
  우리는 이 문제에 아주 조심스럽게 접근해야 한다.

frequent
[frí:kwənt]

형 자주 일어나는, 빈번한

- He was sick and tired of his wife's frequent *nagging*.
  그는 아내의 빈번한 바가지에 질렸다.
  ▶ frequently[frí:kwəntli] 부 자주, 빈번히
  ▶ frequency[frí:kwənsi] 명 자주 일어남, 빈번함; 빈도, 주파수

research
[risə́:rtʃ, ríːsəːrtʃ]

명 연구, 조사

동 연구하다, 조사하다

• They are carrying out some research on the *lung* cancer.
그들은 폐암에 대한 연구를 실행하고 있다.

thus
[ðʌs]

부 따라서, 이와 같이; 예를 들어(for example)

• He only finished elementary school, thus couldn't learn English well.
그는 겨우 초등학교밖에 마치지 못했기 때문에, 따라서 영어를 잘 배울 수 없었다.

appearance
[əpíərəns]

명 외모, 겉모습; 출현, 등장

• To our surprise, he put in an appearance at the meeting.
놀랍게도 그가 그 모임에 모습을 드러냈다.

▶ appear[əpíər] 동 나타나다(↔ disappear); ~인 듯 보이다(seem)

appoint
[əpɔ́int]

동 임명하다, 지명하다; 약속을 정하다

• He was appointed *chairman*. 그는 회장으로 임명되었다.
• She wasn't there at the appointed time.
그녀는 약속한 시간에 그곳에 없었다.

▶ appointment[əpɔ́intmənt] 명 약속, 임명
▶ make an appointment with ~와 만날 약속을 하다
▶ disappoint[dìsəpɔ́int] 동 실망시키다

concern
[kənsə́:rn]

동 ~와 관계가 있다, 관여하다; 걱정시키다, 걱정하다

명 관계, 관심, 걱정; 중요성

• When money is concerned, I always try to be careful.
돈 문제에 관한 한, 난 항상 신중하려고 한다.
• I don't care. It's no concern of mine.
난 신경 안 써. 내가 상관할[걱정할] 일이 아니야.

▶ as far as ~ be concerned ~에 관한 한
▶ concernment[kənsə́:rnmənt] 명 걱정, 중요성

considerable
[kənsídərəbəl]

형 상당한, 꽤 많은; 중요한

- Last summer, heavy rain caused considerable damage in this island. 지난 여름, 폭우로 인해 이 섬에 상당한 피해가 발생했다.
  - ▶ considerably[kənsídərəbli] 부 상당히, 꽤
  - ▶ considerate[kənsídərit] 형 사려 깊은, 이해심 많은

effective
[iféktiv]

형 효과적인, 성공적인, 유효[유력]한

- The internet is a more effective *advertising media* than TV.
  인터넷은 TV보다 더 효과적인 광고매체이다.
  - ▶ effect[ifékt] 명 결과, 효과, 영향 동 초래하다, 달성하다
  - ▶ effectiveness[iféktivnis] 명 효과, 유효
  - ▶ effectively[iféktivli] 부 효과적으로, 실제로

focus
[fóukəs]

명 초점, 중심점

동 ~에 초점을 맞추다, ~에 집중하다

- You should focus more on preparing the final exam.
  넌 기말고사 준비에 더욱 집중해야 한다.
  - ▶ focusless[fóukəslis] 형 초점이 없는

indifferent
[indífərənt]

형 무관심한(disinterested), 관계없는

- My girlfriend is indifferent to politics.
  내 여자친구는 정치에 무관심하다.
  - ▶ indifferently[indífərəntli] 부 무관심하게, 냉담하게
  - ▶ indifference[indífərəns] 명 무관심, 관계없음

involve
[inválv]

동 포함하다, 관계[관련]짓다, ~에 휘말리게 하다

- If I were you, I wouldn't get involved in his plan.
  내가 너라면 그의 계획에 휘말리지 않을 것이다.
  - ▶ be involved in ~에 연루되다, 관련되다
  - ▶ involvement[inválvmənt] 명 연루, 관련됨

process
[práses / próu-]

명 과정, 진행

동 처리하다, 가공하다

- This *gene* plays an important role in the aging process.
  이 유전자가 노화 과정에서 중요한 역할을 한다.
- ▶ proceed[prousí:d] 동 앞으로 나아가다, 계속하다

affect
[əfékt]

동 ~에 영향을 미치다, 작용하다; 감동시키다

- Rising oil prices will affect the world economy.
  치솟는 유가는 세계경제에 영향을 미칠 것이다.
- ▶ affection[əfékʃən] 명 애정, 감동, 영향
- ▶ affectionate[əfékʃənit] 형 애정 어린, 상냥한
- ▶ affective[əféktiv] 형 감정적인, 정서적인

audience
[ɔ́:diəns]

명 청중, 관객

- The audience *applauded* loudly at the end of the concert.
  관객들은 콘서트가 끝나자 큰 박수를 보냈다.
- ▶ onlooker[ánlùkər, ɔ́(:)n-] 명 구경꾼(spectator), 방관자(bystander)

benefit
[bénəfit]

명 이익, 이득

동 ~에게 이롭다; 이득을 얻다

- Choose such friends as will benefit you.
  네게 도움이 될 친구를 사귀어라.
- ▶ beneficial[bènəfíʃəl] 형 이로운, 유익한
- ▶ beneficent[bənéfəsənt] 형 선행을 행하는, 인정 많은; 유익한, 도움이 되는
- ▶ beneficence[bənéfəsəns] 명 선행, 자선

contact
[kántækt]

명 접촉, 교제, 연락

동 접촉시키다, 연락을 취하다

- If you have any questions, please feel free to contact us.
  문의하실 일이 있으면 언제든 우리에게 연락 주십시오.
- ▶ get in contact[touch] with ~와 연락하다

---

exist
[igzíst]

동 존재하다, 생존하다

- Some people believe that ghosts exist.
  어떤 이들은 귀신이 존재한다고 믿는다.
  ▶ existence[igzístəns] 명 존재, 현존
  ▶ existent[igzístənt] 형 현존하는, 실재하는

---

ignore
[ignɔ́:r]

동 무시하다, 묵살하다

- I smiled at her, but she just ignored me.
  나는 그녀에게 미소를 보냈지만, 그녀는 그냥 날 무시했다.
  ▶ ignorance[ígnərəns] 명 무지(無知), 모름
  ▶ ignorant[ígnərənt] 형 무지한, 모르는

---

mobile
[móubəl,-biːl / -bail]

형 움직이는, 이동할 수 있는
명 모빌

- I asked my dad to buy me a new mobile phone.
  난 아빠에게 새 휴대전화기를 사달라고 졸랐다.
  ▶ mobility[moubíləti] 명 이동성, 이동
  ▶ mobilize[móubəlàiz] 동 동원하다, 유통시키다
  ▶ immobilize[imóubəlàiz] 동 움직이지 못하게 하다, 고정시키다
  ▶ automobile[ɔ́:təməbìːl] 명 자동차
  ▶ mobile phone 휴대 전화

---

secure
[sikjúər]

형 안전한, 안정적인, 확고한
동 확보[보장]하다, 지키다, 안전하게 하다

- He has a family to *support*. So he chose a more secure job.
  그는 부양할 가족이 있기 때문에 보다 안정적인 직업을 선택했다.
  ▶ security[sikjúəriti] 명 안전, 보안
  ▶ insecure[ìnsikjúər] 형 불안정한, 위태로운

actually
[ǽktʃuəli]

뷔 사실상(in fact), 실제로

- He looks young, but actually he is older than my father.
  그는 젊어 보이지만, 실제로는 우리 아버지보다도 나이가 많다.
- ▶ actual[ǽktʃuəl] 혱 현실의(real), 실제의

disturb
[distə́:rb]

동 방해하다, 불안하게 하다, 어지럽히다

- Don't disturb your classmates who are studying.
  공부하고 있는 급우들을 방해하지 마라.
- ▶ disturbance[distə́:rbəns] 명 불안, 소란, 방해

excel
[iksél]

동 ~을 능가하다, ~보다 낫다; 빼어나다, 탁월하다

- He excels me in English. 그는 영어 실력이 나보다 뛰어나다.
- ▶ excellent[éksələnt] 혱 우수한, 빼어난
- ▶ excellence[éksələns] 명 우수함, 장점

notify
[nóutəfài]

동 알리다, 신고하다

- The school is required to notify parents if their children are *involved* in *violence*.
  학생들이 폭력에 휘말리면 학교는 그 사실을 부모에게 알려야 한다.
- ▶ notification[nòutəfikéiʃən] 명 통지, 공고
- ▶ notice[nóutis] 명 주의, 통지, 공고 동 알아채다, 주의하다
- ▶ note[nout] 동 유의하다, 주목하다

fashion
[fǽʃən]

명 유행, 패션; 방식, 양식

- My girlfriend is very fashion-*conscious*.
  내 여자친구는 굉장히 유행에 민감하다.
- ▶ fashionable[fǽʃənəbəl] 혱 최신 유행의, 유행하는
- ▶ out of fashion 유행이 지난
- ▶ fashion-conscious 유행에 민감한

다 덤벼!

예문으로 맛보는 "유행"의 차이

⇨ **fashion** · 옷, 머리 모양, 화장 등이 인기가 있는
Long hair is in **fashion** for men now. 지금 긴 머리가 남자들에게 유행이다.

⇨ **fad** · 스타일, 행동, 관심 등이 짧은 시간 내에 일부 사람들 사이에 유행하는
Owning yachts is the latest **fad** among Chinese millionaires.
요트를 소유하는 게 최근 중국 부자들 사이에서 유행이다.

⇨ **trend** · 오랫동안 지속되는 큰 흐름의 유행, 경향
Naked wedding photos are the hot **trend** among young couples.
젊은 연인들 사이에 누드 결혼사진이 대단히 유행하고 있다.

⇨ **vogue** · 패션, 행동 양식 등의 일시적 유행
In the 1960s, short skirts were in **vogue**. 1960년대에 짧은 치마가 유행했다.

⇨ **rage** · 광풍에 가까운 대단한 유행(very popular fashion) = craze
Nintendo video games are the latest **rage** among children.
닌텐도 비디오게임이 아이들 사이에서 최근 엄청나게 유행하고 있다.

---

recognize
[rékəgnàiz]

동 인정하다, 알아보다, 인식하다

- I could hardly recognize her, because her face has changed so much.
  그녀의 얼굴이 너무 많이 변해서 난 그녀를 거의 알아볼 수 없었다.
- I recognize that you are right.
  난 네가 옳다는 것을 인정한다.
  ▶ recognition[rèkəgníʃən] 명 인정, 인식, 승인

seek
[siːk]

동 찾다, 추구하다, 시도하다
seek-sought-sought

- You need to seek advice from your teacher on this matter.
  넌 이 문제에 대해 선생님께 조언을 구해야 한다.

complex
[kəmpléks, kámpleks]

형 복잡한, 복합의 **명** 합성물, 복합체
동 복잡하게 하다

- It's a very complex *issue* for a child like you to understand.
  그건 너처럼 어린 아이가 이해하기에는 너무도 복잡한 문제이다.
- ▶ complexity[kəmpléksəti] **명** 복잡성, 복합
- ▶ complexion[kəmplékʃən] **명** 외관, 양상; 얼굴 색

concentrate
[kánsəntrèit]

동 집중하다, 전념하다, 모으다

- I can't concentrate on my work when I'm hungry.
  난 배가 고프면 일에 집중할 수가 없다.
- ▶ concentration[kànsəntréiʃən] **명** 집중, 전념

constant
[kánstənt]

형 지속적인, 계속되는, 일정한

- He is under constant pressure from his job.
  그는 자신의 일에서 계속 스트레스를 받는다.
- ▶ constantly[kánstəntli] **부** 끊임없이, 항상
- ▶ constancy[kánstənsi] **명** 불변, 영구성

instinct
[ínstiŋkt]

명 본능, 타고난 기질

- Lions have an instinct to hunt.
  사자에겐 사냥의 본능이 있다.
- ▶ by instinct 본능적으로
- ▶ instinctive[instíŋktiv] **형** 본능적인, 무의식적인

publish
[pʌ́bliʃ]

동 발표하다; 출판하다

- Book&World has published many valuable books.
  북앤월드는 가치 있는 책들을 많이 출판해 왔다.
- ▶ publication[pʌ̀bləkéiʃən] **명** 발표, 출판

○ ○ ○

range
[reindʒ]

몡 줄, 범위, 영역
됭 정렬하다, ~의 범위에 이르다

• Dress sizes range from small to extra large.
옷 사이즈는 소에서 특대까지 있다.

react
[riːǽkt]

됭 반응하다, 반작용하다, 대응하다

• She reacted angrily to my joke.
그녀는 내 농담에 대해 화를 내며 반응했다.
▶ reaction[riːǽkʃən] 몡 반응, 대응

regret
[rigrét]

됭 후회하다, 유감스럽게 생각하다
몡 후회, 유감, 한탄

• I regret my decision to break up with her.
나는 그녀와 헤어지기로 한 내 결심을 후회한다.
▶ regretful[rigrétfəl] 혱 뉘우치는, 슬퍼하는
▶ regrettable[rigrétəbəl] 혱 후회스러운, 유감스러운

relieve
[rilíːv]

됭 (고통, 슬픔 등을) 덜다, 벗어나다, 구제하다

• The medicine relieved his headache.
그 약으로 그의 두통이 나아졌다.
▶ relief[rilíːf] 몡 안도, 경감, 구제

available
[əvéiləbəl]

혱 이용할 수 있는, 쓸모 있는, 여유가 있는

• Tickets are available at the box office.
입장권은 매표소에서 구입하실 수 있습니다.
• Are you available this weekend?
이번 주말에 시간 있나요?

classical
[klǽsikəl]

형 고전의, 고전주의의, 전통적인

- I prefer pop songs to classical music.
  난 클래식 음악보다는 팝송이 좋아.
- ▶ classical music 클래식 음악
- ▶ classic[klǽsik] 형 일류의, 고전의, 유서 깊은 명 걸작, 고전 작품

conscious
[kánʃəs]

형 의식하는, 깨닫는; 의도적인, 고의의

- He wasn't conscious of having *offended* her.
  그는 자신이 그녀의 마음을 아프게 했다는 사실을 깨닫지 못했다.
- She is too self-conscious to become an actress.
  그녀는 배우가 되기에는 너무 자의식이 강하다.
- ▶ consciously[kánʃəsli] 부 의도적으로, 의식적으로
- ▶ consciousness[kánʃəsnis] 명 의식, 의도
- ▶ self-conscious 남의 시선, 평판 등을 의식하는, 자의식이 강한
- ▶ unconscious[ʌnkánʃəs] 형 깨닫지 못하는, 무의식적인

level
[lévəl]

동 평평하게 하다, 무너뜨리다; 사실대로 말하다
명 수준, 정도; 수평; 높이 형 수평의; 동등한; 솔직한

- This English course is for *advanced*-level students.
  이 영어 코스는 고급 수준의 학생들을 위한 것이다.
- I'm going to level with you. It's me who broke your MP3.
  솔직히 얘기할게. 네 MP3 고장 낸 건 바로 나야.
- ▶ level with ~에게 솔직히 사실대로 말하다

local
[lóukəl]

형 (특정한) 지방의, 고장의, 동네의; 장소의
명 지역민, 동네 사람

- Most of the local population depend on fishing for their income.
  그 지역 인구의 대부분은 어업에 의지해 소득을 얻는다.
- ▶ locality[loukǽləti] 명 지방색; 장소

nervous
[nə́ːrvəs]

형 불안한, 안절부절 못하는, 신경질적인

* If you get too nervous, you will *ruin* the exam.
  너무 긴장하면 시험을 망칠 거야.
* I feel nervous whenever I have to speak in English.
  난 영어로 말해야 할 상황에선 항상 불안해져.
  ▶ nervousness[nə́ːrvəsnis] 명 신경과민, 불안
  ▶ nerve[nəːrv] 명 신경; 용기, 대담함; 뻔뻔함, 무례; 신경과민
  ▶ nervous breakdown 신경쇠약

organization
[ɔ̀ːrgənəzéiʃən]

명 조직, 단체, 기구; 준비, 계획

* Greenpeace is a global *environmental* organization.
  그린피스는 국제적 환경보호 단체이다.
  ▶ organize[ɔ́ːrgənàiz] 동 조직하다, 구성하다, 설립하다
  ▶ NGO(nongovernmental organization) 민간단체, 비정부기구

reduce
[ridʒúːs]

동 줄이다, 낮추다, 줄다; 체중을 줄이다

* We need to reduce our spending.
  우린 지출을 줄일 필요가 있다.
* The doctor told me I had to reduce.
  의사는 내게 체중을 줄여야 한다고 말했다.
  ▶ reduction[ridʌ́kʃən] 명 축소, 삭감, 하락
  ▶ reducible[ridʒúːsəbl] 형 줄일 수 있는, 축소할 수 있는

status
[stéitəs, stǽtəs]

명 지위, 신분; 형편, 사정

* What is your father's status in the company?
  그 회사에서 너의 아버지 지위가 뭐야?

suppose
[səpóuz]

통 가정하다, 추측하다

접 만약 ~라면

- I suppose that all the tickets will be sold by now.
  내 생각에 지금쯤이면 티켓이 다 팔렸을 것 같은데.
- Suppose you fail the exam, what shall you do?
  만약 시험에서 떨어지면 넌 어떻게 할 거야?
- ▶ supposable[səpóuzəbl] 형 상상할 수 있는, 가정할 수 있는
- ▶ supposition[sÀpəzíʃən] 명 가정, 상상

tension
[ténʃən]

명 긴장, 불안, 긴박

- We felt the tension waiting for the exam results.
  시험 결과를 기다리면서 우린 긴장감을 느꼈다.
- ▶ tense[tens] 통 긴장하게 하다, 팽팽하게 당기다 형 긴장한, 긴박한

advance
[ədvǽns]

통 전진[발전]하다, 제출하다; 앞당기다, 돈을 미리 내다

명 진보, 향상

- They could neither advance nor *retreat*.
  그들은 전진할 수도, 후퇴할 수도 없었다.
- We paid the rent two weeks in advance.
  우리는 2주일치 방세를 선불로 지불했다.
- ▶ advancement[ədvǽnsmənt] 명 진보, 발전, 향상
- ▶ in advance 미리, 앞서서
- ▶ advanced country 선진국

appreciate
[əprí:ʃièit]

통 가치를 인정하다, 평가하다, 감상하다; 감사하다

- I appreciate your offer to help me.
  절 도와주시고자 한 점 감사드립니다.
- You must learn to appreciate time.
  넌 시간이 소중하다는 걸 알아야 해.
- ▶ appreciation[əprì:ʃiéiʃən] 명 인정, 감상; 감사
- ▶ appreciative[əprí:ʃətiv, -ʃièi-] 형 안목이 높은, 감상하는; 감사하는

aware
[əwɛ́ər]

형 의식하는, 알고 있는

- I'm well aware of his *intension*. What he wants is my money.
  난 그의 의도를 아주 잘 알고 있다. 그가 원하는 건 내 돈이다.
- ▶ be aware of ~을 알아채다, 인식하다
- ▶ self-awareness 자각, 스스로 깨달음

consume
[kənsúːm]

동 소비하다, 다 써버리다(use up)

- Big cars consume too much fuel. 큰 차들은 기름을 너무 많이 먹는다.
- ▶ consumption[kənsʌ́mpʃən] 명 소비, 소모
- ▶ consumer[kənsúːmər] 명 소비자

criticize
[krítisàiz]

동 비판[비평]하다, 비난하다

- Some *critics* criticized that the novel is lack of *intensity*.
  어떤 비평가들은 그 소설에 긴장감이 부족하다고 비판했다.
- ▶ critic[krítik] 명 비평가, 평론가
- ▶ criticism[krítisìzəm] 명 비평, 비판, 비난
- ▶ critical[krítikəl] 형 비판[비평]의; 중대한, 결정적인

especially
[ispéʃəli]

부 특히, 유난히 = particularly

- I'm not especially interested in soccer.
  난 축구에 특별히 관심이 있는 건 아니다.

extend
[iksténd]

동 뻗다, 늘이다, 넓히다; (범위 등이) ~에 이르다, 미치다

- I need to extend my visa this week. 난 이번 주에 비자를 연장해야 해.
- We have plans to extend our house. 우린 집을 확장할 계획을 갖고 있다.
- ▶ extension[iksténʃən] 명 연장, 확대
- ▶ extent[ikstént] 명 넓이, 범위, 정도
- ▶ extensive[iksténsiv] 형 넓은, 광범위한, 대규모의

factor
[fǽktər]

⑲ 요인, 요소(element), 원인

- Design is one of the most important factors in the success of new products. 신상품의 성공에 있어 디자인은 가장 중요한 요소 중 하나이다.

gloomy
[glú:mi]

⑱ 어두운, 우울한, 암울한

- He had a gloomy expression on his face.
  그는 얼굴에 우울한 표정을 짓고 있었다.
- ▶ gloominess[glú:mənis] ⑲ 어두움, 우울

lie
[lai]

⑳ 1. 눕다, 놓여 있다 lie – lay – lain; lying
　　2. 거짓말하다 lie – lied – lied; lying
⑲ 거짓말

- She lay on the floor reading a book. 그녀는 바닥에 누워 책을 읽었다.
- She lied about her age in order to get the job.
  그녀는 그 직장을 얻기 위해 나이를 속였다.
- ▶ liar[láiər] ⑲ 거짓말쟁이
- ▶ lay[lei] ⑳ 눕히다, 놓다; 제출하다 lay – laid – laid

negative
[négətiv]

⑱ 부정적인, 반대의 ↔ positive
⑲ 부정, 거부, 반대

- This policy will have a negative *effect* on the economy.
  이 정책은 경제에 부정적인 영향을 줄 것이다.
- ▶ negate[nigéit] ⑳ 부정[부인]하다(deny); 취소하다
- ▶ negation[nigéiʃən] ⑲ 부정, 반대, 취소

respond
[rispánd]

⑳ 대답하다, 반응하다

- He responded positively to my offer.
  그는 내 제안에 긍정적으로 대답했다.
- Nerves respond to a *stimulus*. 신경은 자극에 반응한다.
- ▶ response[rispáns] ⑲ 대답, 반응

separate
[sépərèit]

동 분리하다, 떼어놓다, 헤어지다

형 분리된, 관련 없는, 개별적인

• The Korean War separated the family. 한국전쟁으로 이산가족이 되었다.

▶ separation[sèpəréiʃən] 명 분리, 떨어짐, (부부의) 별거

transport
[trænspɔ́ːrt]

동 수송[운송]하다, 나르다(convey)

명 수송, 운송, 이동

• The books you ordered will be transported by air.
당신이 주문한 책들은 항공편으로 운송될 겁니다.

▶ transportation[trænspərtéiʃən / -pɔːrt-] 운송, 수송, 교통

다 덤벼!

"변화"와 "이동"을 의미하는 trans-

접두어인 trans는 A에서 B로 "변화하다, 이동하다" 등의 의미를 담고 있다.

1. 변화

· 형태를 완전히 바꾸면(trans), **transform**(변신하다, 바꾸다)
· 성(性)을 완전히 바꾸면(trans), **transgender**(성전환자)
· 기름의 성질이 변하면(trans), **transfat**(트렌스지방)
· 언어를 바꿔서(trans) 기록하면, **translate**(번역하다)

2. 이동

· 행동이 서로에게 영향을 주며 이동하면(trans), **transact**(거래하다, 교섭하다)
· 이동해서(trans) 위로 올라가면, **transcend**(초월하다, 능가하다)
· 대륙과 대륙 사이를 이동하면, **transcontinental**(대륙간, 대륙간을 이동하는)
· 글 등을 다른 데로 옮겨(trans) 적으면, **transcribe**(옮겨 적다, 베끼다)
· 다른 곳으로 옮겨(trans) 데려가면, **transfer**(옮기다, 갈아타다, 전학하다)
· 시간이 이동해(trans) 지나가면, **transient**(덧없는, 일시적인, 순간의)
· 이동해(trans) 건너가면, **transit**(이동, 통행)
· 여기에서 저기로(trans) 보내면, **transmit**(보내다, 전하다, 송금하다)
· 모습이 이동해(trans) 눈에 보이면, **transparent**(투명한, 명백한)
· 여기에서 저기로 옮겨(trans) 심으면, **transplant**(옮겨 심다, 이식하다)
· 이 항구에서 저 항구로 옮기면(trans), **transport**(운송하다)

accompany
[əkʌ́mpəni]

图 함께 가다, 수반하다, 동시에 일어나다

- *Depression* is almost always accompanied by *insomnia*.
  우울증에는 거의 항상 불면증이 수반된다.

despite
[dispáit]

图 ~에도 불구하고 = in spite of

- We enjoyed our picnic despite the bad weather.
  궂은 날씨에도 불구하고 우리는 소풍을 즐겼다.

detail
[díːteil, ditéil]

图 세부, 상세, 사소한 일
图 상세히 설명하다, 열거하다

- She described the accident in detail.
  그녀는 그 사건에 대해 구체적으로 묘사했다.
  ▶ in detail 상세히, 구체적으로

festive
[féstiv]

图 축제의, 즐거운

- With the golden goal, they were caught in a festive *mood*.
  그 골든[결승] 골로 인해 그들은 축제 분위기에 휩싸였다.
  ▶ festival[féstəvəl] 图 축제 ▶ festively[féstəvəli] 图 즐겁게, 흥겹게

fix
[fiks]

图 붙이다, 고정시키다, 집중하다; 고치다, 수리하다;
[음식] 만들다; 정리하다

- I tried to fix my computer by myself, but failed.
  난 컴퓨터를 직접 고치려다 실패했다.
- Let's fix a time for the meeting. 모임의 시간을 정하자.

master
[mǽstər, mɑ́ːstər]

图 지배하다, 극복하다; 숙달하다
图 주인; 대가, 명인

- I finally mastered my fear of public speaking.
  난 마침내 사람들 앞에서 말할 때 느끼는 두려움을 극복했다.
  ▶ masterpiece[mǽstərpìːs, mɑ́ːs-] 图 걸작, 명작

prevent
[privént]

동 막다, 방해하다; 지키다, 보호하다

- Teachers are struggling to prevent their students from cheating on the exam.

  선생님들은 학생들이 시험 중 커닝하지 못하도록 막기 위해 애쓰고 있다.

  ▶ prevention[privénʃən] 명 방해, 예방

다 덤벼!

"막다"와 "금지하다"는 의미의 동사들

⇨ **ban** 법적, 공식적으로 금지하다

⇨ **block** 행동, 전진, 시야를 막아 못하게[안 보이게] 하다

⇨ **forbid** 공식적으로 허락하지 않다, 못 하게 하다

⇨ **keep** 저지하다, 지체시키다, 막다

⇨ **prevent** 어떤 일이 발생하지[실행되지] 못 하게 막다

⇨ **prohibit** 법, 규칙으로 못 하게 하다

⇨ **stop** 멈추게 하다, 막다

⇨ **keep A from −ing** A가 ∼하지 못하게 하다

professional
[prəféʃənəl]

형 직업의; 전문적인, 프로의(↔ amateur)

명 전문가, 프로

- He is a *rookie*! He has just turned professional last month.

  그 선수는 신인이야! 지난달에 프로선수로 입문했어.

  ▶ profession[prəféʃən] 명 직업 = occupation, job, career, vocation

qualify
[kwáləfài / kwɔ́l-]

동 ∼에게 자격[권한]을 주다, 조건을 충족하다

- You're not qualified for the job, because you haven't graduated from college yet.

  당신은 그 직장에 취직할 자격이 없어요. 아직 대학교를 졸업하지 않았잖아요.

  ▶ qualification[kwàləfəkéiʃən / kwɔ́l-] 명 자격, 자격 부여

  ▶ quality[kwáləti / kwɔ́l-] 명 질, 품질, 특성 형 질이 좋은, 우수한

  ▶ quantity[kwántəti / kwɔ́n-] 명 양, 분량

reflect
[riflékt]

통 반사[반영]하다, 드러내다; 곰곰이 생각하다, 반성하다

- His behaviour reflects his lazy attitude to work.
  그의 행동은 일에 대한 그의 게으른 태도를 보여준다.
- ▶ reflection[riflékʃən] **명** 반사, 반영; 반성, 숙고
- ▶ reflective[rifléktiv] **형** 반사[반영]하는, 반성[숙고]하는

sorrow
[sárou, sɔ́:r-]

명 슬픔, 비통함

- I feel deep sorrow for his death and I can understand how his family would feel.
  나는 그의 죽음에 대해 비통함을 느끼며 그의 가족들의 심정도 이해할 수 있다.
- ▶ sorrowful[sároufəl, sɔ́:r-] **형** 슬픈, 비통한

campaign
[kæmpéin]

명 (사회, 정치적) 운동, 캠페인; 선거운동; 군사 작전

- The school will begin the campaign to stop smoking.
  학교는 금연 캠페인을 시작할 것이다.

career
[kəríər]

명 (전문적) 직업, 경력, 이력
형 전문적인

- I would like to have a career in education.
  나는 교육계에서 직업을 갖고 싶다.

confident
[kánfidənt]

형 확신하는, 자신 있는, 믿음이 확고한

- Be more confident, son! You can pass the exam!
  아들아, 더 자신감을 가져! 넌 시험에 붙을 수 있어!
- ▶ confidence[kánfidəns] **명** 자신감, 확신; 신용, 신뢰
- ▶ confidential[kànfidénʃəl] **형** 비밀의, 은밀한; 신뢰할 수 있는
- ▶ confide[kənfáid] **통** 비밀을 털어놓다

content
[kɔntént]

몧 내용물, 내용, 목차

휑 만족하는 동 만족시키다(satisfy)

- The readers would not be content with the content of the book.
독자들은 그 책의 내용에 대해 만족하지 못할 것이다.

crisis
[kráisis]

몧 위기, 고비, 중대 국면(critical moment)

- Many workers are losing their jobs *due* to the economic crisis.
경제 위기로 인해 많은 노동자들이 일자리를 잃고 있다.

element
[éləmənt]

몧 요소, 성분; 초보, 입문

- The film has all the elements of a good thriller.
그 영화는 좋은 공포영화의 요소들을 모두 갖추고 있다.

▶ elementary[èləméntəri] 휑 기본의, 초보의; 초등학교의

emphasize
[émfəsàiz]

동 강조하다

- He emphasized that he is an *expert* in teaching English.
그는 자신이 영어 교습 분야에서 전문가라는 점을 강조했다.

▶ emphasis[émfəsis] 몧 강조, 중점
▶ emphatic[imfǽtik, em-] 휑 어조가 강한, 단호한

gradually
[grǽdʒuəli]

뮝 점차, 차츰

- His health is gradually getting worse because of his habit of smoking. 흡연습관 때문에 그의 건강이 점차 악화되고 있다.

▶ gradual[grǽdʒuəl] 휑 점진적인

isolation
[àisəléiʃən]

몧 고립, 고독, 격리

- No one can deny the painful feeling that comes with isolation.
누구도 고립에서 생기는 고통스러운 감정을 부인할 수 없다.

▶ isolate[áisəlèit] 동 고립[격리]시키다

observe
[əbzə́:rv]

통 목격하다, 관찰하다; 진술하다, 말하다; (규칙 등을) 준수하다(obey)

- I observed something unusual in his behaviour.
  나는 그의 행동에서 평소와 다른 점을 보았다.
- Everyone must observe the law.
  모두 법을 준수해야 한다.
  ▶ observation[àbzərvéiʃən / ɔb-] 명 관찰, 주목
  ▶ observer[əbzə́:rvər] 명 관찰자, 방청객, 감시자

rural
[rúrəl]

형 시골의, 전원의 ↔ urban(도시의)

- Rural life is usually more peaceful than *urban* life.
  시골에서의 삶은 대개 도시의 삶보다 평화롭다.

specific
[spisífik]

형 구체적인, 뚜렷한; 특정한
명 특질, 명세

- Please be more specific. So who stole what?
  더 구체적으로 말씀해주세요. 누가 뭘 훔쳤다는 말이죠?
- The *virus attacks* the specific *cells* in the body.
  그 바이러스는 몸 안의 특정 세포들만 공격한다.
  ▶ specify[spésəfài] 통 일일이 열거하다, 상세히 밝히다

throughout
[θru:áut]

부 도처에, 온통, 처음부터 끝까지, 시종일관
전 ~의 도처에, ~ 동안[내내]

- The disease spread throughout the country.
  그 병은 전국 곳곳에 퍼졌다.

victim
[víktim]

명 희생자, 피해자, 희생, 제물

- Farmers might fall victim to the Free Trading Agreement between the two countries.
  양국간의 자유무역협정으로 농부들이 피해를 입을 것이다.
  ▶ victimize[víktimàiz] 통 희생시키다, 피해를 주다

absolute
[ǽbsəlùːt]

형 절대적인, 완전한, 무제한의

- We have absolute proof of his *guilt.*
우린 그의 유죄를 입증할 확고한 증거를 갖고 있다.
▶ absolutely[ǽbsəlùːtli] 부 확실히, 단연코

academic
[æ̀kədémik]

형 학구적인, 학문의, 대학의

- Academic background is considered to be an important *factor* in getting a good job.
학력은 좋은 직장을 구하는 데 있어 중요한 요인으로 여겨진다.
▶ academy[əkǽdəmi] 명 학계, 전문학교, 학회

advertise
[ǽdvərtàiz]

동 광고하다, 선전하다

- We need to spend more money on advertising to *promote* sales.
판매를 촉진하기 위해 광고에 더 많은 돈을 쓸 필요가 있다.
▶ advertisement[æ̀dvərtáizmənt] 명 광고, 선전 = ad
▶ classified ads 신문의 줄 광고(물건을 사고팔거나, 사람이나 일자리를 구하기 위한 광고) = want ad

alarm
[əláːrm]

동 위급함을 알리다, 경고하다, 놀라게[걱정하게] 하다
명 놀람, 경보

- If the fire alarm goes off, leave the building quickly.
화재 경보가 울리면 즉시 건물에서 나가시오.
▶ alarming[əláːrmiŋ] 형 놀라운, 심상치 않은
▶ alarm clock 자명종 시계
▶ fire alarm 화재 경보(기)

analyze
[ǽnəlàiz]

동 분석하다, 해석하다

- You will fail again and again if you don't analyze the cause of failure. 실패의 원인을 분석하지 않으면 넌 계속 실패할 것이다.
▶ analysis[ənǽləsis] 명 분석, 해석

annoy
[ənɔ́i]

통 성가시게 굴다, 짜증나게 하다, 괴롭히다

- I was annoyed with him because he kept *interrupting*.
  그가 계속 끼어들었기 때문에 난 짜증이 났다.
  ▶ annoyance[ənɔ́iəns] 명 성가심, 괴로움, 골칫거리
  ▶ to one's annoyance 성가시게도, 곤란하게도

다 덤벼!

괴롭히면 화가 나지!

⇨ **annoy** 약간 화나게 하다, 짜증나게 하다
⇨ **bother** 성가시게 하다, 약간 화나게 하다
⇨ **bully** 약자를 위협하거나 괴롭히다
⇨ **harass** 반복적으로 괴롭히거나 협박하다
⇨ **irritate** 짜증나게 하다, 화나게 하다
⇨ **tease** 짓궂게 놀리다, 집적거려 화를 돋우다
⇨ **make someone angry** 화나게 만들다
⇨ **make someone upset** 화나게, 또는 걱정하게 만들다
⇨ **drive someone crazy** 무척 화나게[열 받게] 만들다

capacity
[kəpǽsəti]

명 수용력[량], 용량, 역량, 능력

- The stadium has a seating capacity of 10,000.
  그 경기장은 최대 1만 명을 수용할 수 있다.
  ▶ capacious[kəpéiʃəs] 형 용량이 큰, 포용력 있는

comment
[kámənt / kɔ́m-]

통 논평하다, 언급하다, 해설하다
명 논평, 비평, 해설

- The actress was asked about the recent *scandal*, but made no comment.
  그 여배우는 최근의 스캔들에 대해 질문을 받았지만, 아무 답변도 하지 않았다.
  ▶ commentary[káməntèri / kɔ́məntəri] 명 논평, 해설

commit
[kəmít]

图 (죄, 과실 등을) 저지르다; 맡기다, 위탁하다; 약속하다, 헌신하다

- He committed a serious crime and was committed to jail.
  그는 심각한 범죄를 저질러서 형무소에 갇혔다.
- ▶ commit suicide 자살하다
- ▶ commit a crime 범죄를 저지르다
- ▶ commitment[kəmítmənt] 图 범행, 수행; 위탁, 위임; 약속
- ▶ make a commitment to ~에 헌신하다 = commit oneself to

conflict
[kánflikt]

图 분쟁, 충돌, 마찰
图 상충되다, 맞지 않다

- His story conflicts with what he said before.
  그의 이야기는 그가 이전에 말했던 것과는 상충된다.

contain
[kəntéin]

图 담고 있다(hold), 포함하다; (감정 등을) 억누르다

- Try to avoid foods which contain a lot of fat.
  지방이 많은 음식은 피하도록 하라.
- ▶ container[kəntéinər] 图 용기, 컨테이너
- ▶ contain oneself 참다, 자제하다

contrast
[kántræst]

图 대조, 대비
图 [kəntrǽst] 대조를 이루다, 대비하다

- If you contrast two things, you will see how they are different.
  두 개를 대조하면 그 둘이 어떻게 다른지 알게 될 것이다.
- ▶ by[in] contrast 반면에
- ▶ compare[kəmpɛ́ər] 图 비교하다

destine
[déstin]

图 예정해 두다, 예정하다, 운명짓다

- These plans are destined to fail. 이 계획들은 실패할 수밖에 없다.
- ▶ destination[dèstənéiʃən] 图 목적, 목적지, 도착지
- ▶ destiny[déstəni] 图 운명 = fate

devote
[divóut]

동 (노력, 시간 등을) 바치다, 쏟다, 헌신하다

- Mother Teresa devoted her life to the care of poor people.

  테레사 수녀님은 가난한 사람들을 돌보는 데 일생을 바쳤다.

  ▶ **devote oneself to** ~에 헌신하다, 전념하다
  ▶ **devotion**[divóuʃən] 명 헌신, 전념

ecosystem
[í:kousìstəm, ékou-]

명 생태계

- Ecosystems have lots of different living *organisms* that *interact* with each other.

  생태계에는 상호 작용하는 다양한 생명체들이 많다.

  ▶ **ecology**[i:kálədʒi / -kɔ́l-] 명 생태[학]

efficient
[ifíʃənt]

형 능률적인, 유능한

- A bicycle is an economically efficient and eco-friendly *vehicle*.

  자전거는 경제적으로 효율적이며 환경친화적인 탈것이다.

  ▶ **efficiency**[ifíʃənsi] 명 능률, 효율, 능력
  ▶ **effective**[iféktiv] 형 효과적인, 효력이 있는

ethics
[éθiks]

명 윤리, 도덕, 윤리학

- Murder is totally *contradictory* to Islamic morals and ethics.

  살인은 이슬람의 도덕과 윤리에 절대 반하는 것이다.

  ▶ **ethical**[éθikəl] 형 도덕적인, 윤리적인, 도덕의(=moral)

eventually
[ivéntʃuəli]

부 결국, 마침내

- He worked so hard that he eventually made himself ill.

  그는 일을 너무 심하게 해서 결국 병에 걸리고 말았다.

  ▶ **event**[ivént] 명 사건, 행사, 결과
  ▶ **eventual**[ivéntʃuəl] 형 결과로 일어나는, 최후의

expert
[ékspə:rt]

명 전문가(specialist), 달인

형 전문적인, 숙련된

• My English teacher is an expert at English pronunciation.
우리 영어 선생님은 영어 발음에 관한한 전문가다.

▶ expertise[èkspərtí:z] 명 전문적 기술[지식]

feature
[fí:tʃər]

명 특징, 생김새, 특집 기사

동 특색으로 삼다, (영화, 드라마) 주연을 맡다[시키다]

• Our latest model of phone has several new features.
우리 전화기 최신 모델에는 몇 가지 새로운 특징이 있습니다.

• The movie "Cape Fear" features Robert De Nero as a *psycho*.
영화 "케이프피어"에서 로버트 드니로가 사이코로 주연을 맡고 있다.

guarantee
[gæ̀rəntí:]

동 보증하다, 장담하다, 약속하다

명 보증, 보장

• He guaranteed that he would finish the work by tomorrow.
그는 그 일을 내일까지 끝내겠다고 장담했다.

• This *digital* camera has a two-year guarantee.
이 디지털카메라는 2년 동안 무상수리가 보장된다.

▶ money-back guarantee 환불 보증

identify
[aidéntəfài]

동 확인하다, 증명하다; 동일시하다, 동화되다

• Babies can identify their mother by her voice and smell.
아기들은 목소리와 냄새로 엄마를 확인할 수 있다.

• The policeman asked me to show my identification.
경찰관은 나에게 신분증을 보여 달라고 했다.

▶ identification[aidèntəfikéiʃən] 명 동일함, 신분 증명, 신분증
▶ identity[aidéntəti] 명 동일성, 신원, 정체성
▶ identical[aidéntikəl] 형 동일한, 똑같은

instruction
[instrʌ́kʃən]

명 지시, 명령, 교육, 가르침

- She disobeyed her parents' instruction.
  그녀는 부모님의 지시에 따르지 않았다.
- ▶ instruct[instrʌ́kt] **동** 지시하다, 명령하다, 가르치다, 통고하다
- ▶ instructive[instrʌ́ktiv] **형** 교육적인, 교훈적인, 유익한

insurance
[inʃúərəns]

명 보험, 보험금

- Health insurance will cover most of your medical expenses.
  건강보험은 당신의 의료비용 대부분을 책임질 것이다.
- ▶ insure[inʃúər] **동** 보증하다, 안전하게 지키다, 보험에 들다

issue
[íʃuː]

동 나오다, 유래하다; 발행하다, 유포시키다

명 논점, 문제점; 발행, 유출

- It takes 7 days to issue visa after the application is received at the Embassy.
  신청서가 대사관에 도착하면 7일 후에 비자가 발급된다.

labor
[léibər]

명 노동, 수고; 분만

- The company must *improve* labor *conditions* for *temporary* workers.
  회사는 비정규직 노동자들의 노동 여건을 개선해야 한다.
- ▶ laborer[léibərər] **명** 노동자
- ▶ laborious[ləbɔ́ːriəs] **형** 힘든, 어려운; 열심히 일하는
- ▶ laboratory[lǽbərətɔ̀ːri, ləbɔ́rətəri] **명** 실험실, 연구소 = lab

maintain
[meintéin]

동 지속[유지]하다, 지탱하다, 보존하다; 주장하다

- We want to maintain a good *relationship* with your company.
  저희는 귀사와 좋은 관계를 유지하고 싶습니다.
- ▶ maintenance[méintənəns] **명** 지속, 유지, 보존; 주장

measure
[méʒər]

동 측정하다, 판정[평가]하다

명 측정, 평가, 기준; 수단, 조치

• A *barometer* is used to measure the pressure of the *atmosphere*.
기압계는 대기의 압력을 측정하는 데 사용된다.

• The government has to take measures to help the unemployed.
정부는 실업자들을 돕기 위해 조치를 취해야 한다.

▶ measurement[méʒərmənt] 명 측정, 치수

mechanic
[məkǽnik]

명 (자동차) 정비사, 수리공

• A mechanic checked the engine of my car.
정비사가 내 차의 엔진을 점검했다.

▶ mechanical[məkǽnikəl] 형 기계의; 기계적인, 습관적인
▶ mechanism[mékənìzəm] 명 기계 장치, 작동 원리

merely
[míərli]

부 단지 ~인, ~뿐인 = only

• This medicine won't cure her. It merely stops the pain.
이 약으로 그녀가 치료되는 것은 아닙니다. 단지 고통만 없애줄 뿐이지요.

▶ not merely[only] A but also B   A뿐만 아니라 B도

myth
[miθ]

명 신화, 전설; 잘못된 믿음 → mythology의 줄임말

• In Greek myth, Zeus is the king of the gods.
그리스 신화에서 제우스는 신들의 왕이다.

▶ mythical[míθikəl] 형 신화의, 상상의(imaginary)
▶ legend[lédʒənd] 명 전설, 전설적 인물
▶ legendary[lédʒəndèri / -dəri] 형 전설의

neglect
[niglékt]

동 무시하다, 소홀히 하다, 까먹고 ~하지 않다

명 무시, 태만, 소홀

• The *irresponsible* parents neglected their children.
무책임한 부모들이 자녀들을 방치했다.

▶ neglectful[nigléktfəl] 형 태만한, 부주의한 = negligent

oppose
[əpóuz]

동 ~에 반대하다, 맞서다

- I'm opposed to religious education in schools.
  나는 학교에서의 종교 교육에 반대한다.
  ▶ opposition[ɑ̀pəzíʃən / ɔ̀p-] 명 반대
  ▶ opposite[ɑ́pəzit, -sit / ɔ́p-] 형 반대편의, 정반대의 명 맞은편, 정반대

origin
[ɔ́:rədʒin, / ɔ́ri-]

명 기원, 발생, 유래

- The social *unrest* has its origins in economic problems.
  그 사회적 불안은 경제적 문제들로부터 발생한 것이다.
  ▶ original[ərídʒənəl] 형 최초의, 본래의; 독창적인
  ▶ originality[ərìdʒənǽləti] 명 독창성, 진짜
  ▶ originate[ərídʒənèit] 동 시작하다, 유래하다

perceive
[pərsí:v]

동 알아차리다, 느끼다, 이해하다

- We perceived by his face that he had failed in the exam.
  우리는 그의 얼굴 표정에서 그가 시험에 떨어졌음을 알아챘다.
  ▶ perception[pərsépʃən] 명 인식, 이해
  ▶ perceptive[pərséptiv] 형 알아차리는, 느끼는

resist
[rizíst]

동 저항[반항]하다, 거스르다; 참다, 억제하다

- I couldn't resist laughing at him because of his *weird* hair-style.
  나는 그의 괴상한 머리 모양 때문에 그를 보고 웃지 않을 수 없었다.
  ▶ resistance[rizístəns] 명 저항, 반대
  ▶ resistant[rizístənt] 형 저항하는 명 저항자, 반대자

reveal
[rivíːl]

동 드러내다, 폭로하다, 누설하다 ↔ hide(숨기다)

- Promise me that you will never reveal my secret.
  내 비밀을 절대 누설하지 않겠다고 약속해.
  ▶ revelation[rèvəléiʃən] 명 폭로, 발각

account
[əkáunt]

동 ~라 생각하다, 간주하다(consider, regard); 이유를 밝히다; ~의 원인이 되다; 책임지다

명 설명, 이야기; 평가, 중요성; 거래, 은행 계좌; 이유

- You must take the price into account when choosing which one to buy.

  어떤 걸 살지 선택할 때 가격을 고려해야 한다.

- Students account for the *vast* majority of our customers.

  우리 고객분들 중 대부분이 학생들이다.

▶ accountant[əkáuntənt] 명 계산원, 경리
▶ take ~ into account ~을 고려하다, 계산에 넣다
▶ on account of ~ 때문에
▶ account for ~을 설명하다; ~을 차지하다

admit
[ædmít, əd-]

동 인정하다, 허락하다(allow), 수용하다

- He admitted that he had made a big mistake.

  그는 자신이 큰 실수를 저질렀음을 인정했다.

- Anyone under 18 will not be admitted to the show.

  18세 이하는 누구든 그 쇼에 입장할 수 없다.

▶ admission[ædmíʃən, əd-] 명 승인, 고백; 입장료
▶ admittance[ædmítəns, əd-] 명 입장 (허가)

adopt
[ədápt]

동 채용[채택]하다(employ), 입양하다

- The textbook was adopted in several schools.

  그 교과서는 몇몇 학교에서 채택되었다.

▶ adoption[ədápʃən] 명 채용[채택], 입양

assemble
[əsémbəl]

동 모으다, 소집하다; 조립하다

- This furniture is easy to assemble.

  이 가구는 조립하기 쉽다.

▶ assembly[əsémbli] 명 집합, 조립; 회의, 의회

assist
[əsíst]

통 돕다, 원조하다

- The government *announced* a set of *measures* to assist low-income families.
  정부는 저소득층 가구들을 원조하기 위한 일련의 조치들을 발표했다.
  ▶ assistance[əsístəns] 명 도움, 원조
  ▶ assistant[əsístənt] 명 조수, 조력자 형 도움이 되는, 조수의

careless
[kέərlis]

형 부주의한, 경솔한 ↔ careful, cautious

- His careless *remark* about her appearance made her upset.
  그녀의 외모에 대한 그의 경솔한 언급이 그녀를 화나게 만들었다.

commercial
[kəmə́:rʃəl]

형 상업의; 이익이 되는; 광고 방송의

명 광고 방송

- The film was highly praised, but was not a commercial success.
  그 영화는 상당한 호평을 받았지만, 상업적으로 성공하지는 못했다.
- TV commercials *influence* us into buying products.
  TV 광고는 제품들을 구매하도록 우리에게 영향을 미친다.
  ▶ commerce[kámə:rs] 명 상업, 교역

construct
[kənstrʌ́kt]

통 건설하다, 짓다

- The world's tallest building will be constructed in Seoul.
  세계 최고층 빌딩이 서울에 지어질 것이다.
  ▶ construction[kənstrʌ́kʃən] 명 건설
  ▶ under construction 건설 중인, 공사 중인

consult
[kənsʌ́lt]

통 상담하다, 상의하다, 참고하다

- If the *symptoms* continue for a while, consult your doctor.
  만일 그 증상들이 한동안 계속되면 담당 의사와 상의하세요.
  ▶ consultant[kənsʌ́ltənt] 명 상담자
  ▶ consultation[kὰnsəltéiʃən] 명 상담

convince
[kənvíns]

동 확신시키다, 설득하다

- I 'm convinced that she is lying. 난 그녀가 거짓말하고 있음을 확신한다.
▶ conviction[kənvíkʃən] 명 확신, 신념; 유죄 판결

courteous
[kə́ːrtiəs / kɔ́ːr-]

형 예의 바른, 정중한

- A courteous person acts considering others and their feelings.
예의바른 사람은 다른 사람들과 그들의 감정을 고려하며 행동한다.
▶ court[kɔːrt] 명 법정, 코트(경기장)
▶ courtesy[kə́ːrtəsi] 명 예의, 정중함, 호의

deliver
[dilívər]

동 배달[전달]하다, 넘겨주다; (연설 등을) 말하다

- Your e-mail has been successfully delivered.
당신의 이메일이 성공적으로 전달되었습니다.
▶ delivery[dilívəri] 명 배달, 전달

distinct
[distíŋkt]

형 별개의, 다른; 뚜렷한, 명확한

- There are distinct differences between the two.
둘 사이에는 뚜렷한 차이점들이 있다.
▶ distinction[distíŋkʃən] 명 구별, 차이; 특징

due
[djuː]

형 ~하기로 되어 있는, 도착 예정의, 지불[반납]해야 하는, 당연히 해야 할; 원인이 되는

- The rent is due at the end of the month.
집세를 월말에 내야 한다.
- That project has been *terminated* due to lack of *fund*.
그 프로젝트는 자금 부족 때문에 종료되었다.
▶ due to ~ 때문에
▶ due date 만기일
▶ expire[ikspáiər] 동 만기가 되다, 끝나다 → expiration[èkspəréiʃən] 명 만기

embarrass
[imbǽrəs, em-]

동 창피를 주다, "쪽팔리게 하다"

• She was so embarrassed when her husband got drunk and started dancing.

남편이 술에 취해 춤을 추기 시작했을 때 그녀는 무척 창피했다.

▶ embarrassment[imbǽrəsmənt, em-] 명 당혹, 무안함, "쪽팔림"

forecast
[fɔ́ːrkæ̀st]

동 예측하다, 예보하다

• More snow showers are forecast tomorrow in Seoul.

내일 서울에는 더 많은 폭설이 내릴 것으로 예측된다.

▶ weather forecast 일기 예보

다 덤벼!

미래를 내다보고 예언하다!

앞으로 일어날 일을 예상한다고 할 때 **expect**란 단어를 흔히 쓴다. ex는 "미리, 기대", spect는 "보다"는 뜻이다. expect에는 미래에 대한 강한 확신의 의미는 없다. 그냥 심적으로 그렇게 예상한다, 기대한다는 말이다. fore(앞, 미리)를 뜻하는 말에 cast, see, tell 등을 붙이면 역시 앞으로 일어날 일을 미리 알거나 말한다는 의미가 되는데, **forecast**는 현재 갖고 있는 정보를 토대로 앞으로의 일을 미리 말하는 것이다. 그래서 날씨를 예보할 때 forecast를 쓰는 것이다. **foresee**는 앞으로의 일을 미리 안다는 말이고, **foretell**은 앞으로의 일을 미리 말한다는 뜻이다. 역시 "앞, 미리"를 뜻하는 pre를 붙인 **predict**는 갖고 있는 지식과 경험을 토대로 예언하는 것이며, **prophesy**는 신비한 예언 능력이 있는 자가 예언하는 것을 의미한다.

frustrate
[frʌ́streit]

동 좌절시키다, 실망시키다, 방해하다

• His desire to become an athlete was frustrated by the accident.

운동선수가 되겠다는 그의 소망은 그 사고로 좌절되었다.

▶ frustration[frʌstréiʃən] 명 좌절, 실패

indicate
[índikèit]

동 가리키다, 나타내다, 암시하다

- This *evidence* indicates that he is not guilty.
이 증거는 그가 무죄임을 암시한다[나타낸다].
▶ indication[ìndikéiʃən] **명** 지시, 암시, 징조

install
[instɔ́:l]

동 장치[설치]하다, 임명하다

- We installed a new computer system in the office.
우린 사무실에 새 컴퓨터 시스템을 설치했다.
▶ installation[ìnstəléiʃən] **명** 장치, 설비
▶ installment[instɔ́:lmənt] **명** 분할 불입, 할부

medium
[mí:diəm]

명 매개물, 매체, 중개자; 수단, 방편 → **복** media(언론 매체) **형** (크기, 양, 질 등이) 중간 정도인

- The power of the mass media is so great that they can do whatever they want.
언론매체의 힘은 너무도 막강해서 자신들이 하고 싶은 것은 뭐든 할 수 있다.
- She is of medium height.
그녀는 키가 중간 정도이다.

necessity
[nisésəti]

명 필수품, 필요성; 필연

- There is no necessity to upgrade the program.
그 프로그램을 업그레이드할 필요는 없다.
▶ necessitate[nisésətèit] **동** 필요로 하다, 반드시 ~해야 한다
▶ necessary[nésəsèri, -sisəri] **형** 필요한, 꼭 해야 하는

nevertheless
[nèvərðəlés]

부 그럼에도 불구하고, 그렇지만

- He is very handsome. Nevertheless he has no girlfriends.
그는 아주 잘생겼다. 그럼에도 그는 여자친구가 없다.

occupy
[ákjəpài]

동 (장소를) 차지하다, 점유하다; 일에 전념하다

- Is that seat occupied?
  저 자리 주인 있나요?
- ▶ occupation[àkjəpéiʃən] 명 직업, 종사; 점유

potential
[pouténʃəl]

형 가능한, 잠재의

명 잠재능력, 가능성

- We need to be *alert* to potential terror threats.
  우리는 잠재적 테러 위협을 경계할 필요가 있다.
- You have the potential to become a great writer.
  너에겐 위대한 작가가 될 잠재력이 있어.
- ▶ potent[póutənt] 형 힘 있는, 중요한

predict
[pridíkt]

동 예언하다, 예측하다

- Some *optimists* predict that the economy will get better next year.
  일부 낙관론자들은 내년에 경제가 좋아질 거라 예측한다.
- ▶ prediction[pridíkʃən] 명 예언, 예측

significant
[signífikənt]

형 중요한, 의미심장한, 현저한 ↔ insignificant

- There has been a significant change in people's attitudes to marriage.
  사람들의 결혼관에 중요한 변화가 있었다.
- ▶ significance[signífikəns] 명 중요, 의미, 의미심장

task
[tæsk]

명 업무, 일, 과제

- His dangerous task calls for great courage.
  그의 위험한 임무는 대단한 용기를 필요로 한다.

tickle
[tíkəl]

동 간질이다, 간지럽다; 기쁘게 하다, 웃기다

- Laughing when another person tickles you is a natural *reaction*.
  다른 사람이 당신을 간질이면 웃는 게 자연스런 반응이다.
- ▶ itchy[ítʃi] **형** 가려운

wisdom
[wízdəm]

명 현명함, 지혜
형 지혜로운, 현명한(wise)

- Wisdom comes with age.
  나이가 들면 지혜가 생긴다.
- ▶ wisdom tooth 사랑니

absorb
[əbsɔ́ːrb, -zɔ́ːrb]

동 흡수하다, 빨아들이다; 열중[집중]시키다

- Salt absorbs *moisture* from the air.
  소금은 공기 중에 있는 습기를 흡수한다.
- He was so absorbed in the book that he didn't even notice me coming in.
  그는 너무도 그 책에 빠져 있어서 내가 들어오는 줄도 몰랐다.
- ▶ absorption[əbsɔ́ːrpʃən, -zɔ́ːrp-] **명** 흡수; 전념, 몰두

access
[ǽkses]

명 접근, 출입, 이용할 권리

- They try to *block* access to the *illegal* gambling sites.
  그들은 불법 도박 사이트들에 대한 접근을 막으려 한다.
- ▶ accessible[ǽksésəbəl] **형** 접근하기 쉬운, 이용할 수 있는

accurate
[ǽkjərit]

형 정확한, 정밀한 = exact ↔ inaccurate

- This scale is not accurate! I'm not that heavy.
  이 저울은 정확하지 않아! 나 몸무게 그렇게 많이 나가지 않아.
- ▶ accuracy[ǽkjərəsi] **명** 정확[성]
- ▶ to be accurate 정확히 말해서

adapt
[ədǽpt]

⑧ 적응시키다, 적응하다; 고치다, 개조하다(modify)

- It took me a while to adapt to the new school.
  난 새로 전학 간 학교에 적응하는 데 시간이 좀 걸렸다.
  ▶ adaptive[ədǽptiv] ⑱ 적합한, 적응하는
  ▶ adaptation[æ̀dæptéiʃən] ⑲ 적응, 개조

aim
[eim]

⑧ (총 등을) 겨냥하다, 목표로 삼다
⑲ 겨냥, 목표

- I aim to be a millionaire by the time I'm 30.
  나는 서른 살이 될 때까지 백만장자가 되는 것을 목표로 하고 있다.
  ▶ aim at[for] ~을 목표로 삼다, ~을 향하다

apologize
[əpálədʒàiz]

⑧ 사과하다

- We apologize for any inconvenience caused.
  불편을 끼쳤다면 사과드립니다.
  ▶ apology[əpálədʒi] ⑲ 사과

appeal
[əpíːl]

⑧ 애원하다, 호소하다, 항소하다; 마음을 끌다
⑲ 애원, 호소, 매력

- The government is appealing to everyone to save electricity.
  정부는 전기를 아껴 쓰라고 모두에게 호소하고 있다.
- This movie has a very wide appeal among young Koreans.
  이 영화는 한국 젊은이들 사이에서 폭넓은 인기를 누리고 있다.

apply
[əplái]

⑧ 적용하다, 신청[지원]하다; 열중하다

- I decided to apply for the job. 난 그 직장에 지원하기로 결심했다.
- This *regulation* does not apply to foreign students.
  이 규정은 외국인 학생들에게는 적용되지 않는다.
  ▶ application[æ̀plikéiʃən] ⑲ 적용, 신청, 지원, 몰두
  ▶ appliance[əpláiəns] ⑲ 기구, 전기 제품 → household appliance 가전제품
  ▶ applicant[ǽplikənt] ⑲ 응모자, 지원자

○ ○ ○

arrange
[əréindʒ]

图 정돈하다, 배열하다; 준비하다, 예정하다; 조정하다

- Please call me and arrange a meeting as you like.
  제게 전화 주셔서 좋으실 대로 약속을 잡아 주십시오.
  ▶ arrangement[əréindʒmənt] 명 정돈, 배열, 준비, 조정

aspect
[æspekt]

명 양상, 측면; 관점, 태도

- Dokdo is also important in the aspect of study of *ecology*.
  독도는 생태 연구의 측면에서도 중요하다.

authority
[əθɔ́:riti / əθɔ́r-]

명 권위, 권한, 허가; 권위자; (관련) 당국, 기관

- You have no authority to order.
  당신은 명령할 권한이 없습니다.
  ▶ authorize[ɔ́:θəràiz] 동 권위[권한]을 부여하다, 허가하다, 인정하다
  ▶ author[ɔ́:θər] 명 저자, 작가

characteristic
[kæ̀riktərístik]

명 특징, 특성, 성격
형 특징적인, 독특한

- *Generosity* is one of his best characteristics.
  관대하다는 점이 그의 가장 좋은 성격 중 하나다.
  ▶ character[kǽriktər] 명 성격, 특징; 등장인물; 문자(letter)
  ▶ characterization[kæ̀riktərizéiʃən] 명 특성을 나타냄, 성격 묘사

charity
[tʃǽrəti]

명 자선, 자비, 자선 단체[기금]

- She *devotes* her time and effort to various charity work.
  그녀는 다양한 자선 활동에 자신의 시간과 노력을 바친다.
  ▶ charitable[tʃǽrətəbəl] 형 자비로운, 관대한

civilization
[sìvəlizéiʃən]

명 문명, 문화, 문명권

- Some people think that nuclear war would mean the end of civilization.

  어떤 이들은 핵전쟁이 문명의 종말을 의미할 거라고 생각한다.

  ▶ civilize[sívəlàiz] **동** 문명화하다, 세련되게 하다

committee
[kəmíti]

명 위원회, 위원

- Parents of students will create a special committee for the school's development.

  학부모들이 그 학교의 발전을 위해 특별위원회를 만들 것이다.

companion
[kəmpǽnjən]

명 친구, 동료, 말동무 = associate

- He is such a nice companion. He never lies.

  그는 정말 좋은 친구다. 결코 거짓말 하는 법이 없다.

costly
[kɔ́:stli / kɔ́st-]

형 값비싼, 대가[희생]가 큰 = expensive

- I made a very costly mistake. I dropped my cell phone into the toilet!

  난 너무 값비싼 실수를 저질렀다. 변기에 휴대전화기를 떨어뜨린 거다!

depart
[dipá:rt]

동 출발하다, 떠나다, 벗어나다

- The train for Busan departs from platform 1.

  부산행 열차는 1번 승강장에서 출발합니다.

  ▶ departure[dipá:rtʃər] **명** 출발, 이탈

  ▶ department[dipá:rtmənt] **명** 부서, 매장 → **department store** 백화점

○ ○ ○

depress
[diprés]

동 우울하게[슬프게] 하다, 저하[하락]시키다

- People who are depressed tend to think a lot about death and *suicide*.

  우울증에 빠진 사람들은 죽음과 자살에 대해 많이 생각하는 경향이 있다.

  ▶ depression[dipréʃən] 명 우울증; 불경기

ethnic
[éθnik]

형 인종의, 민족의

- Are you ready to accept the fact that Korea is becoming a multi-ethnic society?

  한국이 다민족 사회가 되고 있다는 사실을 받아들일 준비가 되었나요?

experiment
[ikspérəmənt]

명 실험 = experimentation

동 실험하다

- Scientists prove theories by experiments.

  과학자들은 실험으로 이론을 입증한다.

  ▶ experimental[ikspèrəméntl] 형 실험적인, 실험의

fiber
[fáibər]

명 섬유, 섬유질

- You should eat more dietary fiber to *reduce* the *risk* of bowel cancer.

  대장암 발생 위험을 줄이려면 식이섬유를 더 많이 먹어야 한다.

  ▶ fabric[fǽbrik] 명 직물, 천

genre
[ʒáːnrə]

명 장르, 양식, 형식

- This novel falls into the science-fiction genre.

  이 소설은 SF 장르에 속한다.

interrupt
[ìntərʌ́pt]

통 갑자기 끼어들어 방해하다, 차단하다

• Please don't interrupt until I'm finished.
내 말이 다 끝날 때까지 끼어들지[방해하지] 마세요.
▶ interruption[ìntərʌ́pʃən] 명 방해, 차단

leisurely
[líːʒərli / léʒ-]

형 느긋한, 여유 있는

• Leisurely people are relaxed about time.
느긋한 사람들은 시간에 구애받지 않는다.
▶ leisure[líːʒər / léʒ-] 명 여유, 자유 시간, 레저 형 여유로운, 레저의

manufacture
[mæ̀njəfǽktʃər]

명 제조, 제조업, 제품
통 제조[제작]하다; 꾸며내다

• He works for a company that manufactures car parts.
그는 자동차 부품을 제조하는 회사에서 일한다.

mature
[mətjúər, -tʃúər]

형 익은, 성숙한 ↔ immature
통 성숙시키다, 익히다

• She is very mature for her age. 그녀는 나이에 비해 상당히 성숙하다.
▶ maturity[mətjúərəti, -tʃúː-] 명 성숙

moreover
[mɔːróuvər]

부 게다가, 더욱이

• I was sick, and moreover my boyfriend left me.
난 아팠다. 게다가 내 남자친구도 날 떠났다.

occasionally
[əkéiʒənəli]

부 때때로, 이따금 = sometimes

• We occasionally send e-mails to each other.
우린 이따금 서로에게 이메일을 보낸다.
▶ occasion[əkéiʒən] 명 특별한 경우[때], 일, 행사
▶ occasional[əkéiʒənəl] 형 가끔의, 때때로의

participate
[pɑːrtísəpèit]

통 참가[참여]하다 = take part, be involved

- If you want to participate in the contest, please fill out this form first.
  콘테스트에 참가하고 싶으시면 우선 이 양식에 기입하십시오.
  ▶ participation[pɑːrtìsəpéiʃən] 명 참가[참여]

passionate
[pǽʃənit]

형 정열적인, 열심인

- I was impressed by his passionate speech.
  나는 그의 열정적인 연설에 감동 받았다.
  ▶ passion[pǽʃən] 명 열정, 열중
  ▶ passionately[pǽʃənətli] 부 열렬히, 열심히

pattern
[pǽtərn]

명 무늬, 패턴, 양식, 견본

- It's not good for your health to change your sleeping pattern.
  수면 패턴을 바꾸는 것은 너의 건강에 좋지 않다.

prejudice
[prédʒədis]

명 편견, 선입관

- He has a prejudice against women drivers.
  그는 여성 운전자들에 대해 안 좋은 편견을 갖고 있다.

prior
[práiər]

형 이전의, 앞의, 우선하는

- I couldn't attend the meeting because of a prior engagement.
  나는 선약이 있어서 그 모임에 참석할 수 없었다.
  ▶ priority[praió(:)rəti, -ár-] 명 우선(권)
  ▶ prior to ~에 앞서, ~ 이전에

purchase
[pə́:rtʃəs]
(동) 사다, 구입하다
(명) 구매, 취득
- The purchasing power of the dollar has *remarkably declined*.
  달러의 구매력은 상당히 약해졌다.(달러 가치가 떨어졌다.)

recommend
[rèkəménd]
(동) 권하다, 추천하다
- The doctor recommended that I lose some weight.
  의사는 내게 체중을 좀 줄이라고 권했다.
  ▶ recommendation[rèkəmendéiʃən] (명) 권장, 추천

recreational
[rèkriéiʃənəl]
(형) 휴양의, 오락의
- This recreational *vehicle* is perfect for the people who enjoy recreational activities outdoors.
  이 레저용 차량은 야외에서 여가 활동을 즐기는 사람들에겐 "딱"이다.
  ▶ recreation[rèkriéiʃən] (명) 휴양, 기분 전환

reliable
[riláiəbəl]
(형) 믿을 수 있는, 신뢰성 있는 = trustworthy
- He is reliable. He always keeps his words.
  그는 믿을 만하다. 항상 자신이 한 약속을 지킨다.
  ▶ rely[rilái] (동) 의지하다, 믿다
  ▶ reliance[riláiəns] (명) 의지, 신뢰

remark
[rimá:rk]
(동) ~에 주의[주목]하다, 깨닫다; 말하다, 평하다
(명) 주의[주목]; 말, 의견, 비평
- His rude remarks on her appearance made her angry.
  외모에 대한 그의 무례한 말이 그녀를 화나게 했다.
- It is a remarkable *coincidence* that we meet in this desert.
  이 사막에서 우리가 만나다니, 정말 대단한 우연의 일치로구나.
  ▶ remarkable[rimá:rkəbəl] (형) 주목할 만한, 놀라운, 뛰어난

○ ○ ○

request
[rikwést]

동 신청하다, 요청하다, 부탁하다
명 신청, 부탁, 요구

- Guests were requested not to smoke indoors.
  손님들은 실내에서는 흡연하지 말도록 요구 받았다.
- ▶ require[rikwáiə*r*] **동** ~을 필요로 하다, 요구하다

reserve
[rizə́:*r*v]

동 남겨 두다, 보존하다, 예약하다
명 보존, 비축

- I reserved a single room at the Paradise Hotel.
  나는 파라다이스 호텔에 1인실을 예약했다.
- They always keep some money in reserve.
  그들은 항상 필요할 때를 대비해 얼마 정도 돈을 남겨 놓는다.
- ▶ reservation[rèzə*r*véiʃən] **명** 보존, 예약

root
[ru:t, rut]

동 응원하다, 지지하다; 뿌리박게 하다, 기원이 되다
명 뿌리, 근원, 조상

- Go for it! We're all rooting for you!
  파이팅! 우리 모두 널 응원하고 있어!
- Loneliness is the root cause of his *suicide*.
  = His suicide has its root in loneliness.
  외로움이 그가 자살한 근본 원인이다.
- ▶ root for ~를 응원하다

sake
[seik]

명 위함, 목적, 이유

- For the sake of our *descendents*, we must try our best for the *reunification*.
  우리 후손들을 위해서라도 우린 통일을 위해 최선을 다해야 한다.
- ▶ for any sake 하여튼, 아무튼
- ▶ for the sake of A(=for A's sake) A를 위해, A를 봐서라도

severe
[sivíər]

혱 격심한, 엄중한, 가혹한, 엄격한

- They will suffer from severe food shortages because of the flood.
  그 홍수 때문에 그들은 심각한 식량 부족에 시달릴 것이다.
- ▶ severely[sivíərli] 뷔 심하게, 몹시

slightly
[sláitli]

뷔 약간, 조금

- She is slightly taller than her younger sister.
  그녀는 동생보다 키가 약간 크다.
- ▶ slight[slait] 혱 약간의, 대단치 않은

somewhat
[sʌ́mhwàt, -hwʌ̀t]

뷔 얼마간, 다소

- *Somehow* I felt somewhat tired after taking a shower.
  웬일인지 난 샤워를 하고 나서 약간 피곤함을 느꼈다.
- ▶ somehow[sʌ́mhàu] 어떻게 해서든지, 아무튼; 어쩐지, 웬일인지

suspicious
[səspíʃəs]

혱 수상한, 의심스러운, 의심의

- If you see anything suspicious, inform the police at once.
  뭐든 수상한 것을 보게 되면 즉시 경찰에 신고해라.
- ▶ suspicion[səspíʃən] 몡 의심, 혐의
- ▶ suspect[səspékt] 동 의심하다 몡 [sʌ́spekt] 용의자

unique
[juní:k]

혱 유일한, 독특한

- Each person's fingerprints are unique.
  각자의 지문은 (같은 것이 없이) 독특하다.

voluntary
[vάləntèri / vɔ́ləntəri]

형 자발적인, 자원한 ↔ compulsive

- She's a voluntary worker at the hospital.
  그녀는 그 병원에서 일하는 자원 봉사자입니다.
  ▶ volunteer[vɔ̀ləntíər] 명 지원자, 자원봉사자 형 자발적인 동 자발해서 하다

whereas
[hwɛərǽz]

접 반면, 그러나

- My wife wants a boy, whereas I want a girl.
  아내는 아들을 원하고, 반면 나는 딸을 원한다.

aid
[eid]

동 돕다, 원조하다
명 도움, 원조

- We are willing to provide *humanitarian* aid to North Korea if it asks for such help.
  요청만 한다면 우린 기꺼이 북한에 인도적 원조를 제공할 것이다.

anticipate
[æntísəpèit]

동 기대하다, 예상하다

- Are you anticipating a lot of people at the party tonight?
  오늘 밤 파티에 사람들이 많이 올 거라 예상하니?
  ▶ anticipation[æntìsəpéiʃən] 명 기대, 예상

approve
[əprú:v]

동 찬성하다, 승인하다

- The *construction* plan was approved by the *authority*.
  그 건설 계획은 당국의 승인을 받았다.
  ▶ approval[əprú:vəl] 명 찬성, 승인

aptitude
[ǽptitù:d, -titjù:d]

명 적성, 소질; 경향, 기질

- My brother has great aptitude for sports.
  내 동생은 운동에 대단한 소질이 있다.

article
[ɑ́ːrtikl]

명 품목, 물품; 기사, 논설

• Did you read the article on our school in the paper? It's a *nonsense*!
너 그 신문에서 우리 학교에 관한 기사 읽었니? 정말 말도 안 돼!

ashamed
[əʃéimd]

형 부끄러워하는, 수치스러워하는

• I was ashamed that I had made such a foolish mistake.
그런 바보 같은 실수를 저질러서 난 부끄러웠다.

atmosphere
[ǽtməsfiər]

명 분위기, 환경; 대기, 공기

• Of course, people become more open-minded in a friendly atmosphere.
당연히, 사람들은 친근한 분위기에서 더 마음을 연다.

attack
[ətǽk]

동 공격하다 ↔ defend(방어하다)
명 공격

• Sharks often attack weak and injured whales.
상어들은 가끔 허약하고 다친 고래들을 공격한다.

attempt
[ətémpt]

동 시도하다, 꾀하다
명 시도, 기도

• I passed my driving test at the third attempt.
나는 세 번째 시도에서 운전면허 시험에 합격했다.

breakdown
[bréikdàun]

명 고장, 붕괴, 좌절, 쇠약

• My car had a breakdown on the highway.
내 차가 고속도로에서 퍼졌다(고장 났다).
• Nervous breakdown often results from sleeping *disorder*.
신경쇠약은 종종 수변 장애에서 비롯된다.

brilliant
[bríljənt]

형 빛나는, 화려한; 영리한, 재능 있는

- What a brilliant idea! Let's do it as you said.
  정말 죽이는 아이디어다! 네가 말한 대로 하자.

competitive
[kəmpétətiv]

형 경쟁의, 경쟁심이 강한, 경쟁력이 있는

- Many Koreans believe that they can become more competitive through mastering English.
  많은 한국인들이 영어를 정복하면 경쟁력 있는 사람이 될 거라 믿는다.
  ▶ compete[kəmpíːt] 동 경쟁하다, 시합하다, 필적하다
  ▶ competition[kàmpətíʃən] 명 경쟁, 시합

conserve
[kənsə́ːrv]

동 보존하다, 유지하다; 절약하다

- To conserve electricity, turn off your computer when not in use.
  전기를 절약하기 위해, 사용하지 않을 때엔 컴퓨터를 꺼라.
  ▶ conservation[kànsəːrvéiʃən] 명 보존, 유지, 절약
  ▶ conservative[kənsə́ːrvətiv] 형 보수적인 명 보수주의자
  ↔ progressive(진보적, 진보주의자)

contemporary
[kəntémpərèri / -pərəri]

형 같은 시대의, 현대의; 동시에 일어나는
명 동시대 사람, 현대인

- The museum holds Korean contemporary art.
  그 미술관은 한국 현대 미술품들을 소장하고 있다.

context
[kántekst]

명 문맥, 정황, 전후 관계

- We need to see this event in historical context.
  우린 이 사건을 역사적 맥락에서 볼 필요가 있다.

craft
[kræft]

명 기술, 공예, 손재주; 탈것
동 만들다

- These bracelets were crafted by native Americans.
  이 팔찌들은 미국 인디언들이 만든 것이다.
  ▶ aircraft[ɛ́ərkræ̀ft] 명 날것, 비행기
  ▶ artcraft[ɑ́ːrtkræ̀ft] 명 미술공예

defense
[diféns, díːfens]

명 방어, 수비, 변호

- This new weapon is for the defense of our country.
  이 신무기는 우리 국가의 방어를 위한 것이다.
  ▶ defend[difénd] 동 막다, 방어하다
  ▶ defensive[difénsiv] 형 방어적인, 수비의

detect
[ditékt]

동 감지하다, 발견하다, 간파하다

- High *levels* of lead were detected in the water.
  그 물에서 다량의 납 성분이 감지되었다.
  ▶ detection[diték∫ən] 명 간파, 탐지
  ▶ detective[ditéktiv] 명 탐정, 형사

device
[diváis]

명 장치, 설비, 고안

- This new safety device is expected to *reduce* the *risk* of accidents.
  이 새로운 안전장치가 사고의 위험을 줄여줄 거라 기대된다.

diffusion
[difjúːʒən]

명 전파, 보급, 확산

- An uncorked *perfume* bottle *distributes* its *scent* throughout a room. That is an example of "diffusion".
  뚜껑이 열린 향수병에서 향기가 방안 전체로 퍼진다. 그게 바로 "diffusion"의 예이다.
  ▶ diffuse[difjúːz] 동 전파하다, 퍼뜨리다

discourage
[diskə́:ridʒ, -kʌ́r-]

동 용기를 잃게 하다, 낙담시키다(let someone down)
↔ encourage(격려하다)

- Don't be discouraged! You can try again.
  낙담하지 마! 다시 하면 돼.

distinguish
[distíŋgwiʃ]

동 구분[구별]하다, 특징짓다

- It is very important to distinguish between public and private matters.
  공과 사를 구분하는 것은 대단히 중요하다.

editor
[édətər]

명 편집자, 논설위원

- Editors review, rewrite, and *edit* the work of writers.
  편집자들은 작가가 쓴 글을 검토하고, 고쳐 쓰고, 편집한다.
- ▶ edit[édit] 동 편집하다, 수정하다
- ▶ edition[edíʃən] 명 (책의) 판(版)
- ▶ editorial[èdətɔ́:riəl] 명 사설, 논설 형 편집의

encounter
[enkáuntər]

동 만나다, 부닥치다, 충돌하다

- He encountered an old friend at the restaurant.
  그는 식당에서 옛 친구를 만났다.

establish
[istǽbliʃ]

동 설립[창립]하다, 제정하다, 수립하다

- Our school was established in 1969.
  우리 학교는 1969년에 설립되었다.
- She established herself as a leading actress.
  그녀는 최고의 여배우로 자리 잡았다.
- ▶ establishment[istǽbliʃmənt] 명 설립, 제정, 수립

evaluate
[ivǽljuèit]

동 평가하다

- Teachers' unions argue that it is anti-educational for students and parents to evaluate teachers.
  교사 노조들은 학생과 학부모가 교사를 평가하는 것은 비교육적인 일이라고 주장한다.
  ▶ evaluation[ivæ̀ljuéiʃən] 평가

facility
[fəsíləti]

명 설비, 시설; 잘 하는 능력(ability)

- His facility for language is astonishing.
  그의 언어 능력은 놀랍다.
- These companies are sitting on their money, as shown in decreased facility *investment*.
  감소된 시설 투자에서 보듯이, 이 회사들은 돈을 묵히고 있다.

faith
[feiθ]

명 믿음, 신념, 약속

- He's got great talent, though he has lost faith in himself.
  그는 대단한 재능을 갖고 있어. 자신감을 잃긴 했지만 말이야.
  ▶ faithful[féiθfəl] 신뢰할 만한, 충실한

financial
[finǽnʃəl, fai-]

형 재정의, 재무의

- They offered only a three percent pay increase due to financial difficulties.
  그들은 재정 곤란으로 인해 겨우 3%의 임금 인상만을 제시했다.
  ▶ finance[finǽns, fáinæns] 명 재정; 자금

forbid
[fərbíd]

동 금하다, 허락하지 않다 = prohibit
forbid-forbade-forbidden

- Smoking is forbidden in this building.
  이 건물 안에서는 흡연이 금지됩니다.

function
[fʌ́ŋkʃən]

동 기능하다, 작동하다(operate)

명 기능, 목적, 역할, 작동

- My cell phone doesn't function properly.
  내 휴대전화기는 제대로 작동되지 않는다.
- The function of the veins is to carry blood to the heart.
  정맥의 기능은 피를 심장에 전달하는 것이다.
  ▶ malfunction[mælfʌ́ŋkʃən] 동 제대로 작동하지 않다 명 오작동

genuine
[dʒénjuin]

형 진짜의, 진심의, 성실한

- He has a genuine concern for other people.
  그는 다른 사람들을 진심으로 걱정해준다.
  ▶ genuinely[dʒénjuinli] 부 진정으로, 성실하게

grant
[grænt]

동 주다, 수여하다; 승인[허가]하다; 인정하다; 가정하다

- The president's *authority* is granted by the *Constitution*.
  대통령의 권한은 헌법이 부여하는 것이다.
- Granted that the story is true, what do we have to do?
  그 이야기가 사실이라면, 우린 뭘 해야 하지?
  ▶ take it for granted that ~ that 이하를 당연하게 여기다

guilty
[gílti]

형 죄책감이 드는, 유죄의, 죄를 저지른

↔ innocent(무죄의, 순진한)

- She insists that she is not guilty of murder.
  그녀는 자신이 살인을 저지르지 않았다고 주장한다.
  ▶ guilt[gilt] 명 유죄, 범죄

horrify
[hɔ́:rəfài, hɑ́r-]

동 소름끼치게 하다, 경악시키다

- I was horrified to hear that she had done such a cruel thing.
  나는 그녀가 그런 끔찍한 일을 저질렀다는 얘길 듣고 경악했다.
  ▶ horror[hɔ́:rər, hɑ́r-] 명 공포, 전율
  ▶ horrible[hɔ́:rəbəl, hɑ́r-] 형 무서운, 끔찍한; 몹시 싫은, 지독한

impact
[ímpækt]

명 충격, 영향[력], 충돌
동 충격을 주다, 큰 영향을 미치다

- High tax rates have a *negative* impact on economic growth.
  높은 세율은 경제 성장에 부정적인 영향을 미친다.

impatient
[impéiʃənt]

형 참을성 없는, 성급한, 조바심 내는 ↔ patient

- He was beginning to get impatient as his daughter didn't come back home.
  딸이 집에 돌아오지 않자 그는 초초해지기 시작했다.
  ▶ impatience[impéiʃəns] 명 성급함, 조바심, 초조

imply
[implái]

동 포함하다, 내포하다; 의미하다, 암시하다

- So, are you implying that I am not good at speaking English?
  그러니까, 네 말은 내가 영어를 잘 못한다는 거야?
  ▶ implication[ìmpləkéiʃən] 명 내포, 암시; 밀접한 관련

infant
[ínfənt]

명 갓난아기, 유아

- Sudden infant death *syndrome* is the sudden, unexplained death of an infant younger than one year old.
  유아 돌연사 증후군이란 1세 이하 유아의 돌연한, 이유를 알 수 없는 사망을 말한다.

innocent
[ínəsnt]

형 죄 없는, 결백한; 순진한, 알지 못하는

- There is good evidence that she is innocent.
  그녀의 결백을 입증할 확실한 증거가 있다.
- A lot of innocent *civilians* were *slaughtered* during the Korean War.
  한국전쟁 중에 많은 무고한 민간인들이 학살당했다.
  ▶ innocence[ínəsns] 명 순진, 결백, 무죄

intention
[inténʃən]

명 의도, 목적, 속셈

• Don't get me wrong! I have no intention of *embarrassing* you.
오해하지 마! 널 "쪽팔리게 할" 의도는 없어.

▶ intend[inténd] 동 의도하다, ~할 작정이다
▶ intentional[inténʃənəl] 형 의도적인, 고의적인 ↔ accidental(우발적인)

journal
[dʒə́:rnəl]

명 신문, 정기 간행물; 일기

• I kept a travel journal during my visit to Japan.
나는 일본을 방문하는 동안 기행일기를 썼다.

▶ journalist[dʒə́:rnəlist] 명 언론인

junk
[dʒʌŋk]

명 쓰레기, 잡동사니, 고물

• The *attic* was full of junk. 다락방에는 잡동사니가 가득했다.

▶ junk food 부실 음식(햄버거, 라면 등 인스턴트식품)
▶ junk mail 쓸데없는 광고 우편물 = spam

justify
[dʒʌ́stəfài]

동 정당화하다, 정당한 이유가 되다

• Psychopaths often justify their *mean* and cruel acts with selfish reasons. 사이코패스들은 자신들의 비열하고 잔인한 행동을 이기적 이유로 정당화한다.

▶ justification[dʒʌ̀stəfikéiʃən] 명 정당화, 변명
▶ justice[dʒʌ́stis] 명 정의, 정당, 사법

legal
[líːgəl]

형 법률의, 합법의(lawful)

• The company *intends* to take legal action over this matter.
회사는 이 일에 대해 법적 조치를 취할 작정이다.

• What? Is streaking legal in your country?
뭐? 발가벗고 뛰어다니는 게 너희 나라에서는 합법이라고?

▶ illegal[ilíːgəl] 형 불법의 = unlawful
▶ legally[líːgəli] 부 법적으로

melt
[melt]

동 녹다, 녹이다
명 용해

- Sorry! The chocolate has melted in my pocket.
  미안! 초콜릿이 주머니에서 녹았어.

mess
[mes]

명 엉망진창; 더러움
동 어질러 놓다, 더럽히다; 망치다, 실수하다

- What a mess! Clean up your room right now.
  이런 난장판이 있나! 당장 방 치워.
- Your stupid mistake messed up our plan.
  네 멍청한 실수가 우리 계획을 망쳤다.

nurture
[nə́:rtʃər]

동 기르다, 양육하다
명 양육, 교육

- They *adopted* a girl and nurtured her with love.
  그들은 한 여자 아이를 입양해서 사랑으로 양육했다.

obvious
[ábviəs / ɔ́b-]

형 명백한, 알기 쉬운, 뻔한

- It is obvious that he is not telling the truth.
  분명히 그는 사실을 말하지 않고 있다.
  ▶ obviously[ábviəsli / ɔ́b-] 부 분명히, 확실히

ordinary
[ɔ́:rdənèri]

형 보통의, 평범한, 특별하지 않은

- He's just an ordinary man. I can see nothing special in him.
  그는 그냥 평범한 사람이야. 난 그에게서 특별한 게 안 보이는데.
  ▶ extraordinary[ikstrɔ́:rdənèri] 형 특별한, 비범한

permit
[pə:rmít]

동 허락[허가]하다, 용납하다
명 허락, 허가

- Stem *cell* research for *reproductive cloning* is not permitted by law. 법에 의해 인간 복제를 위한 줄기세포 연구는 허용되지 않는다.
  ▶ permission[pə:rmíʃən] 명 허가, 용납

personality
[pə̀:rsənǽləti]

명 성격, 개성

- He has an *outgoing* and a bit of *aggressive* personality.
  그는 외향적이며 다소 공격적인 성격을 갖고 있다.
  ▶ personal[pə́:rsənəl] 형 개인적인, 개인의, 사적인
  ▶ personnel[pə̀:rsənél] 명 인원, 직원, 구성원

polish
[páliʃ / pɔ́l-]

동 닦아서 빛을 내다, 윤내다, 마무리하다

- Every morning I polish my father's old shoes to please him.
  매일 아침 난 아빠의 낡은 구두를 닦아 즐겁게 해드린다.

practical
[prǽktikəl]

형 실용적인, 실질적인, 쓸모 있는 ↔ impractical

- Your idea is interesting, but not very practical.
  네 아이디어는 흥미롭긴 하지만, 별로 실용적이진 않다.
  ▶ practice[prǽktis] 동 연습하다, 실행하다
  명 실행, 연습; 습관, 관습; (의사, 변호사 등의) 사업
  ▶ practically[prǽktikəli] 명 사실상, 실질적[실용적]으로

preserve
[prizə́:rv]

동 보존하다, 유지하다(maintain), 저장하다; 보호하다,
지키다 명 보존지역, 보호구역

- We should preserve the earth's *environment* for our future
  generations.　우리는 미래 세대를 위해 지구의 환경을 보호해야 한다.
  ▶ preservation[prèzərvéiʃən] 명 보존, 저장, 보호

productive
[prədʌ́ktiv]

형 생산적인, 생산하는; 비옥한, 많이 낳는

- The meeting was highly productive. We've *practically* reached
  an agreement.　회의는 상당히 생산적이었다. 우린 실질적으로 합의에 도달했다.
  ▶ productivity[pròudʌktívəti / prɔ̀d-] 명 생산성, 생산력; 비옥, 다산(多産)
  ▶ produce[prədjú:s] 동 생산하다, 만들어내다; 일으키다, 초래하다
  ▶ production[prədʌ́kʃən] 명 생산, 제작; 제품
  ▶ product[prádəkt, -dʌkt / prɔ́d-] 명 생산품, 제작물, 농산물, 결과

promotion
[prəmóuʃən] **명** 증진, 촉진, 장려; 승진

- He couldn't get a promotion for his failure of sales promotion.
  그는 판매 촉진에 실패함으로써 승진을 하지 못했다.
  ▶ promote[prəmóut] **동** 증진[촉진]하다, 장려하다, 승진시키다

psychological
[sàikəládʒikəl / -lɔ́dʒ-] **형** 심리적인, 정신의; 심리학의

- The uncertainty can have a *significant* psychological *impact* on *investors.*
  불확실성은 투자자들에게 상당한 심리적 영향을 미칠 수 있다.
  ▶ psychology[saikálədʒi / -kɔ́l-] **명** 심리, 심리학
  ▶ psycho[sáikou] **명** 정신병자; 괴짜

pure
[pjuər] **형** 순수한, 깨끗한, 결백한; 완전한, 순

- Pure water is *virtually* colorless and has no taste or smell.
  순수한 물은 사실상 색깔이 없으며 맛이나 냄새도 없다.
- It was pure *coincidence* that we wore the same clothes.
  우리가 똑같은 옷을 입은 것은 순전히 우연의 일치였다.
  ▶ purity[pjúrəti] **명** 순수, 청결, 결백
  ▶ purify[pjúrəfài] **동** 정화하다, 깨끗이 하다

quantity
[kwántəti / kwɔ́n-] **명** 양, 분량

- The *dairy* farm produces a large quantity of milk and cheese.
  그 낙농 목장에서는 엄청난 양의 우유와 치즈를 생산한다.

realistic
[rìːəlístik] **형** 현실[실제]적인, 이성적인, 실현 가능성 있는
↔ unrealistic(비현실적)

- What's the most realistic solution to this problem?
  이 문제에 대한 가장 현실적인 해결책은 무엇인가?
  ▶ reality[riǽləti] **명** 현실, 사실

refer
[rifə́:r]

동 참고하다; 언급하다, 말하다; 문의[조회]하다; 관련되다

- Google employees refer to themselves as "Googlers."
  구글의 직원들은 자신들을 "구글러"라고 부른다.
- The law doesn't refer to the companies having less than five employees.
  그 법은 5인 이하의 피고용인들을 둔 회사들과는 관련이 없다.
  ▶ reference[réfərəns] 명 참고; 언급, 문의

residential
[rèzidénʃəl]

형 주거[주택]의, 주거와 관련된

- A big residential and *commercial complex* is under *construction* in this area.
  이 지역에 대규모 주상 복합 단지가 건설되고 있다.
  ▶ reside[ri:záid] 동 거주하다, 있다
  ▶ residence[rézidəns] 명 거주, 주택
  ▶ resident[rézidənt] 형 거주하는, 이주하지 않는, 내재하는 명 거주자

risk
[risk]

명 위험, 모험

동 위태롭게 하다, 위험을 무릅쓰다, ~을 걸고 하다

- Don't take a risk! It is not much worth risking all your money.
  모험은 하지 마! 네 돈을 다 걸 만큼 가치 있는 것이 아니야.
  ▶ risky[ríski] 형 위험한, 아슬아슬한 = riskful

screen
[skri:n]

동 가리다, 차단하다, 지키다, 감싸다

명 칸막이, 가리개, 스크린, 영화

- *Unsuitable applicants* will be screened out at the interview.
  적합하지 않은 응시자들은 면접에서 걸러질 것이다.
- He wants to write for the screen.
  그는 영화 시나리오를 쓰고 싶어 한다.

stock
[stɑk]

동 비축하다, 저장하다, 보관하다
명 재고, 저장; 가축; 주식

- I'm sorry, but the book you want is *temporarily* out of stock.
  죄송합니다만, 고객께서 원하시는 책은 일시 품절입니다.
  ▶ out of stock 매진[품절]된
  ▶ stock market 주식 시장, 주식 매매
  ▶ livestock[láivstɑ̀k] 명 가축

stretch
[stretʃ]

동 잡아 늘이다, 펴다, 뻗다, 늘어나다, 한계에 미치다
명 뻗침, 확장, 신축성, 긴장

- Slowly *tilt* head to left side to stretch muscles on side of neck.
  머리를 천천히 왼쪽으로 기울여 목 옆쪽 근육을 늘이세요.
- His boring *lecture* stretched my *patience* to the limit.
  그의 따분한 강의는 네 인내심을 극한까지 늘였다.(참지 못할 정도로 따분했다.)

substance
[sʌ́bstəns]

명 물질, 재료, 내용

- This substance *stretches* to any shape you want.
  이 물질은 원하는 형태로 잡아 늘일 수 있다.
- The principal made a lengthy speech, but there was not much substance in it.
  교장 선생님은 장황하게 연설을 했지만, 별 중요한[쓸 만한] 내용은 없었다.
  ▶ substantial[səbstǽnʃəl] 형 물질의, 실체의, 근본적인, 상당한 (양의)

sufficient
[səfíʃənt]

형 충분한, 흡족한 = enough

- We have found sufficient *evidence* to arrest him.
  우린 그를 체포하기에 충분한 증거를 찾았다.
  ▶ sufficiency[səfíʃənsi] 명 충분함, 넉넉함, 충분한 양

suitable
[súːtəbəl]

형 적당한, 알맞은, 어울리는

- The parents had to find a suitable school for their *handicapped* child.

  그 부모는 장애가 있는 자녀에게 적합한 학교를 찾아야 했다.

  ▶ suit[suːt] **동** 알맞다, 어울리다, 맞추다 **명** 양복; 소송
  ▶ Suit yourself! 네 맘대로 해!, (비꼬듯이) 좋으실 대로!

sustain
[səstéin]

동 떠받치다, 지탱하다; 견디다, 유지하다, 계속하다

- India is expected to sustain average growth of 9% over the next decade.

  이후 10년 간 인도는 평균 9%의 성장을 지속할 거라 기대된다.

  ▶ sustainable[səstéinəbl] **형** 지탱할 수 있는, 지속[유지]할 수 있는, 견딜 수 있는

telescope
[téləskòup]

명 망원경

- The Hubble Space Telescope carries cameras which allow scientists on Earth to see objects billions of lightyears away.

  허블 망원경에는 카메라들이 달려 있어 지구의 과학자들이 수십억 광년 떨어진 물체들을 볼 수 있다.

  ▶ microscope[máikrouskòup] **명** 현미경
  ▶ scope[skoup] **명** 범위, 영역, 시야

theory
[θíəri]

명 이론, 학설

- An *experiment* is done in order to prove that a theory is true.

  실험은 이론이 참임을 증명하기 위해 행해진다.

  ▶ theoretical[θìːərétikəl] **형** 이론상의, 가정적인
  ▶ theorize[θìːəràiz] **동** 이론을 세우다, 가정하다

typical
[típikəl]

형 전형적인, 대표적인

- Typical *symptoms* of the disease include high fever, coughing, and *vomiting.* 그 병의 대표적인 증상에는 고열, 기침, 구토 등이 있다.
- ▶ stereotype[stériətàip] 명 전형, 관례, 틀에 박힌 것, 고정관념

ultimately
[ʌ́ltəmitli]

부 궁극적으로, 결국

- It's not me who leads our team. Ultimately, it's up to you.
  우리 팀을 이끄는 건 내가 아니잖아. 결국 너 하기에 달린 거지.
- ▶ ultimate[ʌ́ltəmit] 형 최후의, 궁극의, 근본적인

valid
[vǽlid]

형 유효한, 효과적인, 근거가 확실한, 설득력 있는
↔ invalid

- I will listen to valid *criticism* only.
  난 사실에 근거한 비판에만 귀를 기울일 것이다.
- My passport is valid for another three years.
  내 여권은 앞으로 3년 동안은 유효하다.
- ▶ validity[vəlídəti] 명 유효성, 효과
- ▶ validate[vǽlədèit] 동 공식적으로 승인하다, 채택하다

verbal
[və́:rbəl]

형 말의, 말로 표현한 = oral

- Verbal and physical *assaults* must be *banned* in the classroom.
  언어적, 신체적 공격은 교실에서 금지되어야 한다.
- ▶ verb[və:rb] 동 동사
- ▶ verbally[və́:rbəli] 부 말로

violent
[váiələnt]

형 폭력적인, 난폭한, 격렬한, 심한

- Violent behavior in a child at any age always needs to be taken seriously. 연령에 관계없이 아이의 폭력적인 행동은 항상 심각하게 다룰 필요가 있다.
- ▶ violence[váiələns] 명 폭력, 난폭; 격렬
- ▶ violate[váiələèit] 동 (법, 규칙 등을) 위반하다, 어기다; 침해하다, 모독하다

vision
[víʒən]

圐 시각, 시력; 미래상, 비전, 상상력; 환상, 착시

- Tears *blurred* my vision.
  눈물이 앞(시야)을 가렸다.
- We need a leader with vision.
  우리에겐 비전이 있는 지도자가 필요하다.
  ▶ visionary[víʒənèri / -nəri] 圐 환영의, 공상적인
  ▶ visual[víʒuəl] 圐 시각의, 눈에 보이는
  ▶ visualize[víʒuəlàiz] 圐 눈에 보이게 하다, 그림이나 이미지로 나타내다

volume
[válju:m / vɔ́l-]

圐 부피, 양; 다량, 많음; 책, 권

- Turn up the volume of the TV! A very important news is coming on soon.
  TV 볼륨을 높여! 곧 아주 중요한 뉴스가 나올 거야.

wander
[wɑ́ndər]

圐 거닐다, 돌아다니다, 방랑하다

- A stranger was wandering around my house.
  낯선 사람이 우리 집 주위를 배회하고 있었다.

aboard
[əbɔ́:rd]

圐 배로, 승선하여; 탈것에 올라[타고]

- Almost all the passengers aboard the plane were Koreans.
  그 비행기에 탑승한 승객들 대부분은 한국인들이었다.

accustom
[əkʌ́stəm]

圐 익히다, 익숙하게 하다

- I'm not accustomed to speaking in front of many people.
  나는 많은 사람들 앞에서 말하는 것에 익숙하지 않다.
  ▶ be accustomed to -ing ~에 익숙하다(=be used to -ing)

alternative
[ɔːltə́ːrnətiv]

형 대신의, 선택적인; 양자택일의

명 대안, 다른 방법; 양자택일

- We had no alternative but to *surrender*.
  우린 항복할 수밖에, 다른 대안이 없었다.
  ▶ alternate[ɔ́ltərnèit] 동 번갈아 ~하다, 교체하다 형 번갈아 하는, 교대의
  ▶ alternation[ɔ̀ltərnéiʃən] 명 교대, 교체

ambition
[æmbíʃən]

명 야망, 포부

- My ambition is to write a great novel like "The Lord of the Rings."
  내 야망은 "반지의 제왕" 같은 위대한 소설을 쓰는 것이다.
  ▶ ambitious[æmbíʃəs] 형 야망을 품은, 야심적인, 의욕적인

announce
[ənáuns]

동 알리다, 발표하다, 공고하다

- The president proudly announced that his country won the war.
  대통령은 그의 국가가 전쟁에서 승리했다고 자랑스럽게 발표했다.
  ▶ announcement[ənáunsmənt] 명 발표, 공고

artificial
[àːrtəfíʃəl]

형 사람이 만든, 인공적인; 꾸민, 부자연스러운 ↔ natural

- Researchers are creating Artificial Intelligence systems which can *mimic* human thought, understand speech.
  연구원들은 인간의 생각을 모방하고 말을 이해할 수 있는 인공지능 시스템을 창조하고 있다.
  ▶ artifice[áːrtəfis] 명 기술, 기교; 술책

assume
[əsjúːm]

동 추측하다, 가정하다; 꾸미다, 가장하다

- Assuming that people have souls, where do their souls go when people die?
  사람들에게 영혼이 있다는 게 사실이라면, 사람들이 죽으면 영혼은 어디로 가는 거지?
  ▶ assumption[əsʌ́mpʃən] 명 가정, 가설, 억측

autograph
[ɔ́:təgræf]

명 (유명인의) 사인, 서명

- "Signature" should be on *contract* sheets. You get "autographs" from *celebrities*.

  "signature"는 계약서에 있어야 한다. 유명인들에게서 "autograph"를 받는다.

  ▶ signature[sígnətʃər] 명 (서류 등의) 사인, 서명

automatic
[ɔ̀:təmǽtik]

형 자동의; 무의식적인; 당연히 일어나는

- As I *approached* the entrance, the automatic sliding door opened.

  내가 입구에 다가가자 자동 여닫이문이 열렸다.

  ▶ automation[ɔ̀:təméiʃən] 명 자동화

bear
[bɛər]

동 견디다, 참다; (책임 등을) 부담하다, 지다; 품다, 지니다; 낳다

  bear–bore–borne

- All the costs of the repairs will be borne by our company.

  모든 수리비용은 저희 회사에서 부담할 것입니다.

- You must bear in mind that she is very sensitive.

  그녀가 상당히 민감하다는 걸 명심해야 한다.

  ▶ unbearable[ʌnbɛ́ərəbəl] 형 견딜 수 없는, 참기 힘든

  ▶ bear in mind 명심하다, 기억하다

blame
[bleim]

동 나무라다, 비난하다, 책임을 지우다

명 비난, 책임

- She foolishly blamed her failure on her parents.

  = She foolishly blamed her parents for her failure.

  그녀는 어리석게도 자신의 실패를 부모의 탓으로 돌렸다.

border
[bɔ́:rdər]

명 경계, 국경, 가장자리
동 접하다

- Her family escaped Germany and crossed the border into France.
  그녀의 가족은 독일을 탈출해 국경을 넘어 프랑스로 갔다.
- ▶ borderline[bɔ́:rdərlàin] 명 국경선, 경계선
- ▶ boundary[báundəri] 명 경계, 한계

celebrity
[səlébrəti]

명 유명인, 명사

- Many film celebrities attended the Festival de Cannes.
  많은 영화 인사들이 칸 영화제에 참석했다.

claim
[kleim]

동 요구하다, (자기 것이라) 주장하다
명 요구, 청구, 권리

- He claimed that he had invented a flying bicycle.
  그는 자신이 하늘을 나는 자전거를 발명했다고 주장했다.
- Japan's claim to Dokdo is just *absurd*.
  독도에 대한 일본의 소유권 주장은 터무니없다.

client
[kláiənt]

명 고객, 의뢰인

- Client satisfaction is our top *priority*.
  고객 만족이 우리가 가장 최우선으로 여기는 것입니다.

compensate
[kámpənsèit]

동 보상[배상]하다, 보완하다

- You have to compensate him for his loss.
  당신은 그가 입은 손해를 보상해야 합니다.
- ▶ compensation[kàmpənséiʃən] 명 보상, 배상

competent
[kάmpətənt]

형 유능한, 능력[자격]이 있는; 요구를 충족하는, 충분한

- To become a competent teacher, you should love teaching and have *concern* for the welfare of students.
  유능한 교사가 되려면 가르치는 일을 좋아하고 학생들의 행복에 대해 관심을 가져야 한다.
  ▶ competence[kάmpətəns] 명 능력, 적성, 권한 = competency

conclude
[kənklú:d]

동 결론짓다, 끝내다, 말을 맺다

- We concluded that he is too young to join our club.
  우리는 그가 우리 클럽에 가입하기에는 너무 어리다는 결론을 내렸다.
  ▶ conclusion[kənklú:ʒən] 명 결말, 결론
  ▶ conclusive[kənklú:siv] 형 결정적인, 최종적인

confirm
[kənfə́:rm]

동 (결심을) 굳게 하다; 확인[확증]하다

- We can't confirm the flying object as a UFO, but it surely is not a satellite.
  그 비행물체가 UFO라고 확증할 수는 없지만, 분명 인공위성은 아니다.
  ▶ confirmation[kὰnfərméiʃən] 명 확정, 확인

constitute
[kάnstətjù:t]

동 구성하다, ~에 해당되다, 근거가 되다; 제정[설립]하다

- College students constitute about half of the town's population.
  대학생들이 그 도시 인구의 거의 절반을 차지한다.

- His act does not constitute a crime punishable by law.
  그의 행동은 법으로 처벌할 만한 범죄에 해당하지 않는다.
  ▶ constitution[kὰnstətjú:ʃən] 명 구성, 구조; 성질, 체질; 제정, 설립; 헌법

crucial
[krú:ʃəl]

형 결정적인(decisive), 중대한

- This is a crucial moment for your future.
  이 순간은 너의 미래를 위해 대단히 중요하다.

despair
[dispέər]

명 절망, 포기
동 절망하다, 단념하다

- Don't despair! You have one more chance.
  절망하지 마! 넌 한 번 더 기회가 있어.
  ▶ desperate[déspərit] 형 필사적인, 몹시 ~하고 싶은; 절망적인, 극도의
  ▶ desperation[dèspəréiʃən] 명 절망, 자포자기 심정, 필사적임

dip
[dip]

동 (액체에) 살짝 담그다, 집어넣다; 밑으로 내려가다,
떨어지다; 잠깐 읽다

- In this desert area, temperatures dip below freezing at night.
  이 사막 지역에서는 밤에 기온이 영하로 떨어진다.

discipline
[dísəplin]

명 훈련; 규율, 질서; 체벌; 학과, 과목
동 훈련하다, 벌하다, 바르게 행동하도록 가르치다

- The student was disciplined for his bad conduct.
  그 학생은 나쁜 행동을 해서 벌을 받았다.
  ▶ disciplinary[dísəplənèri / -nəri] 형 훈련의, 훈계의, 처벌의
  ▶ self-discipline 자제, 자기 훈련

disgrace
[disgréis]

명 불명예, 망신, 수치
동 창피한 일을 하다, 망신하다

- The last in school? You are a disgrace to our class!
  전교 꼴찌? 넌 우리 반의 수치야!
  ▶ disgraceful[disgréisfəl] 형 수치스러운, 불명예의

display
[displéi]

동 전시하다, 진열하다; 드러내다, 발휘하다
명 전시, 진열; 표현, 과시

- The paintings of Picasso are on display at Seoul Gallery.
  피카소의 그림들이 서울 갤러리에 전시되어 있다.

distribute
[distríbjuːt]

통 나누어주다, 분배하다, 배급하다, 뿌리다

- The teacher distributed the exam papers to the students.
  선생님은 학생들에게 시험지를 나누어주었다.
  ▶ distribution[dìstrəbjúːʃən] 명 배급, 보급, 유통, 분포

diverse
[divə́ːrs, dai-]

형 다양한(varied); 다른

- Automakers introduce diverse models to meet *consumers'
  demands*.
  자동차업체들은 소비자들의 요구에 부응하기 위해 다양한 모델들을 선보인다.
  ▶ diversity[divə́ːrsəti, dai-] 명 다양성, 차이
  ▶ diversify[divə́ːrsəfài, dai-] 통 다양화하다

donation
[dounéiʃən]

명 기부, 기증

- The millionaire made a big donation for *orphans*.
  그 백만장자는 고아들을 위해 많은 기부를 했다.
  ▶ donate[dóuneit, dounéit] 통 기부[기증]하다
  ▶ blood donation 헌혈

eliminate
[ilímənèit]

통 제거하다, 삭제하다

- This lotion uses natural *ingredients* to eliminate acne forever.
  이 로션은 자연 성분을 이용해 여드름을 완전히 제거해준다.
  ▶ elimination[ilìmənéiʃən] 명 제거, 삭제

evolve
[iválv / ivɔ́lv]

통 진화하다, 서서히 발전[전개]시키다

- *Fossils* show us that birds evolved from dinosaurs.
  화석은 새들이 공룡에서 진화했음을 보여준다.
  ▶ evolution[èvəlúːʃən / iːvə-] 명 진화, 발달

exhibit
[igzíbit]

동 전시하다, 공개하다, 나타내다, 보이다
명 진시, 전람, 전람회

- The museum will exhibit dinosaur *fossils* from next monday.
  그 박물관에서는 다음주 월요일부터 공룡 화석들을 전시할 것이다.
- ▶ exhibition[èksəbíʃən] 명 전시, 전시회

expand
[ikspǽnd]

동 넓히다, 확장[확대]하다; 퍼지다, 팽창하다

- There's no doubt that *organic* farming will continue to expand in our country.
  우리나라에서 유기농이 계속 확대될 것임은 의심의 여지가 없다.
- ▶ expansion[ikspǽnʃən] 명 확장, 확대
- ▶ expanse[ikspǽns] 명 넓은 공간; 팽창, 확장

expose
[ikspóuz]

동 드러내다, 노출시키다, 폭로하다

- Children who have been exposed to English naturally tend to like the language.
  영어에 자연스럽게 노출된 어린이들은 영어를 좋아하는 경향이 있다.
- ▶ exposure[ikspóuʒər] 명 드러냄, 노출, 폭로, 발각
- ▶ exposition[èkspəzíʃən] 명 박람회, 전시

generate
[dʒénərèit]

동 일으키다, 발생시키다, 낳다; 태어나다, 생기다

- Wind power could generate almost 30 percent of the world's electricity by 2030.
  풍력은 2030년까지 전 세계 전기의 거의 30퍼센트를 발생시킬 수 있을 것이다.
- ▶ generation[dʒènəréiʃən] 명 세대, 동시대 사람; 발생

habitat
[hǽbətæ̀t]

명 (동식물의) 서식지, 거주지

- A lot of wildlife lost its natural habitat because of the forest fire.
  산불로 인해 많은 야생동식물들이 자연 서식지를 잃었다.
- ▶ habitation[hæ̀bətéiʃən] 명 거주, 거주지

impose
[impóuz]

동 (의무, 세금 등을) 부과하다, (의견 등을) 강요하다

- Teachers must not impose their religious beliefs on their students.
  선생님들은 자신들의 종교적 믿음을 학생들에게 강요해서는 안 된다.
- ▶ imposition[ìmpəzíʃən] 명 부과, 강요, 기대

inhabit
[inhǽbit]

동 ~에 살다, 거주하다; ~에 존재하다, 깃들이다

- This forest is inhabited by a lot of wild animals.
  이 숲에는 야생 동물들이 많이 살고 있다.
- ▶ inhabitant[inhǽbətənt] 명 거주자, 서식

insight
[ínsàit]

명 통찰[력], 식견

- He has an insight into mass *psychology*.
  그는 대중 심리에 대해 식견을 갖고 있다.

interpret
[intə́ːrprit]

동 통역하다, 번역하다; 해석하다, ~라 이해하다

- We can't speak Japanese, so we need someone to interpret for us.
  우린 일본어를 못하니까 우리를 위해 통역해줄 사람이 필요하다.
- You don't have to interpret her words *literally*.
  넌 그녀의 말을 문자 그대로 해석할[이해할] 필요는 없다.
- ▶ interpretation[intə̀ːrprətéiʃən] 명 통역, 해석

invest
[invést]

동 (돈, 시간 등을) 투자하다, 들이다

- Now I *regret* investing a lot of money, time, and effort in gambling.
  이제 난 도박에 많은 돈과 시간, 노력을 투자했던 걸 후회한다.
- ▶ investment[invéstmənt] 명 투자, 투입

irritate
[írətèit]

통 짜증나게 하다, 화나게 하다; 아프게 하다

- He's got irritated by his wife's *ceaseless complaints*.
  그는 아내의 끝없는 불평에 짜증이 났다.
- ▶ irritating[írətèitiŋ] 형 짜증나게 하는

literate
[lítərit]

형 글을 읽고 쓸 줄 아는, 교양[지식]이 있는

명 글을 아는 사람, 식자

- The company wants to *hire* someone who is *bilingual* and computer-literate.
  회사는 2개국어를 하고 컴퓨터에 능한 사람을 고용하고자 한다.
- ▶ literacy[lítərəsi] 명 글을 앎, 교양 있음
- ▶ illiterate[ilítərit] 형 문맹의, 글을 모르는, 무식한
- ▶ literature[lítərətʃər] 명 문학, 문헌
- ▶ literary[lítərèri / -rəri] 형 문학의, 글의

loan
[loun]

통 돈을 빌려주다

명 대출, 대부

- The bank *charges* too much interest on loans.
  그 은행은 대출금에 너무 많은 이자를 부과한다.
- Can you loan me a few bucks? 너 나한테 몇 달러만 꿔줄 수 있니?

manual
[mǽnjuəl]

명 사용 설명서, 안내서

형 손의, 손으로 하는, 수동의

- Read the manual carefully before you *assemble* the furniture.
  그 가구를 조립하기 전에 설명서를 잘 읽으시오.
- ▶ manually[mǽnjuəli] 부 손으로, 수동으로

modify
[mádəfài]

통 수정하다, 변경하다, 개조하다; 수식[한정]하다

- If the situation changes, we'll have to modify our *strategy*.
  상황이 변한다면 우린 전략을 수정해야만 할 것이다.
- ▶ modification[màdəfikéiʃən] 명 변경, 수정; 수식

motivate
[móutəvèit]

동 ~에게 동기를 주다, 자극하다, 흥미를 유발하다;
~의 동기가 되다

- It's very important to motivate students to study English harder.

  학생들이 영어를 더 열심히 공부할 수 있게 동기를 부여하는 것은 대단히 중요하다.

  ▶ motive[móutiv] 명 동기, 자극, 모티브　형 움직이게 하는, 원동력이 되는
  ▶ motivation[mòutəvéiʃən] 명 자극, 유도, 동기 부여

multiple
[mʌ́ltəpəl]

형 다수의, 복합적인

명 (수학의) 배수

- Multiple choice exams ask a student to *recognize* a correct answer among a set of options.

  객관식(다수선택)시험은 학생에게 일련의 선택사항 중 맞는 답을 인식하라 요구한다.

  ▶ multiply[mʌ́ltəplài] 동 곱하다, 증가시키다, 증식[번식]하다

nonetheless
[nʌ̀nðəlés]

부 그럼에도 불구하고 = nevertheless

- We are not sure if the material is harmful or not. Nonetheless we have to handle it carefully.

  그 물질이 해로운지 아닌지 확신할 수 없다. 그럼에도 우린 그것을 신중히 다루어야 한다.

nutrition
[nju:tríʃən]

명 영양, 영양물 섭취; 음식물

- Balanced nutrition is important for your body to be able to *function* properly.

  몸이 제대로 기능할 수 있게 하기 위해서는 균형 잡힌 영양이 중요하다.

  ▶ nutritious[nju:tríʃəs] 형 영양분이 많은, 영양가 있는
  ▶ malnutrition[mæ̀lnju:tríʃən] 명 영양실조

official
[əfíʃəl]

형 공식적인, 공인된; 공무의 ↔ unofficial(비공식적인,
무허가의)　명 공무원, 관리

- I got official *permission* to visit DMZ from the *authority*.

  나는 당국으로부터 비무장지대를 방문할 수 있는 공식 허가를 받았다.

  ▶ officially[əfíʃəli] 부 공식적으로; 공무상

overweight
[òuvərwéit]

명 초과 중량, 과체중
형 중량 초과의, 과체중의

- If you are overweight, you need to work out regularly.
과체중이라면 당신은 정기적으로 운동을 할 필요가 있다.

뚱뚱한 사람, 마른 사람

체중은 건강 상태를 나타내주는 중요한 지표가 된다. 각종 다이어트 방법에 매달리는 사람들이 많은 걸 보면 몸무게가 중요한 개인적, 사회적 이슈가 되고 있다는 걸 알 수 있다. 뚱뚱한 사람, 마른 사람, 체중이 늘고 주는 것을 영어로 어떻게 표현하는지 예문을 통해 모두 정리해 보자.

⇨ **She's overweight.** 그녀는 과체중이야.

⇨ **She's fat.** 그녀는 뚱뚱해.

⇨ **She's obese.** 그녀는 비만이야(엄청 뚱뚱해).

⇨ **She's underweight.** 그녀는 저체중이야.

⇨ **She's slim.** 그녀는 날씬해.

⇨ **She's thin.** 그녀는 말랐어.

⇨ **She's skinny.** 그녀는 엄청 말랐어.

⇨ **I'm gaining weight. = I'm putting on weight.** 난 살이 찌고 있어.

⇨ **I'm losing weight.** 난 살이 빠지고 있어.

passage
[pǽsidʒ]

명 (글의) 한 구절, 대목; 통행, 통과; 통로, 항로

- The bathroom is on the right at the end of the passage.
화장실은 통로 끝 오른쪽에 있습니다.
- Read these passages and *translate* them into Korean.
이 구절들을 읽고 한국어로 번역하시오.

pesticide
[péstəsàid]

명 살충제, 농약

- Pesticide-free vegetables sell very well in the market.
무농약 야채들은 시장에서 아주 잘 팔린다.

pile
[pail]

동 쌓아올리다, 축적하다; 쌓이다, 모이다

명 (쌓은) 더미, 다수, 대량

- He piled up books on his desk. 그는 책상 위에 책들을 쌓아 놓았다.
- There is a pile of books on his desk.
그의 책상엔 책들이 수북이 쌓여 있다.

portion
[pɔ́ːrʃən]

명 일부, 부분, 몫

동 분배하다, 몫으로 주다

- It has been *revealed* that a large portion of her book was *ghostwritten*. 그녀의 책 상당 부분이 누군가 대필한 것임이 드러났다.

possess
[pəzés]

동 소유하다, 점유하다, 지니다; 영향을 미치다

- There is a powerful *impulse* within me to possess everything that I desire. 내 안에는 원하는 모든 것을 소유하고자 하는 강한 충동이 있다.
- ▶ possession[pəzéʃən] 명 소유, 재산

다 덤벼!

"재산, 소유물"을 뜻하는 다양한 말들

⇨ **wealth** 부(富), 큰 재산, 돈

⇨ **property** 재산, 소유물, 건물이나 땅 등의 부동산

⇨ **fortune** 큰 돈, 부(富)

⇨ **asset** 돈으로 바꿀 수 있는 자산

⇨ **possession** 소유물, 재산

⇨ **estate** 소유한 땅 cf) real estate 부동산

⇨ **belongings** 지니고 있는 소유물

pour
[pɔːr]

동 (액체를) 붓다, 쏟다, (비가) 퍼붓다

- He poured some beer into my glass.
  그는 내 잔에 맥주를 따라주었다.
- At first, it was just *drizzling*, but now it is pouring.
  처음엔 보슬비였는데, 지금은 비가 억수로 내린다.

prey
[prei]

명 먹이, 희생; 포획, 포식

동 잡아먹다, 착취하다

- Less-educated and *prejudiced* people are easy prey to[for] *manipulative* newspapers.
  교육수준이 낮고 편견을 갖고 있는 사람들은 사실을 조작하는 신문들의 쉬운 먹이감이다.
  ▶ preyer[preiər] 명 포식자, 약탈자

primitive
[prímətiv]

형 원시의, 원시적인, 옛날의, 미개의

명 원시인

- Members of primitive society do not *distinguish* between medicine, magic, and religion.
  원시적인 사회의 구성원들은 의료와 마법, 종교를 구분하지 않는다.

principle
[prínsəpl]

명 원리, 원칙; 도덕, 주의(主義), 신념

- I have made it a principle never to give up my religious belief.
  나는 내 종교적 신념을 절대 포기하지 않는다는 것을 원칙으로 삼는다.
  ▶ principled[prínsəpld] 형 도덕적인, 도덕과 원칙에 맞게 행동하는
  ▶ in principle 원칙적으로
  ▶ principal[prínsəpəl] 명 교장, 학장, 주역; 원금(元金) 형 주요한, 중요한

profit
[práfit]

명 이익, 이득 ↔ loss

동 이익을 얻다, 이득이 되다

- He made a huge profit from stock trading.
  그는 주식 거래로 큰 이익을 얻었다.
  ▶ profitable[práfitəbəl] 형 이익이 되는, 유익한

prohibit
[prouhíbit]

图 금지하다(forbid), 불가능하게 하다

- Parking on sidewalks is *strictly* prohibited.
  보도 위 주차는 엄격히 금지된다.
  ▶ prohibition[pròuhəbíʃən] 명 금지, 금지 명령

protest
[prətést]

图 항의하다, 이의를 제기하다; 주장하다
명 항의, 주장

- Thousands of protesters gathered in the square and protested against the terror.
  수천 명의 시위대가 광장에 모여 테러에 항의했다.

pupil
[pjú:pəl]

명 미성년자, 초등학생; 제자; 눈의 동공

- You are my pupil, and I'm your teacher!
  넌 학생이고 난 선생이야!

quit
[kwit]

图 그만두다, 끊다, 물러나다, 사직하다(resign)

- If you quit smoking, I will quit *preaching*.
  네가 담배를 끊으면 나도 잔소리를 그만 할게.

recover
[rikʌ́vər]

图 회복하다, 되찾다

- You need to take a rest for a while to recover from a bad cold.
  독감에서 회복하려면 한동안 쉬는 게 좋을 거야.
  ▶ recovery[rikʌ́vəri] 명 회복, 복구, 재생

recycle
[risáikəl]

图 재활용하다, 재생하다

- If you don't recycle cans and bottles, they would be buried in a *landfill*. 깡통과 병들을 재활용하지 않으면 그것들은 쓰레기매립지에 묻힐 것이다.
  ▶ recyclable[risáikləbl] 형 재활용이 가능한

regardless
[rigá:rdlis]
형 관심 없는, 부주의한, 개의치 않는

- The *stubborn* boy will do whatever he wants, regardless of what we say.
  그 고집 센 녀석은 우리가 무슨 말을 하든 상관없이 자기가 원하는 건 뭐든 할 거야.
- ▶ regardless of ~에 상관없이, 개의치 않고

reject
[ridʒékt]
동 거절[거부]하다, 받아들이지 않다

- I was rejected from the army because of my bad eyesight.
  난 시력이 나빠서 군대에 가지 못했다.
- ▶ rejection[ridʒékʃən] 명 거절, 거부

restrict
[ristríkt]
동 제한하다, 규제하다

- It's not *reasonable* to restrict students' freedom of expression in the name of education.
  교육이란 명목으로 학생들의 표현의 자유를 제한하는 것은 부당하다.
- ▶ restriction[ristríkʃən] 명 제한, 규제
- ▶ restrictive[ristríktiv] 형 제한[구속]하는

retire
[ritáiər]
동 은퇴하다, 물러나다; 후퇴하다; 잠자리에 들다

- When I retire from this company next year, I will start my own business.
  내년에 이 회사에서 은퇴하면 난 내 사업을 시작할 것이다.
- ▶ retirement[ritáiərmənt] 명 은퇴, 퇴직

ritual
[rítʃuəl]
명 종교 의식, 제식; 반드시 지키는 일
형 의식의, 행사의

- Checking my e-mails from web is part of my morning ritual.
  인터넷에서 내 이메일을 확인하는 것은 내가 아침에 꼭 하는 일 중 하나다.
- ▶ rite[rait] 명 의식, 관례

scale
[skeil]

동 저울질하다, 비교하다

명 저울, 눈금; 규모, 수치

- We're working on a large-scale project.
  우린 대규모의 프로젝트를 진행하고 있다.

scent
[sent]

명 향기, 냄새

동 냄새를 맡다

- This *perfume* has a strong scent.
  이 향수는 향이 강하다.
  ▶ perfume[pə́:rfjuːm, pərfjúːm] 명 향수, 향기

scold
[skould]

동 나무라다, 꾸짖다

- My teacher scolded me for being late for school.
  선생님께서 학교에 지각했다고 날 꾸짖으셨다.

shield
[ʃiːld]

동 보호하다, 막다; 숨기다, 감추다

명 방패, 보호막, 보호자

- My friend lied to our English teacher to shield me.
  내 친구는 날 보호하기 위해 영어 선생님께 거짓말을 했다.

snap
[snæp]

동 잡아채다, 덥석 물다, 급히 결정하다[응하다]; 화를 내며 고함치다; 딱 소리 나며 부러지다

명 딱[찰칵] 소리, 덥석 물기, 갑작스런 변화

- The stick will snap in half if you bend it too far.
  너무 많이 구부리면 막대기가 뚝 반으로 부러질 거야.
- The stick broke in half with a snap.
  막대기는 뚝 소리와 함께 반으로 부러졌다.
- "I told you not to be late!" my teacher snapped.
  "지각하지 말랬잖아!" 하고 선생님께서 성질을 내셨다.

solitary
[sálitèri / sɔ́litəri]

형 혼자의, 유일한, 외로운, 고독한, 외딴

- People who prefer solitary activities are often *referred* to as *introverts*. 혼자서 하는 활동을 선호하는 사람들은 내향적 인간이라 불린다.
▶ solitude[sálitjùːd / sɔ́li-] 명 고독 = loneliness

staff
[stæf]

명 직원, 참모

- All the staff in the company are satisfied with their working *environments*.
그 회사의 직원들은 모두 작업 환경에 대해 만족하고 있다.

stir
[stəːr]

동 휘젓다, 뒤섞다; 자극하다, 선동하다
명 휘저음, 동요, 자극

- Stir the soup until it begins to boil.
끓기 시작할 때까지 수프를 저으시오.
- His *biased* book will stir up *internal* divisions in our society.
그의 편향된 책은 우리 사회에서 내부 분열을 부채질할 것이다.

strategy
[strǽtədʒi]

명 전략, 계략, 대책

- Strategy wins wars, *tactics* wins battles.
전략은 전쟁의 승리를 가져오고, 전술은 전투의 승리를 가져온다.
▶ strategic[strətíːdʒik] 형 전략의, 전략상 중요한
▶ tactics[tǽktiks] 명 전술

supervise
[súːpərvàiz]

동 감독하다, 지휘[관리]하다

- If teachers don't supervise the exam closely, some students might get the *urge* to cheat.
선생님들이 시험을 엄격하게 감독하지 않으면 일부 학생들은 부정행위를 하고픈 충동을 갖게 될 수도 있다.
▶ supervisor[súːpərvàizər] 명 감독관, 지휘자
▶ supervision[sùːpərvíʒən] 명 감독, 관리

survey
[sə:*r*véi]

동 조사하다, 살펴보다

명 조사, 측정

- More than 70% of the students surveyed said they habitually *spit* on the streets.

  조사 대상 학생들 중 70% 이상이 습관적으로 길거리에 침을 뱉는다고 말했다.

sweep
[swi:p]

동 쓸다, 청소하다; 휩쓸다, 급히 ~하다

명 쓸기, 청소, 일소

- The bridge was swept away by the flood.

  그 다리는 홍수로 떠내려갔다.

- The *craze* for plastic *surgery* is sweeping Korea.

  성형수술 광풍이 한국을 휩쓸고 있다.

  ▶ sweeper[swí:pə*r*] 청소기, 청소부

sympathize
[símpəθàiz]

동 동정하다, 나와 같다고 생각하다, 동의하다

- I sympathize with you. I know what it's like to be turned down.

  당신이 어떤 기분일지 알아요. 퇴짜 맞는다는 게 어떤 건지 알거든요.

  ▶ sympathy[símpəθi] 명 동정, 연민, 공감

  ▶ sympathetic[sìmpəθétik] 형 동정적인, 공감하는; 마음에 드는, 찬성하는

transform
[trænsfɔ́:*r*m]

동 변형시키다, 바꾸다, 변환[전환]하다

- Einstein taught us that mass and energy are *equivalent* and can be transformed into one another.

  아인스타인은 질량과 에너지는 등가이며 서로의 형태로 변화할 수 있다고 가르쳤다.

  ▶ transformation[trænsfərméiʃən] 명 변형, 변모

trunk
[trʌŋk]

명 나무의 몸통; 큰 가방; 본체; 코끼리의 코

형 주요한, 본류의

- The trunk of the elephant is as thick as a trunk of an old oak tree.

  그 코끼리의 코는 늙은 참나무의 몸통만큼 굵다.

utility
[juːtíləti]

명 (수도, 전기, 가스 등) 공공서비스[시설]; 유용성; 쓸모 있는 것 형 실용적인, 쓸모 있는, 만능의

- How much do you spend for rent and utilities a month?

집세와 공공서비스 요금으로 한 달에 얼마나 쓰나요?

venture
[véntʃər]

명 모험, 모험적 사업, 투기

동 위험을 무릅쓰고 ~하다, 모험하다

- Nothing ventured, nothing gained.

위험을 무릅쓰지 않으면 어느 것도 얻을 수 없다.

▶ venture capital 투기 자본

vocabulary
[voukǽbjəlèri / -ləri]

명 어휘

- With these word games, you can have fun and *expand* your English vocabulary.

이 단어 게임들과 함께 여러분은 재미도 느끼고 영어 어휘도 늘릴 수 있습니다.

wreck
[rek]

명 (배의) 난파, 조난; 파멸; 파괴된 것의 잔해

동 난파[조난]시키다, 파괴하다

- I'm telling you! Computer games will wreck your life!

경고하는데, 컴퓨터 게임이 네 인생을 망칠 거야!

▶ wreckage[rékidʒ] 명 난파, 파괴, 파멸, 잔해

zeal
[ziːl]

명 열성, 열의

- His zeal for truth made him a great scholar.

진실에 대한 그의 열의가 그를 위대한 학자로 만들었다.

▶ zealous[zéləs] 형 열심인, 열광하는
▶ jealous[dʒéləs] 형 질투하는, 시샘하는

Round

2

수능 고득점을 보장하는 중요 단어

608

문장을 제대로 이해하기 위해서 꼭 알아야 할 단어들.
중요한 의미를 담고 있어 절대 놓쳐서는 안 되는 단어들.
실생활에서 많이 쓰여 수능 듣기와 독해에 나올
가능성이 큰 단어들. 실제로 이미 한두 번 출제된
단어들. 이번 Round에서는 그런 단어들과 맞붙어
고득점을 목표로 멋지게 승리하자.

abandon
[əbǽndən]

동 버리다, 그만두다, 단념하다

- You are too young to abandon hope.
  희망을 버리기엔 넌 너무 젊어.
- ▶ abandonment[əbǽndənmənt] 명 포기, 유기

abstract
[æbstrǽkt]

형 이론적인, 대략적인, 추상적인 ↔ concrete(구체적인)

명 추상, 추상화, 개념, 개요(summary)

- A *concrete* word like "book" is much easier to understand than an abstract word such as "justice."
  "책"과 같은 구체적 단어는 "정의"와 같은 추상적 단어보다 훨씬 더 이해하기 쉽다.
- ▶ abstraction[æbstrǽkʃən] 명 추상, 추상적 개념

accomplish
[əkámpliʃ, əkɔ́m-]

동 성취하다, 이루다, 완성하다

- To accomplish anything, you have to set *specific* goals first.
  뭔가를 이루려면 우선 구체적인 목표를 설정해야 한다.
- ▶ accomplishment[əkámpliʃmənt, əkɔ́m-] 명 성취, 완성

adolescence
[æ̀dəlésəns]

명 청소년기, 청춘

- Adolescence is the period between *puberty* and adulthood.
  청소년기란 사춘기와 성인기의 사이에 있는 기간을 말한다.
- ▶ adolescent[æ̀dəlésənt] 형 청춘의, 청소년기의

afford
[əfɔ́:rd]

동 ~할 수 있다, ~할 여유가 있다

- I can't afford to buy a new notebook computer.
  난 새 노트북 컴퓨터를 살 여유가 없다.
- ▶ affordable[əfɔ́:rdəbəl] 형 비싸지 않은, 살 수 있는

agent
[éidʒənt]

명 대리인, 중개인; 움직이는 힘; 첩보원

• The real *estate* agent will help you to find a new house.
그 부동산 중개인이 새 집을 찾을 수 있게 도와줄 것이다.

▶ agency[éidʒənsi] 명 대리점, 대행, 중개, 기관

agriculture
[ǽgrikʌ̀ltʃər]

명 농업, 농사

• Agriculture is the foundation of our economy.
농업은 우리 경제의 초석이다.

▶ agricultural[æ̀grikʌ̀ltʃərəl] 형 농업의

apparently
[əpǽrəntli, əpɛ́ər-]

부 분명히, 명백히; 외관상으로는, 겉보기에

• I never saw him studying. Apparently he cheated on the exam.
난 쟤가 공부하는 꼴을 못 봤어. 분명히 시험 커닝한 거야.

▶ apparent[əpǽrənt, əpɛ́ər-] 형 명백한, 분명한; 겉모양만의

appropriate
[əpróuprièit]

형 적절한, 알맞은 = suitable

동 (돈을) ~에 충당하다, 허락 없이 사용하다

• This book is not appropriate for elementary school students.
이 책은 초등학교 학생들에겐 맞지 않다.

▶ appropriately[əpróuprièitli] 부 적절하게, 알맞게

attach
[ətǽtʃ]

동 붙이다, 접착하다, 첨부[첨가]하다; 소속[가입]시키다; 애착[정]이 들다

• Hacking *viruses* usually spread through files attached to e-mails.
해킹 바이러스는 대개 이메일에 첨부된 파일들을 통해 퍼진다.

• Kids get attached to most of their toys, especially the *stuffed* animals.
아이들은 자기 장난감들의 대부분, 특히 동물 봉제 인형에 애착을 갖게 된다.

▶ attachment[ətǽtʃmənt] 명 부착, 부속물; 애착, 애정

assure
[əʃúər]
동 보증[보장]하다; 확인[확신]하다

- I can assure you that she won't accept your invitation.
내가 확실히 말하건대, 그녀는 네 초대에 응하지 않을 거야.
▶ assurance[əʃúərəns] 명 보증, 보장, 확신

barrier
[bǽriər]
명 장벽, 장애

- *Despite* cultural differences and language barrier, they felt *attached* to each other.
문화적 차이와 언어 장벽에도 불구하고 그들은 서로에 대해 정을 느꼈다.

bias
[báiəs]
명 편견, 선입견(prejudice)

- His *editorial* is not only politically biased but also *contains* very *deceptive* arguments.
그의 사설은 정치적으로 편향되었을 뿐만 아니라 상당히 기만적인 주장들을 담고 있다.
▶ biased[báiəsd] 형 편견을 지닌, 치우친

bilingual
[bailíŋgwəl]
형 두 나라 말을 하는

- Bilingual teachers are rare in Korea.
한국에는 2개국어를 하는 교사들이 드물다.
▶ monolingual[mànəlíŋgwəl / mɔ̀n-] 형 한 나라 말만 하는
▶ multilingual[mʌ̀ltilíŋgwəl] 형 여러 나라 말을 하는

bind
[baind]
동 묶다(tie), 감다, 속박[구속]하다 bind – bound – bound
명 속박, 묶는 것

- His hands were bound with rope. 그의 양손은 밧줄에 묶여 있었다.

blossom
[blásəm / blɔ́s-]
명 꽃, 꽃이 핌
동 꽃 피다, 발전하다, 번영하다

- Parents feel the *supreme* happiness when they see their children's talents blossom.
부모는 자녀들의 재능이 꽃피는 것을 볼 때 최상의 행복감을 느낀다.

browse
[brauz]

통 검색[열람]하다, (책 등을) 뒤지다, 띄엄띄엄 읽다

명 검색, 훑어보기

• With one click, you can browse through the photos on the page in high *resolution*.

한번의 클릭으로 페이지에 있는 사진들을 고해상도로 훑어볼 수 있습니다.

burst
[bə:*rst*]

통 터지다, 폭발하다, (꽃이) 피어나다, 갑자기 ~하다

명 폭발, 돌발

• When the balloon burst, the little girl burst into tears.

풍선이 터지자 그 어린 소녀는 갑자기 울음을 터뜨렸다.

candidate
[kǽndədèit]

명 후보자, 지원자

• London has been accepted as an *official* candidate city for the 2012 Olympics.

런던은 2012년 올림픽 공식 후보도시로 승인되었다.

casualty
[kǽʒuəlti]

명 사상자, 피해자; 희생자

• The train was derailed, but there were no casualties.

열차가 탈선했지만 사상자는 없었다.

category
[kǽtəgɔ̀:ri / -gəri]

명 종류, 범주, 부문

• *Influenza* falls under the category of *infectious* diseases.

독감은 전염성 질병의 범주에 속한다.

▶ categorize[kǽtigəràiz] 통 분류하다, 종류로 구분하다

cease
[si:s]

통 중지하다, 끝내다, 그만두다

• Facts do not cease to *exist* because they are ignored.

사실은 모른 척한다고 해서 소멸되는 것이 아니다.

▶ ceasefire[sí:sfáiər] 명 휴전, 사격중지

cell
[sel]

명 세포; 작은 방; 전지

- Most cells are *invisible* without using a *microscope*.
  세포들은 대부분 현미경을 사용하지 않으면 눈에 보이지 않는다.
  - ▶ cellular[séljələr] 형 세포의, 독방의, 셀 방식의
  - ▶ cellular[cell] phone 휴대전화
  - ▶ stem cell 줄기세포

cereal
[síəriəl]

명 곡식, 곡물; 시리얼

- Rice is a major cereal food in Korea.
  한국에서 쌀(밥)은 주요 곡물 음식이다.

certify
[sə́:rtəfài]

동 증명[인증]하다, 보증하다

- I certify the above statement to be true and correct in every
  detail. 위에 기술한 사항들이 모두 사실이며 틀림없다는 것을 보증합니다.
  - ▶ certification[sə̀:rtəfəkéiʃən] 명 증명[서], 보증

cherish
[tʃériʃ]

동 소중히 하다, 아끼다

- The wedding ring is my mother's most cherished *possession*.
  결혼반지는 엄마가 가장 아끼시는 물건이다.
  - ▶ cherishable[tʃériʃəbəl] 형 소중히 간직할 만한

circumstance
[sə́:rkəmstæns / -stəns]

명 상황, 환경, 사태

- Don't *blame* anyone unless you know all the circumstances they
  face. 그들이 처한 상황을 전부 알기 전에는 누구도 비난하지 마라.

classify
[klǽsəfài]

동 분류하다, 등급을 매기다, 기밀 취급하다

- I classified my CDs according to *genre*.
  나는 CD를 장르에 따라 분류했다.
  - ▶ classification[klǽsəfikéiʃən] 명 분류, 등급 매김

comprehension
[kàmprihénʃən / kɔ̀m-]
명 이해, 이해력, 포용

- What he wants to argue in his book is beyond my comprehension.

  그의 책에서 주장하고자 하는 바를 나는 이해하지 못한다.

  ▶ comprehend[kàmprihénd] 동 이해하다; 포함하다
  ▶ comprehensive[kàmprihénsiv] 형 이해력이 있는, 포괄적인
  ▶ comprehensible[kàmprihénsəbəl] 형 이해할 수 있는
  ↔ incomprehensible

conception
[kənsépʃən]
명 개념, 생각, 구상, 창안; 임신

- Some politicians seem to have no conception of *conscience*, let alone service.

  몇몇 정치인들은 봉사는 고사하고, 양심이란 개념도 없는 듯하다.

  ▶ concept[kánsept / kɔ́n-] 명 발상, 개념, 구상
  ▶ conceive[kənsíːv] 동 상상하다, 생각하다, 이해하다

conform
[kənfɔ́ːrm]
동 (모범, 규칙 등에) 맞게 하다, 따르다, 순응하다

- Different groups have different *norms* or rules to which group members conform.

  집단마다 구성원들이 따라야 하는 각기 다른 기준이나 규칙을 갖고 있다.

  ▶ conformation[kànfɔːrméiʃən / kɔ̀n-] 명 적합, 일치 = conformity

congestion
[kəndʒéstʃən]
명 혼잡, 정체, 과밀

- Traffic congestion was terrible because of heavy snow.

  폭설로 교통 정체가 극심했다.

  ▶ congest[kəndʒést] 동 혼잡하게 하다, 정체시키다

conscience
[kánʃəns / kɔ́n-]
명 양심, 도덕성, 양심의 가책

- Some *journalists* have no conscience about *distorted* reports.

  몇몇 언론인들은 사실을 왜곡해 보도하는 것에 대해 양심의 가책을 느끼지 않는다.

  ▶ conscientious[kànʃiénʃəs / kɔ̀n-] 형 양심적인, 성실한

considerate
[kənsídərit]

형 이해심이 있는, 배려하는, 신중한

- He is always considerate towards his classmates.
  그는 항상 급우들을 배려한다.
  ▶ consideration[kənsìdəréiʃən] 명 고려; 이해, 배려

conviction
[kənvíkʃən]

명 확신, 신념; 유죄 판결

- Some people are refusing to serve the army for their religious conviction.
  몇몇 사람들은 종교적 신념 때문에 군복무를 거부하고 있다.
  ▶ convict[kənvíkt] 동 유죄를 입증[판결]하다

cooperation
[kouɑ̀pəréiʃən]

명 협력, 협동

- Without your cooperation, we won't be able to complete this project.
  당신의 협조가 없다면 우린 이 프로젝트를 끝마칠 수 없을 겁니다.
  ▶ cooperate[kouɑ́pərèit] 동 협동[협력]하다

correspond
[kɔ̀:rəspánd / kɔ̀rəspɔ́nd]

동 일치하다, 조화하다, ~에 해당[상당]하다; 교신하다

- What he says doesn't correspond with what he does.
  그는 말과 행동이 일치하지 않는다.
  ▶ correspondence[kɔ̀:rəspándəns] 명 일치, 조화, 상당, 교신
  ▶ correspondent[kɔ̀:rəspándənt] 명 특파원, 통신원

counsel
[káunsəl]

명 상담, 조언
동 상의하다(consult), 충고하다

- Mr. Kim counsels and guides *disruptive* students.
  김 선생님께서는 문제 학생들을 상담하고 선도하신다.
  ▶ counselor[káunsələr] 명 상담자, 의논 상대자

decline
[dikláin]
동 쇠퇴[퇴보]하다, 하락하다; 거절하다
명 쇠퇴, 감퇴, 하락

- Readership of Newspapers has continued to decline in Korea as more readers turn to the Internet for news.
한국에서 갈수록 많은 독자들이 인터넷 뉴스로 눈을 돌림으로써 신문 독자 수는 계속 감소하고 있다.
- I don't know why she declined my *proposal*.
그녀가 왜 내 청혼을 거절했는지 그 이유를 모르겠다.

dense
[dens]
형 밀집한, 빽빽한, 짙은

- Dense fog caused traffic *jams* on many sections of expressways in Southern Korea.
짙은 안개로 한국 남부지방 고속도로들 여러 구간에서 교통정체가 일어났다.
▶ density[dénsəti] 명 밀도, 농도

detergent
[ditə́:rdʒənt]
명 세제

- We use detergent to remove dirt from clothes or dishes.
우리는 옷이나 그릇의 때를 제거하기 위해 세제를 사용한다.

dictate
[díkteit]
동 받아쓰게 하다, 지시[명령]하다

- Don't let your parents' opinions dictate your happiness.
부모님의 의견이 당신의 행복을 결정하게 하지 마세요.
▶ dictation[diktéiʃən] 명 받아쓰기, 지시, 명령
▶ dictator[díkteitər] 명 독재자, 지배자

dim
[dim]
형 흐린, 어두운; 둔한
동 흐려지다, 흐리게 하다

- A dim shape in the fog turned out to be a dead cat on the road.
안개 속에서 희미하게 보이던 형체는 도로에 죽어 있는 고양이로 밝혀졌다.

disaster
[dizǽstər]

명 재해, 재앙, 재난, 실패

- We must always be prepared for natural disasters such as flood and earthquake.

  우리는 홍수와 지진 같은 자연 재해를 항상 대비하고 있어야 한다.

▶ disastrous[dizǽstrəs] 형 비참한, 피해가 심한, 대실패의

다 덤벼!

영영사전에서 찾아본 "재난"

⇨ **adversity** [ædvə́ːrsəti] a difficult or unlucky situation or event

⇨ **disaster** [dizǽstər] a sudden event such as an accident, flood, or storm that causes great harm or damage

⇨ **calamity** [kəlǽməti] a serious accident or bad event causing damage or suffering

⇨ **catastrophe** [kətǽstrəfi] a sudden event that causes very great trouble or destruction

⇨ **tragedy** [trǽdʒədi] a very sad event or situation involving death or suffering

dismiss
[dismís]

동 버리다, 잊다; 해고하다, 내쫓다; 해산시키다

- While *brainstorming*, don't dismiss any idea even if you think it's stupid or *trivial*.

  브레인스토밍을 할 때엔, 바보 같고 하찮다고 생각하는 아이디어라도 내쳐서는 안 된다.

- If you make a mistake again, you'll be dismissed!

  한 번 더 실수를 하면 넌 해고야!

▶ dismissal[dismísəl] 명 해산, 해고

doom
[duːm]

동 운명짓다, 운명적으로 ~하다

명 운명(fate), 파멸(ruin); 최후의 심판

- *Unrealistic* diet plans are doomed to failure.

  비현실적인 다이어트 계획은 필히 실패할 수밖에 없다.

▶ doomsday[dúːmzdèi] 명 최후의 심판일, 지구 멸망일

dominate
[dɑ́mənèit]

동 지배하다, 억누르다, 좌우하다

- *Violence* often comes from humans' *urge* to dominate one another.
  폭력은 종종 인간들이 서로를 지배하고자 하는 충동에서 비롯된다.
- Our team dominated the game but it ended in a draw.
  우리 팀이 우세했지만, 경기는 무승부로 끝났다.
  ▶ domination[dɑ̀mənéiʃən] **명** 지배, 통치, 우세
  ▶ dominant[dɑ́mənənt] **형** 지배적인, 우세한, 월등한
  ▶ dominance[dɑ́mənəns] **명** 지배, 우세, 우월

drastic
[drǽstik]

형 과격한, 과감한, 격심한

- *Depression* brings a drastic change in people's *personality* and behaviour. 우울증은 사람의 성격과 행동에 극심한 변화를 가져온다.
  ▶ drastically[drǽstikəli] **부** 급격히, 과감하게

drift
[drift]

동 표류하다, 떠돌다

명 표류, 이동, 흐름

- Continents drift very slowly around the world, *shifting* their positions. 대륙들은 위치를 바꾸면서 세상을 아주 느리게 떠돈다.

edible
[édəbəl]

형 먹을 수 있는, 식용의 ↔ inedible

- Are you sure the mushroom is edible?
  그 버섯 먹을 수 있는 거 확실해?
  ▶ eatable[íːtəbəl] **형** (음식 상태, 맛 등이) 먹을 만한

emerge
[imə́ːrdʒ]

동 나타나다(appear), 출현하다, 드러나다; 벗어나다, 빠져나오다

- Suicide is emerging as a major cause of death in Korea.
  자살은 한국에서 주요 사망 원인으로 부각되고 있다.
  ▶ emergent[imə́ːrdʒənt] **형** 긴급한(urgent), 위급한; 나타나는, 주목을 끄는
  ▶ emergency[imə́ːrdʒənsi] **명** 비상사태, 위급
  ▶ emergence[imə́ːrdʒəns] **명** 출현, 발생

endure
[endjúər]

동 참다, 견디다

- Do women endure the discomfort of high heels only for looking tall?

  여자들은 단지 키가 커 보이려고 하이힐의 불편함을 참는 것일까?

  ▶ endurance[indjúərəns, en-] 명 인내, 참을성, 지구력

다 덤벼!

예문으로 익히는 "참다, 견디다" 동사들

⇨ **bear / endure / put up with / stand / take / tolerate**

- I can't **bear** being bored. 난 지겨운 건 참을 수가 없다.
- I **endured** many hardships. 난 많은 역경을 견뎌냈다.
- I won't **put up with** being treated like that.

  그런 식으로 취급받는 건 참을 수가 없다.
- I can't **stand** the pain any longer. 나는 더 이상 고통을 참을 수가 없다.
- I can't **take** the stress. 그 스트레스를 견딜 수 없다.
- I can't **tolerate** his voice when he sings.

  난 그가 노래할 때 목소리를 참고 들어줄 수 없다.

enhance
[enhǽns]

동 (능력, 질 등을) 높이다, 강화하다

- A strong *rival* may be helpful to enhance your *competitiveness*.

  강한 라이벌은 너의 경쟁력을 강화하는 데 도움이 될 수도 있다.

  ▶ enhancement[enhǽnsmənt] 명 향상, 강화

enormous
[inɔ́ːrməs]

형 엄청난, 거대한, 막대한 = huge

- Computers can store enormous amount of *data* and information.

  컴퓨터는 엄청난 양의 자료와 정보를 저장할 수 있다.

  ▶ enormously[inɔ́ːrməsli] 부 엄청나게, 굉장히

enrollment
[enróulment]

명 등록, 입학, 입대

- You may *enroll* by downloading this enrollment form, completing the form, and mailing it to us. 이 등록[입학] 양식을 다운받아 완전하게 작성하시고 우리에게 메일로 보내주시면 등록이 됩니다.
  ▶ enroll[enróul] 동 이름을 올리다, 등록하다, 입학[입대]시키다

entertain
[èntərtéin]

동 즐겁게 하다, 환대하다

- He used to entertain his friends with tricks and jokes.
  그는 장난과 농담으로 친구들을 즐겁게 해주곤 했다.
  ▶ entertainment[èntərtéinmənt] 명 연예, 오락, 환대
  ▶ entertainer[èntərtéinər] 명 연예인

enthusiastic
[enθùːziǽstik]

형 열광적인, 열렬한

- I'm an enthusiastic "Harry Potter" fan. 나는 열성적인 해리포터 팬이다.
- Mr. Kim is not enthusiastic about teaching.
  김 선생님은 가르치는 일에 별 열의가 없다.
  ▶ enthusiasm[enθúːziǽzəm] 명 열광, 열중
  ▶ enthusiastically[enθúːziǽstikəli] 부 열광적으로, 열심히

eternal
[itə́ːrnəl]

형 영원한(everlasting), 끝없는, 불변의

- Eternal love is unreal, because *hormones determine* the *duration* of love.
  영원한 사랑은 실재하지 않는다. 왜냐하면 호르몬이 사랑의 기간을 결정하기 때문이다.
  ▶ eternity[itə́ːrnəti] 명 영원, 불멸
  ▶ eternally[itə́ːrnəli] 부 영원히

evidence
[évidəns]

명 증거(proof), 물증; 흔적

- There is strong evidence that proves her *innocence.*
  그녀의 무죄를 증명하는 명백한 증거가 있다.
  ▶ evident[évidənt] 형 분명한, 명백한

exclude
[iksklú:d]

동 배제하다(rule out), 차단하다, 쫓아내다
↔ include(포함하다)

- We can't exclude the possibility that the missing child was actually *kidnapped*.

  그 실종된 아이가 실제로 납치되었을 가능성을 배제할 수 없다.

▶ exclusive[iksklúsiv] **형** 배타적인, 독점의, ~을 제외한
▶ exclusion[iksklú:ʒən] **명** 제외, 배제

executive
[igzékjətiv]

명 임원, 경영진, 행정관, 집행부
형 실행의, 관리의, 행정의

- Now that you were *promoted* to the executive position, you have both power and responsibility.

  이제 임원으로 승진했으니 당신은 권력과 책임을 모두 갖게 된다.

▶ execute[éksikjù:t] **동** 실행하다, 집행하다; 사형에 처하다
▶ execution[èksikjú:ʃən] **명** 실행, 집행; 사형 집행
▶ chief executive officer 사장, 최고 경영 책임자, CEO

extinct
[ikstíŋkt]

형 멸종된, 사라진, 끊어진

- Some species of animals have become extinct because they could not *adapt* to a changing *environment*.

  어떤 동물 종들은 변화하는 환경에 적응하지 못해서 멸종했다.

- Korean language will be *doomed* to become extinct, if you don't love and use them.

  한국어도 여러분이 사랑하고 사용하지 않는다면 소멸될 수밖에 없을 것이다.

▶ extinction[ikstíŋkʃən] **명** 멸종, 소멸

fancy
[fǽnsi]

명 공상, 환상; 기호, 애호 **형** 멋진, 고급의

- His favorite *fantasy* is to date a beautiful girl driving a fancy new car.

  그가 가장 좋아하는 환상은 멋진 새 차로 드라이브하며 아름다운 여자와 데이트하는 것이다.

▶ fantasy[fǽntəsi, -zi] **명** 상상, 환상
▶ fantastic[fæntǽstik] **형** 환상적인, 멋진

fulfill
[fulfíl]

동 (임무, 명령 등을) 이행하다, 완수하다; 달성하다, 성취하다

- She finally fulfilled her dream of being a great writer.
그녀는 마침내 위대한 작가가 되고자 한 꿈을 이루었다.
▶ fulfillment[fulfílmənt] 명 이행, 완수, 성취

generous
[dʒénərəs]

형 관대한, 아량 있는, 후한

- Successful and *influential* people should be generous.
성공하고 영향력 있는 사람들은 관대해야 한다.
▶ generosity[dʒènərásəti] 명 관대, 관용, 아량

glance
[glæns]

동 힐끗 보다, 대강 훑어보다
명 힐끗 봄, 눈짓

- He glanced at his watch and said good-bye to me.
그는 시계를 한번 힐끗 보더니 내게 작별인사를 했다.

harsh
[hɑːrʃ]

형 엄한, 가혹한; 거친, 난폭한; 귀에 거슬리는

- Harsh physical punishment and *verbal abuse* can never be *justified* as ways to *discipline* children.
가혹한 신체적 체벌과 언어폭력은 아이들을 훈육하는 방법으로서 결코 정당화될 수 없다.

hence
[hens]

부 따라서, 그러므로; 지금부터

- This purse is handmade and hence very expensive.
이 지갑은 수제품이라 상당히 비싸다.
- What shall I be doing 10 years hence?
앞으로 10년 후에 난 뭘 하고 있을까?
▶ henceforth[hènsfɔ́ːrθ] 부 앞으로, 지금부터 계속

ideal
[aidíːəl]

형 이상적인, 더할 나위 없는; 관념적인, 가공의
명 이상, 가공

- This is the ideal house for my family.
  이것은 우리 가족에게 딱 맞는 이상적인 집이다.
  ▶ idealism[aidíːəlìzəm] 명 이상주의
  ▶ idealistic[aidìːəlístik] 형 이상주의의
  ▶ the ideal and the real 이상과 현실

imitate
[ímitèit]

동 모방하다, 흉내 내다, 위조하다

- He made me laugh by imitating the looks and voices of our teachers. 그는 우리 선생님들의 표정과 목소리를 흉내 내어 날 웃겼다.
  ▶ imitation[ìmitéiʃən] 명 모방, 모조, 모조품
  ▶ mimic[mímik] 동 흉내 내다 명 모방자, 흉내쟁이 형 흉내 내는, 모방의

immigrant
[ímigrənt]

명 이민, 이민자 형 이주에 관한, 이민자의

- Immigrant workers are *vital* to our nation's economic *prospects*.
  이주 노동자들은 우리 국가 경제의 미래를 위해 꼭 필요하다.
  ▶ immigrate[íməgrèit] 동 타국에서 이주해 오다
  ▶ immigration[ìməgréiʃən] 명 이민(오기)
  ▶ emigrate[éməgrèit] 동 타국으로 이주하다, 이민가다
  ▶ migrate[máigreit] 동 이주하다, 철따라 이동하다

incredible
[inkrédəbəl]

형 놀라운, 굉장한, 믿기지 않는

- Many people believe that prayer has incredible power.
  많은 사람들이 기도에 엄청난 힘이 있다고 믿는다.

infinite
[ínfənit]

형 무한한, 끝없는 명 무한, 무한한 것

- The sun is an almost infinite energy source.
  태양은 거의 무한한 에너지원이다.
  ▶ infinity[infínəti] 명 무한, 무한대
  ▶ finite[fáinait] 형 유한한, 한정[제한]된

○ ○ ○

inquire
[inkwáiər]

동 묻다, 문의하다; 알아보다, 조사하다

- If you want to inquire about our products, please feel free to contact us.
  저희 제품에 대해 문의하고 싶으면 언제든 우리에게 연락해 주십시오.
- ▶ inquiry[inkwáiəri] 명 질문, 조회; 연구, 조사

inspire
[inspáiər]

동 (생각 등을) 불어넣다, 영감을 주다; 격려[고무]하다, 부추기다

- Competition inspired him to greater efforts.
  경쟁은 그에게 더 많은 노력을 하게 만들었다.
- I was greatly inspired by the life of Helen Keller.
  나는 헬렌 켈러의 삶에 대단한 영감을 받았다.
- ▶ inspiration[inspəréiʃən] 명 영감; 고취, 격려

institute
[ínstətjùːt]

명 협회, 연구소, 학원
동 세우다, 설립하다, 조직하다

- She gained fame while teaching English at a private institute in Seoul.
  그녀는 서울에 있는 한 사설학원에서 영어를 가르치며 명성을 얻었다.
- ▶ institution[ìnstətjúːʃən] 명 협회, 학회, 공공시설, 설립, 제도

intellectual
[ìntəléktʃuəl]

형 지적인, 지성의 명 지식인

- Most Koreans prefer popular movies to intellectual ones.
  대부분의 한국인들은 지적인 영화보다는 대중적인 영화를 선호한다.
- ▶ intelligent[intélədʒənt] 형 이해력이 있는, 총명한, 지적인
- ▶ intelligence[intélədʒəns] 명 지능, 지성; 정보

internal
[intə́ːrnl]

형 내부의, 내면적인, 정신적인 ↔ external(외부의, 외적인)

- Self-*conceit* is the internal cause of his failure.
  자만심이 그가 실패한 내적 요인이다.

lean
[liːn]
- 동 기대다, 의지하다, 기울다
- 형 야윈, 마른
  - I need someone to lean on. 난 기댈 사람이 필요해.

marine
[məríːn]
- 형 바다의, 해양의 = maritime
  - Oil *spills* can cause *catastrophic* damage to marine life.
    기름 유출은 해양 생물에 재앙에 가까운 해를 입힐 수 있다.

meanwhile
[míːnʰwàil]
- 부 한편, 그러는 동안 = meantime
  - My sister was watching TV, and meanwhile I was doing my homework.
    누이는 TV를 보고 있었고, 한편 난 숙제를 하고 있었다.

merit
[mérit]
- 명 장점, 가치, 우수성 ↔ demerit(단점, 잘못)
  - There's no need to *criticize* books of little merit.
    별 가치 없는 책들에 대해 비평할 필요가 없다.
  - ▶ **on one's own merits** 자신의 실력으로; 그 자체의 가치로

midst
[midst]
- 명 중앙, 한가운데
  - Courage is what you need in the midst of *crisis*.
    용기야말로 위기에 휩싸인 당신에게 필요한 것이다.
  - ▶ **in the midst of** ~의 가운데에, ~와중에

modest
[mάdist]
- 형 겸손한, 신중한; 적당한(많지 않은, 적지 않은); 화려하지[야하지] 않은
  - He is very modest about his *achievements*.
    그는 자신의 업적에 대해 겸손하다.
  - My modest *ambition* for this book is that it'll help late-starters to *fulfill* their hope.
    이 책에 대한 내 소박한 소망은 뒤늦게 시작한 학생들이 꿈을 실현하도록 돕는 것이다.

monitor
[mánitər / mɔ́n-]

동 감시하다, 모니터하다

명 모니터, 모니터 요원; 학급 반장

- My mom always tries to monitor what's on my computer monitor.

  우리 엄마는 항상 내 컴퓨터 모니터에 올라오는 것들을 감시하려고 하신다.

▶ censorship[sénsərʃip] 명 검열

nourish
[nə́:riʃ, nʌ́r-]

동 자양분을 주다, 잘 먹이다, 기르다

- We need to choose foods that nourish us and *prevent* illness.

  영양분을 공급하고 질병을 예방할 음식을 고를 필요가 있다.

▶ nourishment[nə́:riʃmənt, nʌ́r-] 양육, 육성; 자양분, 영양

offensive
[əfénsiv]

형 무례한, 불쾌한, 공격적인

명 공격, 공세

- His *insulting* and offensive reply made me angry.

  그의 모욕적이고 공격적인[불쾌한] 응답 때문에 난 화가 났다.

▶ offend[əfénd] 동 화나게 하다, 감정 상하게 하다; 위반하다, 어긋나다

▶ offence[əféns] 명 무례; 위반; 공격

optimistic
[ὰptəmístik]

형 낙천적인, 낙천주의의

- "You are too optimistic about the future!" "And you are too *pessimistic!*" "넌 미래에 대해 너무 낙관적이야!" "그러는 넌 너무 비관적이지!"

▶ optimism[ὰptəmìzəm] 명 낙천주의 ↔ pessimism(비관주의)

▶ optimist[ὰptəmist] 명 낙천주의자 ↔ pessimist(비관주의자)

▶ pessimistic[pésəmístik] 형 비관적인, 비관주의의

option
[ápʃən / ɔ́p-]

명 선택(choice), 선택권

- You have no option but to give it up.

  넌 그걸 포기하는 것 외엔 다른 선택의 여지가 없다.

▶ have no option but to V ~하는 수밖에 없다

▶ optional[ápʃənəl / ɔ́p-] 형 선택 가능한, 마음대로인

organic
[ɔ:rgǽnik]

형 유기체의, 생명의; 신체 기관의; 유기[조직]적인; 유기농법의

• **Many parents feed their children** organic **foods to** *reduce* *exposure* **to** *pesticides*.
많은 부모들이 농약 노출을 줄이기 위해 자녀들에게 유기농 음식을 먹인다.
▶ **organ**[ɔ́:rgən] 명 신체 기관; 오르간(악기)
▶ **organize**[ɔ́:rgənàiz] 동 조직하다, 계획[준비]하다
▶ **organic food** 유기농 식품

overcome
[òuvərkʌ́m]

동 극복하다, 이겨내다; 무기력하게 하다, (감정에) 매몰되게 만들다

• **You will have to** overcome **many** *obstacles* **to** *achieve* **your goal.**
너의 목표를 성취하기 위해서는 많은 난관을 극복해야 할 것이다.
• Overcome **with fear, she couldn't even think about running away.**
두려움에 휩싸여 그녀는 달아날 생각조차 할 수 없었다.

overlook
[òuvərlúk]

동 간과하다; 눈감아주다; 내려다보다, 감독하다

• **People tend to** overlook **their own mistakes.**
사람들은 자신의 실수를 간과하는 경향이 있다.
• **I was standing on the hill** overlooking **a beautiful pond.**
나는 아름다운 연못이 내려다보이는 언덕 위에 서 있었다.

pave
[peiv]

동 (길을) 포장하다, 덮다

• **The discovery will** pave **the way for new methods to treat** *diabetes*.
그 발견으로 새로운 당뇨병 치료법의 길이 열릴 것이다.
▶ **pavement**[péivmənt] 명 포장도로, 포장

peak
[pi:k]

명 꼭대기, 절정, 최고치

• **Oil** *consumption* **has reached at its** peak **this month.**
이번 달에 기름 소비가 최고치에 이르렀다.

○ ○ ○

pedestrian
[pədéstriən]

명 보행자, 행인

형 단조로운, 따분한

• When a pedestrian is hit by a car, serious injuries often result.
보행자가 차량에 치이면 대개 심각한 부상이 초래된다.

perspective
[pə:rspéktiv]

명 전망, 가능성; 견해, 관점; 원근법, 조망

• His perspective on feminism is quite *controversial*.
페미니즘에 대한 그의 관점은 상당히 논쟁의 소지가 있다.

• This book offers *optimistic* perspectives on the world's future.
이 책은 세계의 미래에 대해 낙관적인 전망을 제공한다.

persuade
[pə:rswéid]

동 설득하다, 납득시키다, 권하다

• I persuaded her to forgive her husband.
나는 남편을 용서하라고 그녀를 설득했다.

▶ persuasion[pərswéiʒən] 명 설득, 납득

▶ dissuade[diswéid] 동 설득해서 ~ 못 하게 하다, 단념시키다

poison
[pɔ́izən]

명 독, 유독물질; 폐해

동 독을 넣다(바르다); 못된 것에 물들이다, 타락시키다

• *Mutual* misunderstanding poisoned relations between them.
서로의 오해가 그들의 관계를 악화시켰다.

▶ poisonous[pɔ́izənəs] 형 독[성]이 있는(toxic), 유해한

precise
[prisáis]

형 정확한, 조금도 다르지 않은, 정밀한

• Even if we don't have precise *statistics*, more than 100 workers are injured a day.
정확한 통계를 갖고 있지는 않지만, 매일 100여명의 노동자들이 부상을 당한다.

▶ precisely[prisáisli] 부 정확하게, 바로 그 ~

▶ precision[prisíʒən] 명 정확, 정밀

prevail
[privéil]

동 우세하다, 이기다; 유행하다, 퍼지다

- The dangerous *illusion* that money is everything prevails in Korea. 돈이면 다 된다는 위험한 환상이 한국에 팽배해 있다.
- Does Good always prevail over Evil?
  선은 항상 악을 이기는가?
- ▶ prevalent[prévələnt] 형 널리 퍼지는, 다수가 행하는
- ▶ prevalence[prévələns] 명 널리 퍼짐, 유행

priest
[priːst]

명 성직자, 신부

- A priest has the *authority* to *perform* religious *rites*.
  성직자는 종교 의식을 행할 권한을 갖고 있다.
- ▶ minister[mínistər] 명 목사
- ▶ monk[mʌŋk] 명 수도사, 승려

profound
[prəfáund]

형 깊은, 심오한, 의미심장한

- This movie made a profound impression on me.
  이 영화는 내게 깊은 감동을 주었다.
- This movie *delivers* the profound meaning of life.
  이 영화는 심오한 인생의 의미를 전달한다.

proof
[pruːf]

명 증거, 증명

- Show me the proof that you love me.
  사랑한다는 증거를 보여줘.
- ▶ prove[pruːv] 동 증명하다, 입증하다, ~로 판명되다(turn out)

propose
[prəpóuz]

동 제안하다, 추천하다, ~할 계획이다; 청혼하다

- I proposed to cancel the meeting.
  나는 모임을 취소하자고 제안했다.
- ▶ proposal[prəpóuzəl] 명 제안, 신청; 청혼

prose
[prouz]

명 산문(시가 아닌 글)

• A prose poem is a *verse*, but in prose form.
산문시는 시이지만, 산문의 형식을 취하고 있다.
▶ verse[vəːrs] 명 운문, 시(詩)

prosper
[práspər / prɔ́s-]

동 번영[번창]하다, 성공하다

• He is too lazy. He will never prosper.
그는 너무 게으르다. 결코 성공하지 못할 것이다.
▶ prosperous[práspərəs / prɔ́s-] 형 번영하는, 성공한
▶ prosperity[prɑspérəti / prɔs-] 명 번영[번창], 성공

pursue
[pərsúː / -sjúː]

동 쫓다, 추격하다, 추구하다

• The police are pursuing a murderer.
경찰이 살인자를 쫓고 있다.
• He has been pursuing a childhood dream.
그는 어린 시절의 꿈을 이루려 하고 있다.
▶ pursuit[pərsúːt / -sjúːt] 명 추구, 추적

recite
[risáit]

동 외워서 읊다, 암송하다

• Reciting poems is good for the emotional development of children.
시를 암송하는 것은 아이들의 정서 발달에 좋다.
▶ recitation[rèsətéiʃən] 명 암송, 낭송

refine
[rifáin]

동 깨끗하게 하다, 정제하다; 품위 있게[세련되게] 하다

• His refined manner earned him the nickname "Duke."
세련된[품위 있는] 매너로 그는 "공작"이란 별명을 얻었다.
▶ refinement[rifáinmənt] 명 정제, 정화; 세련, 우아

release
[rilíːs]

동 풀어주다, 석방하다; 발표[공개]하다, 방출하다
명 석방, 해제, 공개, 출시

- My brother was released from the army after serving two years.
  우리 형은 2년 동안 복무한 후 군에서 제대했다.
- The movie will be released on DVD soon.
  그 영화는 곧 DVD로 출시될 것이다.

reputation
[rèpjətéiʃən]

명 명성, 평판

- The restaurant has gained a reputation for good food and quality service. 그 식당은 좋은 음식과 고급 서비스로 명성을 얻었다.
- ▶ reputable[répjətəbəl] 형 명성 있는, 믿을 수 있는

다 덤벼!

"명성" 혹은 "악명"

famous란 단어를 알 것이다. 많은 사람들로부터 인정을 받고 잘 알려진 상태를 표현하는 형용사다. famous한 상태를 나타내는 명사들로, fame, renown, celebrity, reputation, prestige 등이 있다. 모두 좋은 것으로 유명하다고 말할 때 쓰는 단어들이다. 반대로 나쁜 것으로 유명하다고 할 땐 infamous, notorious 등의 형용사를 주로 쓴다. **"악명 높은"**의 의미이며, 명사형은 각각 infamy, notoriety이다.

revise
[riváiz]

동 고치다, 수정[교정]하다, 바꾸다 명 수정; 개정판

- I revised my *manuscript* according to the *editor's comments*.
  나는 편집자의 평에 따라 원고를 수정했다.
- ▶ revision[rivíʒən] 명 수정, 개정
- ▶ revised edition (책의) 개정판

rhyme
[raim]

명 시가(詩歌), 시의 운율 동 운율을 맞추다; 시를 짓다

- A nursery rhyme is a traditional song or poem taught to young children. 육아동요는 어린 아이들에게 가르치는 전래동요나 시이다.
- "Monkey" rhymes with "Donkey" 멍키(원숭이)는 동키(나귀)와 운율이 맞다.

ridiculous
[ridíkjələs]

형 우스꽝스러운, 터무니없는, 바보 같은

• It's ridiculous to spend so much time and money for such a silly thing.
그런 어리석은 일에 그렇게 많은 시간과 돈을 들이는 것은 바보 같은 짓이다.

▶ ridicule[rídikjùːl] 동 비웃다, 조롱하다　명 비웃음, 조롱

rot
[rɑt]

동 썩다, 부패[부식]하다; 썩게 만들다; 타락하다[시키다]
= decay 명 부패, 타락

• Foods with a lot of sugar can rot your teeth.
설탕이 많이 들어 있는 음식은 치아를 썩게 할 수 있다.

▶ rotten[rɑ́tn] 형 썩은(spoiled), 부패한; 타락한, 천박한

sacrifice
[sǽkrəfàis]

명 희생, 제물
동 희생하다, 제물을 바치다

• My parents made a lot of sacrifices for my education.
우리 부모님은 나의 교육을 위해 많은 것을 희생하셨다.

• An *innocent* little girl was sacrificed by a psychopath.
무고한 어린 소녀가 사이코에게 희생[살해]되었다.

scarce
[skɛərs]

형 드문(rare), 희귀한; 부족한, 모자란

• *Marine* life is scarce in the deep ocean where oxygen is scarce.
산소가 희박한 심해에는 해양생물이 드물다.

▶ scarcely[skɛ́ərsli] 부 거의 ~ 않다, 겨우
▶ scarcity[skɛ́ərsiti] 명 부족, 결핍, 희귀

script
[skript]

명 손으로 쓰기, 필기; 대본
동 대본을 쓰다

• This movie is *doomed* by a weak script.
이 영화는 엉성한 시나리오 때문에 망할 수밖에 없다.

다 덤벼!

write를 의미하는 scribe, script
- ⇨ **description**[diskrípʃən] 명 설명
- ⇨ **manuscript**[mǽnjəskrìpt] 명 원고, 사본
- ⇨ **postscript**[póustskrìpt] 명 (편지의) 추신, 덧붙이는 말
- ⇨ **scriptwriter**[skríptràitər] 명 대본[각본] 작가
- ⇨ **prescription**[priskrípʃən] 명 약의 처방전
- ⇨ **transcript**[trǽnskript] 명 사본, 복사, 녹취록

이 단어들의 공통점은 모두 **script**가 들어가 있다는 것인데, **script**는 "**something written**", 즉 "**글로 쓰여 있다**"는 의미이다.

---

session
[séʃən]

명 회의[모임] 중, 회기, 학기

- Many foreign students *participate* in the Summer Session each year.

  매년 많은 외국인 학생들이 여름학기에 참가한다.

---

span
[spæn]

명 한 뼘, 짧은 거리[시간]; (존재, 발생) 기간

동 ~ 동안 존재하다[계속되다]; ~ 위에 다리가 놓이다

- Children with a short attention span quickly get bored.

  집중 시간이 짧은 아이들은 빨리 싫증을 낸다.

▶ life span 수명

---

steep
[stiːp]

형 가파른, 경사가 급한; 너무 비싼, 부담이 과중한

- The road is too steep to ride up on a bike.

  그 도로는 자전거를 타고 오르기엔 너무 가파르다.

- Patients have complained that the price of the drug is too steep.

  환자들은 그 약 값이 너무 비싸다고 불평해왔다.

stimulate
[stímjəlèit]

통 자극[격려]하다, 촉진하다, 흥미를 유발하다

- The science *fiction* stimulated her imagination.
  그 공상과학 소설은 그녀의 상상력을 자극했다.
- They try to stimulate the economy through more government spending and tax cut.
  그들은 더 많은 정부 지출과 감세를 통해 경제를 활성화하고자 한다.
- ▶ stimulation[stìmjəléiʃən] 명 자극, 격려
- ▶ stimulant[stímjələnt] 명 자극제, 활성제, 흥분제
- ▶ stimulus[stímjələs] 명 자극제, 촉진제

substitute
[sʌ́bstitjùːt]

통 대신하다, 대리하다

명 대리인, 대역, 대용품

- You can substitute honey for sugar in some *recipes*.
  일부 요리에 설탕 대신 꿀을 사용해도 된다.
- Honey can be used as a substitute for sugar in some *recipes*.
  일부 요리에서 꿀은 설탕의 대용물로 사용될 수 있다.
- ▶ substitution[sʌ̀bstətjúːʃən] 명 대리, 대용

subtle
[sʌ́tl]

형 미묘한, 미세한

- There is a subtle difference between these two pictures.
  이 두 그림에는 미묘한 차이가 있다.
- ▶ subtlety[sʌ́tlti] 미묘함, 미세함

surgeon
[sə́ːrdʒən]

명 외과의사

- A surgeon is a person who *performs* operations on patients.
  외과의사란 환자에게 수술을 행하는 사람이다.
- ▶ surgery[sə́ːrdʒəri] 명 수술, 외과
- ▶ surgical[sə́ːrdʒikəl] 형 외과의, 수술의
- ▶ plastic surgery 성형수술
- ▶ physician[fizíʃən] 명 내과의사

surf
[səːrf]

동 인터넷 사이트를 이곳저곳 돌아다니다; 파도타기를 하다

- With this tool, you can surf the Internet safely and *anonymously*.
  이 툴을 쓰면 인터넷을 안전하게 익명으로 이용할 수 있습니다.

swallow
[swɑ́lou]

동 삼키다, 들이켜다; 곧이곧대로 믿다; 감수하다, 참다

- I can swallow a bowl of Jajangmyun in one *gulp*.
  난 자장면 한 그릇을 한 입에 꿀꺽 삼킬 수 있어.
- He swallowed his pride and asked me to help him.
  그는 자존심을 억누르며 내게 도와달라고 청했다.
- ▶ gulp[gʌlp] 동 벌컥 마시다, 급하게 삼키다 명 꿀꺽 삼키기

swift
[swift]

형 빠른, 신속한, 즉석에서의

- We really *appreciate* your swift reply.
  신속한 응답에 정말 감사드립니다.
- ▶ swiftly[swíftli] 부 신속하게, 빠르게

thereafter
[ðɛərǽftər]

부 그 후에, 그로부터

- One day he left the village, and thereafter he never came back.
  어느 날 그는 마을을 떠났고, 그 이후로 돌아오지 않았다.

thrift
[θrift]

명 검소, 절약; 번성, 성장

- In these difficult economic times, thrift is a necessity.
  이처럼 경제가 어려울 땐 절약이 필수이다.
- ▶ thrive[θraiv] 동 번영[번성]하다(prosper), 잘 자라다

tragic
[trǽdʒik]

형 비극적인, 비참한

- Emotional *reactions* including fear, *depression*, *withdrawal*, or anger can occur after tragic events.
비극적 사건 이후에 두려움, 우울, 의기소침, 분노와 같은 정서 반응들이 일어날 수 있다.
  - ▶ tragedy[trǽdʒədi] 명 비극, 비극적 문학작품, 비극적 사건 ↔ comedy(희극)
  - ▶ comic[kámik / kɔ́m-] 형 희극적인, 우스운

transfer
[trænsfə́:r]

동 옮기다, 전학[전임]시키다; 이동하다, 전학하다; 갈아타다 명 이전, 이동, 전학[전임]

- You can transfer to line number 5 at this station.
이번 역에서 5호선으로 갈아타실 수 있습니다.
- With the rise of Internet banking, it is easy to transfer money across the world. 인터넷뱅킹이 생겨서 세계 어느 곳이든 송금하기가 쉽다.

transmit
[trænsmít, trænz-]

동 (물건, 돈 등을) 부치다, 보내다; 전하다, 옮기다, 물려주다

- Cholera is transmitted through *contaminated* water.
콜레라는 오염된 물을 통해 전염된다.
  - ▶ transmission[trænsmíʃən, trænz-] 명 전달, 전염, 전송

tremendous
[triméndəs]

형 대단한, 거대한, 놀랄 만한, 중대한

- I have tremendous respect for my English teacher.
나는 우리 영어 선생님을 굉장히 존경한다.
  - ▶ tremendously[triméndəsli] 부 굉장히, 엄청나게

urge
[ə:rdʒ]

동 재촉[촉구]하다, 적극 권하다; 강요하다; 강조하다 명 충동, 욕구, 재촉

- My mother urges me to stay away from alcohol.
우리 엄만 내게 술을 멀리 하라고 강조하신다.
- I can't control the urge to smoke whenever I'm nervous.
불안할 때마다 담배를 피우고 싶은 충동을 통제할 수가 없다.
  - ▶ urgent[ə́:rdʒənt] 형 긴급한, 다급한
  - ▶ urgency[ə́:rdʒənsi] 명 긴급, 위급

vague
[veig]

형 모호한, 애매한, 희미한

• I had to give a vague answer because I couldn't understand the *intention* of his question.

나는 그의 질문 의도를 이해하지 못했기 때문에 애매한 대답을 할 수밖에 없었다.

• I have a vague memory of meeting him somewhere in Seoul.

서울 어디에서 그를 만났던 것 같은데 기억이 희미하다.

▶ **vagueness**[veignis] 명 모호함, 분명치 않음

다 덤벼!

"분명하지 않다"면 이런 단어들을 쓰겠지

⇨ **unclear**[ʌnkliər] not obvious or easy to see or know;
분명하지 않거나, 보거나 알기 쉽지 않은

⇨ **vague**[veig] not clearly expressed, known or decided;
분명하게 표현되거나 알려지거나 결정되지 않은

⇨ **obscure**[əbskjúər] unclear and difficult to understand or see;
분명하지 않고 이해하거나 보기 힘든

⇨ **ambiguous**[æmbígjuəs] not clear because of having more than one meaning;
한 가지 이상의 의미를 갖고 있어 분명하지 않은

⇨ **faint**[feint] difficult to see, hear, or smell etc.;
보거나 듣거나 냄새 맡기 어려운(희미한)

versus
[vɔ́ːrsəs]

전 ~ 대(對), vs.; ~과 대비하여

• Man versus Woman; Who is *superior*? 남자 대 여자; 누가 우월한가?

vibration
[vaibréiʃən]

명 진동, 떨림, 동요

• When you pronounce voiced sounds, you'll feel vibration on your throat.

유성음을 발음하면 목에 진동을 느낄 것이다.

▶ **vibrate**[váibreit] 통 진동하다, 떨리다, 흔들리다

vital
[váitl]

형 생명의, 생기 넘치는; 극히 중요한, 반드시 있어야 할

- The liver is the largest and most *vital* **organ** in your body.
  몸에서 간은 가장 크며 생명에 가장 중요한 기관이다.
- ▶ vitality[vaitǽləti] 명 생명력, 활기

warehouse
[wέərhàus]

명 창고, 저장소

- A warehouse is a large building for storing things.
  창고는 물건들을 저장하는 큰 건물을 말한다.

wholesale
[hóulsèil]

형 도매[업]의, 대규모의 부 도매로, 대량으로
명동 도매(하다)

- Whether you're dealing with *retail* or wholesale, *clients* are always important.
  소매로 거래하든 도매로 거래하든 고객은 언제나 중요하다.
- ▶ retail[rí:teil] 형 소매의 부 소매로 명동 소매(하다)

worship
[wə́:rʃip]

동 숭배하다, 존경하다, 예배하다
명 숭배, 존경, 예배

- As a child, I worshiped my older brother.
  어렸을 때 난 우리 형을 내 우상으로 여겼다.

abrupt
[əbrʌ́pt]

형 갑작스러운, 뜻밖의, 느닷없는

- Once an *ecosystem* has *undergone* an abrupt change, recovery to the original state is slow, and sometimes even impossible.
  일단 생태계가 급작스런 변화를 겪게 되면 원상태로 회복하는 것은 느리며 때론 불가능할 수도 있다.
- ▶ abruptly[əbrʌ́ptli] 부 갑자기, 불쑥

absurd
[əbsə́:rd, -zə́:rd]

형 불합리한, 부조리한; 바보 같은, 터무니없는

- His idea was so absurd that no one thought it over seriously.
  그의 아이디어는 너무도 터무니없어서 아무도 진지하게 생각해보지 않았다.
- ▶ absurdity[əbsə́:rdəti, -zə́:r-] 명 불합리, 부조리, 어리석은 짓
- ▶ absurdly[əbsə́:rdli] 부 불합리하게, 모순 되게

accuse
[əkjú:z]

동 비난하다(blame), 고소[고발]하다

- Before you accuse me, take a look at yourself.
  날 비난하기 전에 네 자신을 한번 봐라.
- ▶ accusation[æ̀kjuzéiʃən] 비난, 고소[고발]

다 덤벼!

잘못이 있다면 이런 동사들을 쓰겠지

⇨ Don't **accuse** me. It was not my fault! 날 비난하지 마. 그건 내 잘못이 아니었어!

⇨ He was **charged** with murder. 그는 살인죄로 기소되었다.

⇨ I don't **blame** him for getting angry. 걔 화가 날 만도 해.

⇨ She **reproached** her son for his rudeness. 그녀는 버릇없다고 아들을 나무랐다.

⇨ North Korea has been **criticized** for carrying out nuclear testing.
북한은 핵실험을 했다고 비난받아 왔다.

acknowledge
[əknálidʒ / -nɔ́l-]

동 인정하다(admit), 시인하다; 감사하다

- She acknowledged that she had ruined the plan.
  그녀는 자신이 그 계획을 망쳤다는 것을 시인했다.
- She is acknowledged as an *expert* on the subject.
  그녀는 그 분야의 전문가로 인정받는다.

addict
[ədíkt]

툉 중독 되게 만들다, (나쁜 것에) 빠지게 하다
명 중독자

• If you drink every day, you will be addicted to alcohol someday.
매일 술을 마시면 넌 언젠가 알코올에 중독될 거야.

▶ addiction[ədíkʃən] 명 중독, 몰두
▶ addictive[ədíktiv] 형 중독성의, 습관성의

adequate
[ǽdikwit, ǽdə-]

형 충분한, 만족할 만한, 적절한 ↔ inadequate

• The *victims* of the accident *demanded* adequate *compensation*.
그 사고의 피해자들은 적절한[충분한] 보상을 요구했다.

▶ adequately[ǽdikwitli, ǽdə-] 부 충분히, 적절히

adjust
[ədʒʌ́st]

툉 조절하다, 맞추다; 조정하다; 적응[순응]하다

• Children, just like adults, need time to adjust to new people and situations.
어린이들도 어른과 마찬가지로 새로운 사람들과 환경에 적응하려면 시간이 필요하다.

▶ adjustment[ədʒʌ́stmənt] 명 조절[조정], 적응[순응]

adversity
[ædvə́:rsəti, əd-]

명 역경, 불행, 재난

• A good friend will not desert you in time of adversity.
좋은 친구는 힘든 시기에 널 저버리지 않을 것이다.

▶ adverse[ædvə́:rs] 형 반대의, 적대적인; 불리한, 불운한

afflict
[əflíkt]

툉 괴롭히다, 고생시키다

• A sense of guilt has afflicted him for a long time.
그는 오랫동안 죄책감에 시달려왔다.

▶ affliction[əflíkʃən] 명 고통, 괴로움

ally
[əlái, ǽlai]

图 동맹[연합]시키다; 손을 잡다
图 동맹국, 연합국

• Friends should be allies of our better nature.
친구는 우리의 보다 나은 본성의 동반자여야 한다.

▶ alliance[əláiəns] 图 동맹관계, 동맹국

altitude
[ǽltətjù:d]

图 높이, 고도 = height

• As altitude increases, the *atmospheric* pressure decreases, thinning the air so that less oxygen *available*.
고도가 올라가면 대기압이 낮아져 공기가 희박해짐으로써 산소도 적어진다.

ambiguous
[æmbígjuəs]

图 두 가지 뜻으로 해석할 수 있는, 애매모호한

• His reply to my question was *somewhat* ambiguous.
내 질문에 대한 그의 답변은 다소 애매모호했다.

▶ ambiguously[æmbígjuəsli] 图 애매모호하게

anniversary
[æ̀nəvə́:rsəri]

图 기념일, 결혼기념일

• Today is our parents' 20th anniversary.
오늘은 우리 부모님 결혼 20주년 기념일이다.

approximate
[əpráksəmit]

图 대략의, 근접한
图 [əpráksəmèit] ~에 근접하다, 어림잡다(estimate)

• These costs are approximate and subject to change.
이 가격들은 대략적인 것이므로 바뀝니다.

▶ approximately[əpráksəmitli] 图 대략, 대체로

applaud
[əpló:d]

图 박수 치다, 칭찬하다

• The *audience* applauded for five minutes after his speech.
그의 연설이 끝나자 청중들은 5분 동안 박수갈채를 보냈다.

▶ applause[əpló:z] 图 박수, 박수소리

다 덤벼!

여러분을 응원합니다

⇨ Let's give them a big round of applause! 그들에게 큰 박수를 쳐줍시다!

⇨ Let's give a big hand to them! 그들에게 큰 박수를 보냅시다!

⇨ Let's clap our hands and sing along! 손뼉을 치며 노래를 부릅시다!

⇨ I always root for you. 난 항상 널 응원한단다.

⇨ Everyone cheered for us. 모두 우리에게 환호성을 보냈다.

---

architecture
[ɑ́:rkətèktʃər]

명 건축, 건축물

- Korean traditional architecture is *characterized* by its harmony with nature. 한국의 전통 건축은 자연과의 조화를 특징으로 한다.

▶ architect[ɑ́:rkitèkt] 명 건축가

---

arise
[əráiz]

동 발생하다, 생기다, 비롯되다 arise – arose – arisen

- Many serious problems arise from the *collapse* of our public education system.

우리 공교육 체제의 붕괴로부터 많은 심각한 문제들이 발생한다.

---

aspire
[əspáiər]

동 열망하다, 동경하다, 꿈을 품다

- The higher you aspire, the more you grow.

더 높은 곳을 열망할수록 더 많이 성장한다.

▶ aspiration[æ̀spəréiʃən] 명 포부, 열망, 꿈

---

assimilate
[əsíməlèit]

동 자기 것으로 흡수하다, 동화하다, 소화하다

- It's hard to assimilate so much information.

그렇게 많은 정보를 소화하기는 쉽지 않다.

▶ assimilation[əsìməléiʃən] 명 동화, 흡수, 이해

awkward
[ɔ́:kwərd]

형 어색한, 서먹한, 다루기 힘든, 곤란한

- My students often *tease* me by asking some awkward questions.
  내 학생들은 가끔 난감한 질문을 해서 날 괴롭힌다.
- She tried to think of something to say to break the awkward silence.
  그녀는 어색한 침묵을 깨기 위해 뭔가 할 말을 생각해내려고 했다.
- ▶ awkwardly[ɔ́:kwərdli] 부 어색하게, 서투르게

barbaric
[bɑːrbǽrik]

형 야만적인, 야만인의

- We won't *tolerate* their barbaric act.
  우리는 그들의 야만적 행동을 용인하지 않을 것이다.
- ▶ barbarian[bɑːrbɛ́əriən] 명 야만인, 미개인

barely
[bɛ́ərli]

부 겨우, 간신히; 거의 ~ 않다(hardly, scarcely)

- I had barely entered the classroom when my teacher started yelling at me.
  내가 교실에 들어서기 무섭게 선생님은 내게 고함을 지르기 시작했다.
- ▶ bare[bɛər] 형 벌거벗은, 맨 ~; 텅 빈, ~ 없는

bargain
[bɑ́ːrgən]

동 흥정하다, 계약하다, 값을 깎다

명 매매, 거래; 싼 물건, 특가품

- It's a real bargain! I bought this book at half price.
  정말 싸! 이 책을 반값에 샀다니까.
- In this market you can bargain with the salespeople to get better discounts.
  이 시장에서는 값을 더 깎기 위해 상인들과 흥정을 할 수 있다.
- ▶ at a bargain 싸게, 헐값으로

blueprint
[blú:prìnt]

명 청사진, 계획

동 계획을 세우다

- The blueprint for school *reform* must be put into action.
  학교개혁을 위한 청사진은 실행에 옮겨져야만 한다.

blunder
[blʌ́ndər]

명 큰 실수(big mistake)

통 큰 실수를 하다

• I made the worst blunder. I forgot writing my name on the exam paper.
난 최악의 실수를 저질렀다. 시험지에 내 이름을 쓰는 걸 깜박했던 것이다.

bond
[bɑnd / bɔnd]

명 유대, 결속; 속박, 구속; 계약, 연맹

통 접합하다, 잇다

• A close family bond is like a safe harbor where we find *refuge*.
긴밀한 가족 간의 유대는 피난처로 찾는 안전한 항구와 같다.

▶ bondage[bɑ́ndidʒ / bɔ́nd-] **명** 속박, 굴종, 노예 신분

boom
[buːm]

통 갑자기 경기[인기]가 좋아지다

명 벼락 경기, 붐, 갑작스런 인기

• Sales of *luxury* cars are booming in China.
중국에서 고급차의 판매가 폭발적으로 늘고 있다.

budget
[bʌ́dʒit]

명 예산, 운영비 **통** 예산을 짜다

형 값이 매우 싼

• To balance a budget, spending has to be closely *monitored*.
예산[수입과 지출]의 균형을 맞추려면 지출을 면밀히 체크해야 한다.

▶ balance the budget 수입과 지출의 균형을 맞추다

bump
[bʌmp]

통 부딪치다, 충돌하다

• While getting into the car, I bumped my head on the car door.
나는 자동차에 타려다가 차문에 머리를 부딪쳤다.

• This morning, on my way to school, I bumped into my ex-boyfriend.
오늘 아침 등굣길에 옛 남자친구를 우연히 만났다.

▶ bump into someone 누구를 우연히 만나다
▶ bumper to bumper 차가 막히는

caution
[kɔ́:ʃən]
명 조심, 주의, 경고
동 경고하다, 주의 주다
- We need to *approach* the problem with caution.
  우린 그 문제에 조심스럽게 접근할 필요가 있다.
- ▶ cautious[kɔ́:ʃəs] 조심성 있는, 조심하는, 신중한

charter
[tʃɑ́:rtər]
명 전세, 특권, 특허; 헌장, 선언서
동 전세 내다; 특권을 공표하다
- My school chartered twelve buses for the picnic.
  우리 학교는 소풍을 위해 전세버스 12대를 빌렸다.

coherent
[kouhíərənt]
형 일관된, 조리 있는 ↔ incoherent
- A more coherent *approach* is needed to solve the problem.
  그 문제를 해결하기 위해서는 보다 일관된 접근법이 필요하다.
- ▶ coherence[kouhíərəns] 명 일관성, 긴밀성

colleague
[kɑ́li:g / kɔ́l-]
명 직장 동료 = coworker
- He and I are colleagues. 그와 난 직장동료이다.

colony
[kɑ́ləni / kɔ́l-]
명 식민지, 식민지 국민; 군락, 촌
- India is a former British colony. 인도는 과거 영국의 식민지이다.
- In an ant colony, all ants work for the common good.
  개미집[군락]에서 모든 개미들은 공동의 이익을 위해 일한다.
- ▶ colonial[kəlóuniəl] 형 식민지의
- ▶ colonize[kɑ́lənàiz / kɔ́l-] 동 식민화하다

commute
[kəmjú:t]
동 통근[통학]하다; 바꾸다, 교환하다
명 통근, 통학
- I commute from Ilsan to Seoul by bus.
  나는 일산에서 서울까지 버스로 통근[통학]한다.
- ▶ commuter[kəmjú:tər] 명 정기 통근[통학]자

compile
[kəmpáil]

동 수집하다, 편집하다

- We compiled *data* on energy *consumption*.
  우리는 에너지 소비에 관한 자료들을 수집했다.

component
[kəmpóunənt]

명 구성 요소, 성분
형 구성하는, 성분의

- A key component of the Renaissance was the *intellectual* movement known as *Humanism*.
  르네상스의 주된 요소는 인문주의로 알려진 지적 운동이었다.

conceal
[kənsíːl]

동 숨기다, 감추다

- You are concealing something from me, aren't you?
  너 나한테 뭐 숨기는 거 있지, 그렇지?
- ▶ concealment[kənsíːlmənt] 은닉, 은폐

conference
[kánfərəns / kɔ́n-]

명 회의, 협의

- The International Conference on Learning is for anyone with an interest in education.
  학습에 관한 국제회의는 교육에 대한 관심을 갖고 있는 사람들을 위한 것이다.
- ▶ confer[kənfə́ːr] 동 협의[의논]하다; 주다, 수여하다

confine
[kənfáin]

동 한정[제한]하다, 가두다, 묶다

- We tried to confine the disease to the region by closing the *infected* farms.
  우리는 감염된 농장들을 폐쇄함으로써 그 질병을 그 지역에 묶어두고자 했다.
- ▶ confinement[kənfáinmənt] 명 제한, 감금

confront
[kənfrʌnt]

图 직면하다, 용감히 맞서다, 대면[대결]시키다

- When you confront the problem, you begin to solve it.
  문제에 용감히 맞설 때 해결이 시작되는 것이다.
  ▶ confrontation[kὰnfrəntéiʃən / kɔ̀n-] 图 직면, 대결

conquer
[kάŋkər / kɔ́ŋ-]

图 정복하다, 극복하다

- War is not the answer, because only love can conquer hate.
  전쟁은 해답이 아니다. 왜냐하면 오직 사랑만이 증오를 정복할 수 있기 때문이다.
  ▶ conquest[kάŋkwest / kɔ́ŋ-] 图 정복, 극복, 획득
  ▶ conqueror[kάŋkərər / kɔ́ŋ-] 图 정복자

contaminate
[kəntǽmənèit]

图 오염시키다, 더럽히다 = pollute

- The oil *spill* contaminated almost the entire west coast area of the nation.
  기름유출로 그 나라의 서해안 전 지역이 오염되었다.
  ▶ contamination[kəntǽmənéiʃən] 图 오염, 타락

contend
[kənténd]

图 경쟁하다, 싸우다, 논쟁하다; 강력히 주장하다

- Six teams are contending for the championship.
  여섯 개 팀이 우승을 놓고 경쟁하고 있다.
- He contended that the police had *tortured* him.
  그는 경찰이 자신을 고문했다고 주장했다.
  ▶ contention[kənténʃən] 图 경쟁, 분쟁, 말다툼

contract
[kάntrækt / kɔ́n-]

图 계약, 계약서
图 계약하다; 수축시키다, 줄어들다

- We will *sue* the company if it breaks the contract.
  계약을 어기면 우린 그 회사를 고소할 것이다.
- As it becomes cool, metal contracts. 차가워지면 금속은 수축한다.
  ▶ contraction[kəntrǽkʃən] 图 수축

courtesy
[kə́ːrtəsi]

뗭 예의 바름, 공손, 호의 ↔ discourtesy

- He didn't have the courtesy to say sorry.
  그는 미안하다는 말을 할 정도의 예의도 없었다.
- ▶ courteous[kə́ːrtiəs/kɔ́ːr-] 뼹 예의 바른, 정중한 = polite ↔ impolite, rude
- ▶ by courtesy of ~의 허락을 받아, ~가 허락한 덕분에

credit
[krédit]

뗭 신용, 신뢰; 평판, 명예; 외상, 할부; 은행 계좌의 돈; 학점 뜰 사실이라고 믿다

- I bought this computer on credit. 나는 이 컴퓨터를 신용카드로[할부로] 샀다.
- Students will earn three credits for successful completion of the course. 그 과정을 성공적으로 마치면 학생들은 3학점을 얻게 된다.
- ▶ creditable[kréditəbəl] 뼹 칭찬할 만한; 신용할 만한
- ▶ credit card 신용카드

curriculum
[kəríkjələm]

뗭 교과 과정, 이수 과정

- The school curriculum has been *corrupted* by political *interference*.
  학교 교과과정은 정치적 간섭으로 망가져왔다.
- ▶ extracurricular[èkstrəkəríkjələr] 뼹 과외의, 정규과정 이외의
- ▶ extracurricular activity 과외 활동

dare
[dɛər]

뜰 감히 ~하다; 무릅쓰다, 도전하다
조 감히 ~하다

- The bad boy is *bullying* other students, but no one dares to *confront* him.
  그 악동은 다른 학생들을 괴롭히고 있지만 누구도 그에 맞서지 못한다.
- How dare you tell me a lie! 네가 감히 나한텐 거짓말을 해!

decent
[díːsənt]

뼹 점잖은, 예의바른; 좋은, 양질의 ↔ indecent

- All the decent people in this country should stand up for justice.
  이 나라의 모든 선량한 사람들은 정의를 위해 일어서야 한다.
- ▶ decency[díːsnsi] 뗭 품위, 예의 바름

dedicate
[dédikèit]

동 바치다, 헌납하다, ~에 헌신하다

- She has dedicated her life to education. 그녀는 일생을 교육에 헌신했다.
▶ dedication[dèdikéiʃən] 헌납, 헌신, 기부

defect
[dífekt]

명 결점, 단점, 부족

- There are so many defects in our education system.
우리 교육체계에 문제점이 너무 많다.
▶ defective[diféktiv] 형 결함이 있는, 모자라는

deliberate
[dilíbərət]

형 고의적인, 계획적인; 신중한, 생각이 깊은
동 [dilíbəreit] 신중히 생각하다, 숙고하다

- The police are *investigating* whether it is a deliberate murder.
경찰은 그 사건이 고의적인 살인이 아닌지 수사하고 있다.
- They are deliberating whether or not to *invest* in the project.
그들은 그 프로젝트에 투자할지 말지 심사숙고하고 있다.
▶ deliberately[dilíbəritli] 부 고의로, 일부러; 신중히
▶ deliberation[dilìbəréiʃən] 명 심사숙고

demonstrate
[démənstrèit]

동 실제 해 보이며 설명하다, 증명하다, 드러내다;
시위[데모]하다

- The salesman demonstrated how to use the new product.
그 영업사원은 신제품 사용법을 보여주며 설명했다.
- Yesterday, thousands of *protesters* demonstrated against the new tax law.
어제 수천 명의 시위대들이 새로운 세법에 항의하며 시위를 벌였다.
▶ demonstration[dèmənstréiʃən] 명 증명, 실물 설명; 표명; 시위

depict
[dipíkt]

동 그리다, 묘사하다

- In his *autobiography*, he depicted himself as a hero.
자서전에서 그는 자기 자신을 영웅으로 묘사했다.
▶ depiction[dipíkʃən] 묘사

deprive
[dipráiv]

동 빼앗다, 박탈하다

• Never deprive someone of hope; it might be all they have.
누군가에게서 희망을 빼앗지 마라. 그것이 그들이 가진 전부일 수도 있다.

▶ deprive oneself 자제하다, 삼가다

derive
[diráiv]

동 끌어내다, 얻다, 추론하다; 유래하다, ~에 비롯되다

• She derives great pleasure from singing songs.
그녀는 노래를 부르는 것에서 큰 기쁨을 얻는다.

• This word is derived from Latin. 이 단어는 라틴어에서 온 것이다.

▶ derivation[dèrəvéiʃən] 명 끌어냄, 유도; 유래, 기원

descend
[disénd]

동 내려가다[오다], 밑으로 전해지다, 타락[쇠락]하다

• *Christians* believe that all human beings descend from Adam and Eve.
기독교인들은 모든 인간이 아담과 이브의 자손이라고 믿는다.

▶ descendent[diséndənt] 명 후손 형 전해 내려오는

▶ descent[disént] 명 하강[하락], 전락, 몰락, 세습, 혈통

dimension
[diménʃən]

명 차원; 치수, 넓이, 규모

• The internet will not change the book itself, or literature, but it does add a new dimension. 인터넷이 책 자체, 또는 문학을 변화시키지는 않겠지만, 새로운 차원을 더한 것은 사실이다.

▶ dimensional[diménʃənəl] 형 ~ 차원의, ~ 치수의

diminish
[dəmíniʃ]

동 감소하다, 줄이다, 퇴색하다

• Some memories are not diminished by time.
어떤 기억들은 시간이 지나도 지워지지 않는다.

• Perfectionism can diminish your *productivity* and *undermine* your job satisfaction.
완벽주의는 당신의 생산성을 감소시킬 수 있고 일에 대한 만족감도 손상할 수 있다.

discard
[diská:rd]

동 버리다, 폐기하다

- Why don't you discard the unnecessary files into a dumpster?
불필요한 파일들을 쓰레기통에 버리지 그러니?

dismay
[disméi]

명 실망, 낙담; 당황, 놀라움

동 실망시키다, 당황하게[놀라게] 하다

- To her dismay, she heard that the famous singer had cancelled the concert tour.
실망스럽게도, 그녀는 그 유명 가수가 콘서트 투어를 취소했다는 말을 들었다.

disposable
[dispóuzəbəl]

형 사용 후 버릴 수 있는, 일회용의; 마음대로 쓸[처분할] 수 있는

- Disposable products are convenient, but they pollute the *environment*.
일회용 상품들은 편리하지만 환경을 오염시킨다.

▶ dispose[dispóuz] 동 처리[처분]하다; ~할 마음이 내키게 하다

distract
[distrǽkt]

동 (마음을) 흐트러뜨리다, 딴 데로 돌리다, 어지럽히다, 혼란시키다

- My parents become very *cautious* not to distract me when I study at home.
내가 집에서 공부할 때 부모님께서는 내 집중을 방해하지 않으려고 무척 조심하신다.

▶ distraction[distrǽkʃən] 명 산만, 심란, 혼란
▶ distractive[distrǽktiv] 형 주의를 산만하게 하는, 집중에 방해되는

domestic
[douméstik]

형 국내의; 가정의

- The domestic economy has recently showed clear signs of recovery.
국내경제는 최근에 분명한 회복 조짐을 보이고 있다.
- Domestic *violence* hurts all members of the family.
가정 폭력은 가족 구성원 모두에게 상처를 준다.

drain
[drein]

통 흘러나가다; 배수하다; 소모[고갈]시키다, 유출되다

명 배수, 하수구; 유출, 고갈

- The drain in the bathtub is blocked. 욕조 하수구가 막혔다.
- The water in the bathtub won't drain. 욕조 물이 안 내려간다.
- ▶ brain drain 인재의 국외 이주

drill
[dril]

명 훈련, 연습; 송곳

통 훈련하다, 철저히 가르치다, 맹연습하다; 구멍을 뚫다

- We had a fire drill at school this morning.
  우리는 오늘 아침에 학교에서 화재 대비 훈련을 했다.
- My dad drills in my head that boys are "Wolves."
  우리 아빠 사내 녀석들은 "늑대들"이라고 귀에 못이 박힐 정도로 강조하신다.

drought
[draut]

명 가뭄; 부족, 결핍

- People in this region are suffering from lack of water because of the *severe* drought.
  극심한 가뭄 때문에 이 지역 사람들은 물 부족으로 고통 받고 있다.
- ▶ flood[flʌd] **명** 홍수, 범람

dwell
[dwel]

통 머무르다, 살다; 곰곰이 생각하다(on)

- The *tribes* dwell in the Amazonian jungle.
  그 부족들은 아마존 정글에 살고 있다.
- Don't waste your time dwelling on something unreal.
  비현실적인 것을 깊이 생각하느라 시간을 허비하지 마라.

earnest
[ə́ːrnist]

형 진지한, 성실한; 본격적인 **명** 진심, 진지함

- He began to learn English in earnest when he decided to study abroad.
  그는 유학을 결심하면서 본격적으로[진지하게] 영어를 배우기 시작했다.

embassy
[émbəsi]

명 대사관, 대사 임무

- The Korean Embassy will *issue* an *emergency* travel document if your passport is stolen.
  여권을 도둑맞으면 한국대사관에서 긴급 여행문서를 발급해줄 것이다.

emit
[imít]

동 (빛, 열, 연기 등을) 내뿜다, 방출하다

- It's not true that *volcanoes* emit more CO_2 than mankind.
  화산이 인류보다 더 많은 이산화탄소를 배출한다는 건 사실이 아니다.
- ▶ emission[imíʃən] 명 배출, 방사

enlighten
[enláitn]

동 계몽[교화]하다, 혁신하다; 깨우치다, 밝히다, 설명하다

- The full name of the Statue of Liberty is "Liberty enlightening the world." 자유의 여신상의 완전한 이름은 "세상을 계몽하는 자유"이다.
- ▶ enlightenment[enláitnmənt] 명 계몽, 개화

enrich
[enrítʃ]

동 부유하게 하다, 풍성[비옥]하게 하다, (질, 가치 등을) 높이다

- *Fertilizer* helps to enrich the soil. 비료는 토양을 비옥하게 하는 데 도움이 된다.

exaggerate
[igzǽdʒərèit]

동 과장하다, 과장하여 말하다(talk too tall)

- You're exaggerating when you say that people cannot live without the Internet. 사람들이 인터넷이 없으면 살 수 없다는 네 말은 과장이다.
- ▶ exaggeration[igzǽdʒəréiʃən] 명 과장

excessive
[iksésiv]

형 지나친, 과도한

- Excessive and *chronic* stress can cause many physical and mental problems.
  과도한 그리고 만성적인 스트레스는 많은 육체적, 정신적 문제들을 야기할 수 있다.
- ▶ excess[iksés, ékses] 명 초과, 과잉, 지나침
- ▶ exceed[iksíːd] 동 초과하다, 넘치다, 능가하다

exclaim
[ikskléim]

동 외치다, 고함치다

- "Wow! You came back!" she exclaimed in delight.
"야! 너 돌아왔구나!" 그녀가 기뻐서 소리쳤다.
▶ exclamation[èkskləméiʃən] 명 외침, 절규; 감탄

exert
[igzə́:rt]

동 (힘, 능력 등을) 쓰다, 행사하다, 노력하다

- I don't want to exert myself in something worthless.
보람 없는 일에 힘을 쓰고 싶지 않다.
▶ exertion[igzə́:rʃən] 명 노력[진력], 분발; 힘든 일; (권력의) 행사

exhaust
[igzɔ́:st]

동 다 써버리다, 소진시키다
명 배출, 배기가스; 고갈

- The marathoner was totally exhausted after the race.
그 마라톤 선수는 경주가 끝난 후 완전히 파김치가 됐다.
▶ exhausted[igzɔ́:stid] 형 지칠 대로 지친, 소모된, 고갈된
▶ exhaustion[igzɔ́:stʃən] 명 소모, 고갈, 피로

expel
[ikspél]

동 내쫓다, 추방하다, 면직[퇴학]시키다

- Gildong was expelled from school for theft.
길동이는 도둑질을 해서 퇴학당했다.
▶ expulsion[ikspʌ́lʃən] 명 추방, 제명

faint
[feint]

형 희미한, 미약한, 실낱같은; 어질어질한(dizzy)
동 어지럽다, 정신을 잃다 명 어지러움, 현기증

- There's still a faint hope that they might be alive.
아직 그들이 살아 있을 수도 있다는 실낱같은 희망이 있다.
- I nearly fainted with heat.
나는 열기에 거의 정신을 잃을 뻔했다.
▶ dizziness[dízinis] 명 현기증
▶ coma[kóumə] 명 혼수상태

fake
[feik]

동 위조하다, 속이다(deceive), ~인 체하다, 가장하다(pretend)
명 모조품, 가짜; 사기꾼(swindler) 형 가짜의, 위조의

- Don't believe what he says. He's a fake.
  그가 하는 말을 믿지 마라. 그는 사기꾼이다.
- He faked a stomachache, because he didn't want to go to school.
  그는 학교에 가기 싫어서 배가 아프다고 꾀병을 부렸다.

fascinate
[fǽsənèit]

동 매혹하다, 반하게 하다, 주의[흥미]를 끌다

- English always fascinates me.
  난 항상 영어에서 매력을 느낀다.
- I am *absolutely* fascinated by hiphop music.
  난 힙합 음악에 완전히 빠져 있다.
  ▶ fascination[fæsənéiʃən] 명 매혹, 마음을 뺏김
  ▶ fascinating[fæsənèitiŋ] 형 대단히 흥미로운

fertile
[fə́:rtl / -tail]

형 기름진, 비옥한, 다산의, 창의력[상상력]이 풍부한
↔ infertile, barren

- Farming is easy in this fertile soil.
  이 비옥한 토양에서는 농사짓기가 쉽다.
- The writer has a fertile imagination.
  그 작가는 상상력이 풍부하다.
  ▶ fertility[fə:rtíləti] 명 비옥, 다산, 풍부
  ▶ fertilize[fə́:rtəlàiz] 동 비옥하게 하다, 풍요롭게 하다, 비료를 주다
  ▶ fertilizer[fə́:rtəlàizər] 명 비료

flexible
[fléksəbəl]

형 융통성 있는, 유연한, 탄력적인, 구부리기 쉬운
↔ inflexible

- Our program is *designed* to be as flexible as possible for busy people.
  우리 프로그램은 바쁜 사람들을 위해 가능한 탄력적으로 고안되었다.
  ▶ flexibility[flèksəbíləti] 명 유연성, 융통성

○ ○ ○

flush
[flʌʃ]

통 (얼굴이) 빨개지다, 홍조를 띠다, 붉히다; 물로 씻어 내리다

• His face flushed red with *embarrassment*.
그의 얼굴이 수치심으로 붉어졌다.

▶ flush the toilet 화장실 물 내리다

flutter
[flʌ́tər]

통 펄럭이다, 퍼덕이다; 설레다, 마음 졸이다
명 펄럭임, 두근거림; 동요, 소란

• I was *irritated* by moths fluttering around the desk lamp.
나는 스탠드전등 주위를 퍼덕거리는 나방 때문에 짜증이 났다.

fossil
[fásl / fɔ́sl]

명 화석(化石), 낡은 것
형 화석의, 구식의

• There are three major forms of fossil fuels: coal, oil and natural gas.
화석연료에는 3가지 주요 형태가 있다. 석탄, 석유, 천연가스.

▶ fossil fuel 화석연료(석탄, 석유 등)

foster
[fɔ́(:)stər, fás-]

통 육성하다, 촉진하다; 기르다

• Praise and *encouragement* will foster your child's *self-esteem*.
칭찬과 격려는 당신 자녀의 자신감을 길러줄 것이다.

framework
[fréimwə̀:rk]

명 틀, 뼈대, 구조

• We need to *adapt* our economy system to the framework of globalization.
우린 세계화의 틀에 우리 경제체제를 맞추어 바꿔야 한다.

fragile
[frǽdʒəl]

형 부서지기 쉬운, 연약한

• Handle the glass with great *caution*. It's very fragile.
그 유리는 대단히 조심해서 다뤄라. 굉장히 깨지기 쉽다.

다 덤벼!

약해서 깨지기 쉬운

⇨ **brittle**[brítl] hard but easily broken; 딱딱하지만 쉽게 깨지는

⇨ **delicate**[délikət, -kit] needing careful treatment, because easily broken; 쉽게 깨질 수 있어 조심해서 다뤄야 하는

⇨ **fragile**[frǽdʒəl] easily broken or damaged; 쉽게 깨지거나 망가지는

⇨ **frail**[freil] weak or unhealthy, or easily broken; 약하거나 건강하지 못한, 또는 쉽게 부서지는

⇨ **vulnerable**[vʌ́lnərəbəl] easily hurt, influenced, or attacked; 다치거나 영향 받거나 공격 받기 쉬운

---

frown
[fraun]

동 눈살을 찌푸리다, 인상을 쓰다

- *Audience* will frown at the movie, because homosexuality is still frowned upon in Korea.

  많은 관객들이 그 영화를 보고 인상을 쓸 것이다. 왜냐하면 한국에서 아직 동성애는 받아들여지지 않기 때문이다.

  ▶ **frown upon** ~을 반대하다, 안 좋게 생각하다

---

fundamental
[fʌndəméntl]

형 근본적인, 기초의, 타고난; 중요한, 필수의

명 근본, 기초, 원리

- What is the fundamental difference between animals and humans?

  동물과 인간의 근본적인 차이는 무엇인가?

---

furthermore
[fə́:rðərmɔ̀:r]

부 더욱이, 게다가 = moreover

- She is too selfish to love somebody. Furthermore, she's not that pretty.

  그녀는 다른 사람을 사랑하기엔 너무 이기적이다. 게다가 그렇게 예쁘지도 않다.

gear
[giər]

동 (기어를 바꾸듯) ~에 맞게 조정하다, 준비하다, 설치하다
명 기어, 톱니바퀴; 장비, 의복

- You need to gear yourself up for tomorrow's game.
  넌 내일 경기를 위해 준비할 필요가 있다.

gene
[dʒiːn]

명 유전자

- Parents pass some of their *characteristics* on to their children through genes.
  부모는 유전자를 통해 자신들의 특성 중 일부를 물려준다.

▶ **genetics**[dʒinétiks] 명 유전학 = genetic engineering

glare
[glɛər]

동 눈부시게 빛나다; 째려보다, 쏘아보다
명 번쩍이는 빛, 섬광; 화려함, 현란함

- People wear sunglasses to protect their eyes from glaring sunlight.
  사람들은 눈부신 햇빛으로부터 눈을 보호하기 위해 선글라스를 착용한다.
- What's the matter? Why are you glaring at me like that?
  왜 그래? 왜 그런 식으로 날 째려보는데?

다 덤벼!

반짝반짝 작은 별!

⇨ The trophy **shone** after polishing. 잘 닦자 트로피에서 빛이 났다.

⇨ All is not gold that **glitters**. 반짝인다고 다 금은 아니다.

⇨ Stars **twinkle** at night. 별들은 밤에 반짝인다.

⇨ The fireflies were **glowing** and flying about the garden.
  개똥벌레들이 빛을 내며 정원을 날아다니고 있었다.

⇨ Why does lightning **flash** before thunder?
  왜 번개가 번쩍한 다음에 천둥이 치는 걸까?

⇨ The lake **sparkled** in the sunlight. 호수가 햇빛에 반짝였다.

grasp
[græsp]

튕 움켜잡다; 파악하다, 이해하다
명 움켜잡기; 통제, 지배; 이해력

• *Professional translators* should have a firm grasp of their mother tongue.
전문 번역가들은 자신의 모국어에 대한 확실한 이해력을 갖고 있어야 한다.

gratitude
[grǽtətʃùːd]

명 감사, 감사의 마음

• My mom sent a present to my teacher to show her gratitude.
엄마는 고마움을 표하기 위해 우리 선생님께 선물을 보내셨다.

grind
[graind]

튕 잘게 부수다, 갈다; 짓밟다, 지치게 하다; 열심히 일하다[공부하다] grind – ground – ground
명 갈기, 빻기; 지루하고 힘든 일

• I have a bad habit of grinding my teeth while sleeping.
나는 잠잘 때 이를 가는 나쁜 습관을 갖고 있다.
▶ grinder[gráindər] 명 분쇄기

humanitarian
[*h*juːmænətɛ́əriən]

형 인도주의의, 인간애의
명 인도주의자, 박애가

• The UN will send humanitarian *aid* to the war–stricken nation.
유엔은 전쟁의 상처를 입은 국가에 인도적 지원을 보낼 것이다.
▶ humanity[*h*juːmǽnəti] 명 인간성, 인간다움; 인류애, 자비
▶ human being 인간

humble
[*h*ʌ́mbəl]

형 겸손한, 소박한; 비천한, 초라한
튕 겸손[겸허]하게 만들다

• He is very humble about his success.
그는 자신의 성공에 대해 대단히 겸손해 한다.
▶ eat humble pie 어쩔 수 없이 사과[철회]하다

improvise
[ímprəvàiz]

통 (연설, 연주, 노래 등을) 즉석에서 하다, 임시변통으로 만들다

• The Jazz musician became a *legend due* to his ability to improvise.
그 젊은 재즈 음악가는 즉흥 연주 능력 덕분에 전설적인 인물이 되었다.

impulsive
[impʌ́lsiv]

형 충동적인, 감정적인

• Impulsive buying happens when you buy *stuff* without thinking much about it.
충동구매는 많이 생각해보지 않고서 물건을 구매할 때 발생한다.
▶ impulse[ímpʌls] 명 충동; 충격, 자극

incentive
[inséntiv]

명 격려, 보상, 자극, 장려금
형 자극하는, 격려하는, 보상의

• A scholarship is surely an incentive for students to study harder.
장학금은 분명 학생들이 더 열심히 공부하도록 만드는 자극이 된다.

insult
[ínsʌlt]

동 모욕하다, 무례하게 대하다
명 모욕, 무례

• Making a noise or *dozing* off during class is an insult to your teacher.
수업 중에 소음을 내거나 조는 것은 선생님에 대한 모욕이다.

intact
[intǽkt]

형 손대지 않은, 그대로의, 완전한

• The museum survived intact in the bombing.
그 박물관은 폭격 속에서도 온전했다.

intersection
[ìntərsékʃən]

명 교차로, 교차[점]

• We have to turn left at this intersection.
이번 교차로에서 좌회전해야 해.
▶ intersect[ìntərsékt] 동 교차하다, 가로지르다

interfere
[ìntərfíər]

图 간섭[참견]하다, 방해하다

- It's none of your business. Don't interfere in their problem.
  네가 신경 쓸 일이 아니다. 그들 문제에 참견하지 마라.
- Don't interfere with your sister while she's studying.
  누이가 공부하고 있을 때 방해하지 마라.
- ▶ interference[ìntərfíərəns] 图 간섭, 참견, 방해
- ▶ interfere with 방해하다
- ▶ meddle[médl] 图 사이에 끼어들다, 참견하다

jagged
[dʒǽgid]

图 뾰족뾰족한, 들쭉날쭉한

- Watch your step! There are a bunch of jagged rocks here.
  조심해서 걸어! 여기 뾰족한 바위들이 널려 있어.

landscape
[lǽndskèip]

图 풍경, 경치, 전망; 조경

- I took a picture of the beautiful landscape.
  나는 아름다운 경치를 사진에 담았다.

다 덤벼!

"경치" 좋다!

⇨ landscape[lǽndskèip] 널리 보이는 땅의 모습, 풍경

⇨ scenery[síːnəri] 산, 숲 같은 장소의 자연 특성, 경치

⇨ view[vjuː] 특정 장소에서 볼 수 있는 것, 전망

⇨ outlook[áutlùk] 특정 장소에서 보이는 것, 전망

⇨ sight[sait] 시야에 들어오는 것

launch
[lɔːntʃ]

图 착수하다, 개시하다, 내보내다
图 착수, 개시

- The company has a plan to launch a new product that succeeds in the market. 그 회사는 시장에서 성공하는 신상품을 출시할 계획을 갖고 있다.

lecture
[léktʃər]

图 강의, 강연; 훈계

图 강의[강연]하다, 훈계하다

- My father lectures on social science at a college.
  우리 아빠 대학에서 사회학을 강의하신다.
- My father often gives me a lecture on the importance of steady efforts.
  우린 아빠 가끔 꾸준한 노력의 중요성에 대해 내게 일장 훈계를 하신다.

likewise
[láikwàiz]

图 마찬가지로, 역시

- He made *donations* and encouraged others do likewise.
  그는 기부를 했고 다른 사람들에게도 그와 같이 하라고 독려했다.
- "I'm so glad to see you." "Likewise!"
  "만나서 반갑습니다." "저도요!"
- ▶ clockwise[klákwàiz] 图 시계 방향[오른쪽]으로 ↔ counterclockwise

logical
[ládʒikəl / lɔ́dʒ-]

图 논리적인, 논리의, 이치에 맞는 ↔ illogical(비논리적인)

- Life is not like a book. Life isn't logical or sensible or orderly.
  인생은 책과는 다르다. 인생은 논리적이지도, 상식적이지도, 질서정연하지도 않다.
- ▶ logic[ládʒik / lɔ́dʒ-] 图 논리, 타당성; 논리학

luxurious
[lʌgʒúəriəs, lʌkʃúər-]

图 사치스러운, 호화로운

- After winning a lottery, he's living a luxurious life.
  복권에 당첨된 후 그는 호화로운 삶을 살고 있다.
- ▶ luxury[lʌ́kʃəri] 图 사치, 고급; 사치품, 고급품

majestic
[mədʒéstik]

图 위엄 있는, 장엄한, 웅장한(grand)

- The fisherman was charmed by the majestic motion of the whale.
  어부는 고래의 위엄 있는 움직임에 넋을 잃었다.
- ▶ majesty[mǽdʒisti, -dʒəs-] 图 위엄, 웅장함; (왕, 황제 등의 호칭) 폐하

meadow
[médou]

명 초원, 목초지(pasture)

• The cows were grazing on the green meadow.
소들이 푸른 초원 위에서 풀을 뜯고 있었다.

minister
[mínistər]

명 장관, 기독교 목사

• Our church minister once worked as a minister in the last government. 우리 교회 목사님은 지난 정부에서 장관으로 일하셨다.

mischievous
[místʃivəs]

형 개구쟁이의, 장난이 심한, 말썽꾸러기의, 해가 되는

• Those mischievous boys are always getting into trouble.
저 개구쟁이 녀석들은 항상 말썽을 일으킨다.

▶ mischief[místʃif] 명 장난, 말썽, 장난꾸러기; 해악

misery
[mízəri]

명 재난, 고통, 비참함

• Those *mischievous* boys are making my life a misery.
저 개구쟁이 녀석들 때문에 내가 못살겠다.

▶ miserable[mízərəbəl] 형 비참한, 불쌍한, 형편없는

moderation
[màdəréiʃən]

명 절제, 중용, 온건, 알맞음

• Some people say that drinking in moderation helps to *relieve* stress.
어떤 이들은 적당한 음주가 스트레스를 해소하는 데 도움이 된다고 말한다.

▶ moderate[mádərət] 형 적절한, 온건한 동 완화하다, 절제하다
▶ in moderation 적당한, 지나치지 않은

moisture
[mɔ́istʃər]

명 습기, 수분

• *Bacteria thrive* in areas where moisture is present.
박테리아는 습기가 있는 곳에서 잘 자란다.

monotonous
[mənάtənəs / -nɔ́t-]

혱 단조로운, 변화 없는

- Most factory jobs are monotonous.
  대부분의 공장 일은 단조롭다.
  ▶ monotone[mάnətòun / mɔ́n-] 몡 (색채, 문체, 목소리 등의) 단조로움

mumble
[mʌ́mbəl]

동 알아듣지 못하게 중얼거리다 = murmur

- Do not mumble! Speak clearly!
  못 알아듣게 중얼거리지 말고 똑바로 말해!

mutual
[mjú:tʃuəl]

혱 서로의, 상호의; 공동의, 공통의

- We need to *cooperate* with each other for our mutual interest.
  우린 공동의 이익을 위해 서로 협력해야 한다.

neutral
[njú:trəl]

혱 중립의, 공평한 몡 중립, 중립적 위치

- When my mom and dad are arguing, I remain neutral.
  엄마와 아빠가 논쟁할 때 난 중립을 지킨다.

notion
[nóuʃən]

몡 개념, 생각, 의향

- He has the false notion that whites are *superior* to non-whites.
  그는 백인종이 유색인종보다 우월하다는 잘못된 생각을 갖고 있다.

numerous
[njú:mərəs]

혱 많은, 다수의

- I decided to drop out of school for numerous reasons.
  나는 많은 이유 때문에 학교를 그만두기로 결정했다.
  ▶ innumerable[injú:mərəbəl] 혱 셀 수 없이 많은

---

obligate
[ɑ́bləgèit / ɔ́b-]

통 꼭 해야 한다는 마음을 갖게 하다, 강요하다, 의무를 지우다 = oblige **형** 불가피한, 의무적인

- Many Koreans don't feel obligated to vote.
  많은 한국인들이 투표를 꼭 해야 한다고 느끼지 않는다.
- ▶ obligation[àbləgéiʃən / ɔ̀b-] **명** 의무, 책임; 은혜
- ▶ obligatory[əblígətɔ̀:ri / əblígətəri] **형** 의무적인, 필수의, 강제적인

---

obstacle
[ɑ́bstəkəl]

명 장애물, 방해

- Usually the *resistance* of *conservatives* is an obstacle to *reform*.
  대개는 보수주의자들의 저항이 개혁의 장애물이다.

---

odd
[ɑd / ɔd]

형 이상한, 기묘한; 홀수의, 남은

- It's very odd that she's being late, because she is always *punctual*.
  그녀가 늦다니 참 이상하네. 항상 시간을 잘 지키는데 말이야.
- ▶ oddity[ɑ́dəti / ɔ́d-] **명** 괴상함, 괴상한 짓
- ▶ odd number 홀수 ↔ even number(짝수)

---

omit
[oumít]

통 생략하다, 빼다, 빠뜨리다

- You'd better omit all the needless words and sentences in your writing. 네 글에서 필요 없는 단어와 문장들을 모두 빼는 게 좋을 거다.
- ▶ omission[oumíʃən] **명** 생략, 누락

---

orbit
[ɔ́:rbit]

명 궤도
통 궤도를 그리며 돌다, 선회하다

- The Soviet Union *launched* the first satellite to orbit the earth.
  소련은 지구 궤도를 도는 최초의 인공위성을 쏘아 올렸다.

---

orphan
[ɔ́:rfən]

명 고아
통 고아가 되게 하다

- A six-year-old boy left orphaned by the recent *disaster*.
  여섯 살 꼬마는 최근에 발생한 재해로 고아가 되었다.
- ▶ orphanage[ɔ́:rfənidʒ] **명** 고아원

outcast
[áutkæst]

⑧ 버림받은, 거절당한

⑲ 버림받은 사람, "왕따"

- She has always been an outcast, never accepted by anyone.
그녀는 누구에게도 받아들여지지 않고 언제나 "왕따"였다.

outstanding
[àutstǽndiŋ]

⑱ 뛰어난, 우수한; 아직 해결[처리]되지 않은

- Your son is an outstanding student, so I'm sure that he will pass the exam. 아드님이 뛰어난 학생이므로 시험에 합격하리라 저는 확신합니다.

overwhelming
[òuvərhwélmiŋ]

⑱ 압도적인, 엄청난, 저항할 수 없는

- An overwhelming majority believe that global warming is a serious problem.
압도적인 다수가 지구 온난화를 심각한 문제라고 믿고 있다.

▶ overwhelmingly[òuvərhwélmiŋli] ⑭ 압도적으로, 극도로

pat
[pæt]

⑧ 가볍게 두드리다, 칭찬으로 토닥이다; 쓰다듬다

⑲ 가볍게 두드림, 쓰다듬기

- "Good job!.," my father said patting me on the head.
"잘했어!" 아버지께서 내 머리를 쓰다듬으며 말씀하셨다.

patriotism
[péitriətìzəm]

⑲ 애국심

- I *reject* the *notion* that patriotism means *obedience* to state.
나는 애국심이 국가에 대한 복종을 의미한다는 개념을 거부한다.

▶ patriot[péitriət / pǽtriət] ⑲ 애국자

▶ patriotic[pèitriátik] ⑱ 애국의, 애국심이 강한

peasant
[pézənt]

⑲ 농부, 소작인

- Many peasants are *doomed* to become poorer because of free trade policies.
자유무역정책들로 인해 많은 농부들이 더 가난해질 운명에 처해 있다.

penalize
[píːnəlàiz, pén-]

동 벌주다, 유죄 선고하다; ~를 불리하게 만들다

- You will get penalized if you don't *submit* your taxes on time.
  제때에 세금을 내지 않으면 벌을 받을 것이다.
- The present tax system penalizes poor people.
  현재의 세제는 가난한 사람들에게 불리하다.
  ▶ penalty[pénəlti] 명 형벌, 벌칙, 벌금

peninsula
[pinínʃələ, -sjə-]

명 반도

- Some politicians say that the *risk* of war on the Korean Peninsula remains high.
  몇몇 정치인들은 한반도의 전쟁 위험이 여전히 크다고 말한다.
  ▶ the Korean Peninsula 한반도
  ▶ bay[bei] 명 만(灣) 〈 gulf[gʌlf]

pioneer
[pàiəníər]

명 개척자, 선구자 형 선구적인, 개척의
동 개척하다, 최초로 ~하다

- The way of the pioneer is always rough.
  선구자의 길은 언제나 험난하다.

pledge
[pledʒ]

명 맹세, 약속, 보증
동 맹세하다, 확실히 약속하다

- Please take this ring as a pledge of our everlasting love.
  우리의 변치 않을 사랑의 맹세로 이 반지를 받아주시오.
- The couple have pledged to love each other forever.
  그 연인은 영원히 서로를 사랑하기로 맹세했다.

portray
[pɔːrtréi]

동 (인물, 풍경을) 그리다, 묘사하다

- The film portrays Jesus Christ as a brown-skinned revolutionary.
  그 영화는 예수를 갈색 피부의 혁명가로 그리고 있다.
  ▶ portrait[pɔ́ːrtrit, -treit] 명 초상화, 인물사진, 생생한 묘사
  ▶ portrayal[pɔːrtréiəl] 명 그리기, 묘사

pose
[pouz]

图 자세를 취하다; ~인 체하다; ~의 원인이 되다

图 자세, 포즈; 꾸민 태도

- Every *participants* were asked to pose for a photograph.
  모든 참석자들은 사진 촬영을 위해 자세를 취할 것을 부탁받았다.
- Nuclear weapons pose a threat to all of us.
  핵무기는 우리 모두에게 위협이 되고 있다.
  ▶ pause[pɔːz] **图** 중지, 끊어짐 **图** 중단하다, 끊기다

proceed
[prousíːd]

图 나아가다, 계속하다, 계속 말하다, 속행하다

- The work is proceeding according to plan.
  그 일은 계획에 따라 진행되고 있다.
  ▶ process[práses / próu-] **图** 과정, 공정; 진행, 경과
  ▶ procedure[prəsíːdʒər] **图** 순서, 절차; 진행, 처리

propriety
[prəpráiəti]

图 (도덕적, 사회 통념상) 타당, 적절, 옳음; 예의바름

- He is careful always to behave with propriety.
  그는 언제나 올바르게 행동하기 위해 조심한다.
  ▶ proper[prápər] **图** 적절한, 알맞은; 예의바른

punctual
[pʌ́ŋktʃuəl]

图 시간을 잘 지키는, 시간에 맞는, 예정대로

- Being punctual shows respect and consideration for others.
  시간을 잘 지키는 것은 다른 사람들에 대한 존경과 배려를 보여준다.
  ▶ punctuality[pʌ̀ŋktʃuǽləti] **图** 시간 엄수, 정확함
  ▶ punctually[pʌ́ŋktʃuəli] **图** 시간에 맞게

radical
[rǽdikəl]

图 과격한, 급진적인; 완전한, 지극히 중요한

图 급진주의자

- My teacher has the radical view that our education system
  needs to change *radically*.
  우리 선생님은 교육시스템이 180도 바뀌어야 한다는 급진적인 견해를 갖고 있다.
  ▶ radically[rǽdikəli] **图** 급격히, 완전히

ranch
[ræntʃ]

뗑 목장, 농장

- A ranch is a large farm used for raising animals, especially cattle, horses, or sheep.
  목장은 동물들, 특히 소, 말, 양 등을 기르기 위해 쓰이는 큰 농장이다.

rational
[rǽʃənl]

톙 이성적인, 합리적인 ↔ irrational(비이성적인)

- I was too drunk to make a rational decision.
  나는 너무 취해서 이성적인 판단을 할 수 없었다.

raw
[rɔː]

톙 날것의, 익히지 않은, 가공하지 않은; 미숙한

- In Japan, sliced raw fish is called Sashimi.
  일본에서 얇게 저민 날 생선은 사시미라 부른다.
  ▶ raw material 원료
  ▶ row[rou] 뗑 줄, 열 뙝 노를 젓다
  ▶ in a row 연속적으로

realm
[relm]

뗑 영역, 범위, 분야; 왕국, 영토

- In the realm of imagination, anything is possible.
  상상의 영역에서는 뭐든지 가능하다.

reap
[riːp]

뙝 수확하다(harvest), 성과를 거두다

- We use machines to reap rice. 우린 기계를 이용해 쌀을 수확한다.

recruit
[rikrúːt]

뙝 모집하다, 채용하다, 보충하다 뗑 신입 사원[생], 신병

- Our school recruits the most qualified English teachers from abroad.
  우리 학교는 외국에서 최고의 자격을 갖춘 영어교사들을 채용한다.
  ▶ recruitment[rikrúːtmənt] 뗑 모집, 채용

reform
[riːfɔ́ːrm]

동 개혁[개선]하다, 수정하다

명 개혁, 개정 = reformation

- We still have a long way to go to reform our education system.
  우린 교육제도를 개혁하려면 아직 갈 길이 멀다.
- My son has totally reformed. He studies 12 hours a day!
  내 아들은 완전히 새 사람이 됐어. 하루에 12시간이나 공부한다니까!

register
[rédʒəstər]

동 등록하다, 기록하다, 신청하다

- Students must register before they attend classes.
  학생들은 수업을 듣기 전에 등록을 해야 한다.
- ▶ registration[rèdʒəstréiʃən] 명 등록, 기록, 신청

regulation
[règjəléiʃən]

명 규칙, 법규, 규제

- Traffic regulations have been developed to *ensure* the safe and *efficient* flow of traffic.
  교통 법규는 안전하고 효율적인 교통 흐름을 확보하기 위해 개발되었다.
- ▶ regulate[régjəlèit] 동 규제하다, 단속하다

render
[réndər]

동 ~을 …하게 만들다; 주다(give); ~로 표현[번역]하다

- *Severe* pain on the back rendered him unable to move.
  허리에 심한 통증이 있어 그는 움직일 수 없었다.

rescue
[réskjuː]

동 구출[구조]하다

명 구출, 구조

- A helicopter rescued a family from the roof of the burning building. 헬리콥터가 화재가 난 건물 옥상에서 일가족을 구출했다.

respiration
[rèspəréiʃən]

명 호흡

- At high *altitude*, respiration becomes difficult.
  높은 고도에서는 호흡이 힘들어진다.
- ▶ respire[rispáiər] 동 호흡하다, 숨쉬다 = breathe

restore
[ristɔ́:r]

동 회복하다, 복구하다, 되돌려주다

- Window XP includes tools to clean your computer and restore its *performance*.

  윈도우XP에는 고객의 컴퓨터를 청소하고 성능을 복구하는 도구가 포함되어 있습니다.

  ▶ **restoration**[rèstəréiʃən] 명 회복, 복구, 반환

retreat
[ri:trí:t]

동 물러서다, 후퇴하다, 은퇴하다

명 퇴각, 은퇴, 물러남

- The old couple decided to retreat from the *hectic* life of Seoul and move to the countryside.

  노부부는 정신없이 바쁜 서울 생활에서 벗어나 시골로 이사하기로 결정했다.

revenge
[rivénd3]

명 복수, 복수심

동 복수하다 = avenge

- Women feel that *psychological* revenge is more attractive than physical *revenge*.

  여자들은 육체적 복수보다 심리적 복수가 더 통쾌하다고 느낀다.

  ▶ **revengeful**[rivénd3əfəl] 형 복수심에 불타는, 원한 깊은

reverse
[rivə́:rs]

명 반대, 역(逆), 뒤 형 거꾸로의, 반대의(opposite), 뒤의

동 거꾸로 하다, 뒤집다, 역행하다

- "Are you satisfied with the quality of our product?" "Quite the reverse!"

  "우리 제품의 품질에 대해 만족하십니까?" "정반대요(불만투성이요)!"

- He reversed his decision to eat out, and just stayed at home.

  그는 외식을 하기로 한 결정을 뒤집고 그냥 집에 있었다.

  ▶ **reversal**[rivə́:rsəl] 명 반전, 역전, 뒤집힘

rid
[rid]

동 없애다, 제거하다; 자유롭게 하다, 벗어나다

- If your computer is *infected* with *viruses*, ad-ware, or spy-ware, get rid of it as soon as possible.

  컴퓨터가 바이러스, 애드웨어, 스파이웨어에 감염되었다면 가능한 빨리 제거하라.

  ▶ **get rid of** ~을 제거하다, ~을 벗어나다

ripe
[raip]

형 익은, 성숙한, 시기가 무르익은 ↔ unripe

- The time is ripe to *rid* our society of all the *absurdity* and *corruption*.
  우리 사회에서 모든 부조리와 부패를 몰아낼 시기가 무르익었다[때가 되었다].
  ▶ ripen[ráipən] 동 익(히)다, 무르익다

roam
[roum]

동 배회하다, 돌아다니다(wander)

- A *stray* dog was roaming around the playground.
  길 잃은 개 한 마리가 운동장을 돌아다니고 있었다.

sanitation
[sæ̀nətéiʃən]

명 위생, 위생 시설

- Over two billion people worldwide live without basic sanitation.
  전 세계적으로 20억 명 이상이 기본적인 위생시설이 없이 살고 있다.

seemingly
[síːmiŋli]

부 겉으로는, 겉보기에는; 알다시피

- Seemingly useless books sell well sometimes.
  언뜻 쓸모없이 보이는 책들이 잘 팔릴 때도 있다.

seize
[siːz]

동 붙잡다, 포착하다, 이해하다, 체포하다

- You can't seize an opportunity if you don't *perceive* it.
  기회를 인식하지 못하면 잡을 수도 없다.
- Life is short. Seize the day!
  인생은 짧다. 오늘을 잡아라(소중히 하라, 즐겨라)!

shelter
[ʃéltər]

명 지붕이나 벽이 있는 시설(오두막, 대합실), 피난처, 집; 피난, 보호 동 피난처를 제공하다, 보호하다; 피하다, 숨다

- A bus shelter is a structure that protects waiting passengers from wind and rain.
  (지붕 있는) 버스정류장은 기다리는 승객들이 바람과 비를 맞지 않게 막아주는 구조물이다.

simplistic
[simplístik]

형 (지나치게) 단순한, 간단한

- It is simplistic and *naive* to think that money can make Korea an *advanced* nation.
  돈이 한국을 선진국으로 만들 수 있다고 생각하는 것은 너무 단순하고 순진하다.
- ▶ simplify[símpləfài] 동 간단하게 하다, 단순화하다
- ▶ simplification[sìmpləfikéiʃən] 명 단순화

simultaneous
[sàiməltéiniəs, sìm-]

형 동시에 일어나는, 동시에 존재하는

- I was asked to do simultaneous *interpreting* for a *conference*.
  나는 한 회의의 동시통역을 의뢰받았다.
- ▶ simultaneously[sàiməltéiniəsli, sìm-] 부 동시에

slam
[slæm]

동 꽝 닫다, 세게 내려놓다, 때리다
명 세게 부딪치는 소리

- The wind made the door slam shut.
  바람 때문에 문이 꽝하고 닫혔다.

soak
[souk]

동 (액체에) 적시다, 젖다, 잠기다; 빨아들이다, 흡수[이해]하다

- The rain soaked through my coat.
  비에 코트가 흠뻑 젖었다.
- Children soak up language easily like a sponge.
  어린이들은 스펀지처럼 언어를 쉽게 흡수한다[익힌다].

solemn
[sáləm / sɔ́l-]

형 엄숙한, 진지한

- With a solemn funeral, his body was buried in the church cemetery.
  엄숙한 장례식과 함께 그의 시신은 교회의 묘지에 묻혔다.
- ▶ solemnity[səlémnəti] 명 엄숙, 진지

solid
[sálid / sɔ́l-]

형 고체의, 딱딱한, 견고한, 확고한

명 고체

- Ice, snow, and frost are examples of water in the solid state.
  얼음, 눈, 서리는 고체 상태에 있는 물의 예이다.
- He has a solid belief in his ability to *foretell*.
  그는 자신의 예언 능력에 대해 확고한 믿음을 갖고 있다.
  ▶ solidly[sálidli / sɔ́l-] 부 확고하게, 견고하게
  ▶ solidify[səlídəfài] 동 고체로 만들다[변하다]

spacious
[spéiʃəs]

형 공간이 넓은, 거대한, 광범위한

- We will move to a more spacious apartment.
  우린 좀 더 넓은 아파트로 이사할 거야.
  ▶ space[speis] 명 공간, 우주

spectacular
[spektǽkjələr]

형 장관인, 눈부신; 극적인

- The *display* of fireworks was spectacular.
  불꽃놀이는 장관이었다.
  ▶ spectacle[spéktəkəl] 명 장관, 굉장한 구경거리

split
[split]

동 쪼개(지)다, 나누다, 분리하다; 헤어지다, 이혼하다

- I was so *embarrassed* when I split my pants while dancing.
  춤추다가 바지가 터졌을 때 난 너무 "쪽팔렸다".
- The teacher split the students into three groups.
  선생님은 학생들을 세 그룹으로 나누었다.

startle
[stá:rtl]

동 깜짝 놀라게 하다, 가슴 철렁하게 만들다

- Any sudden noise can startle your baby.
  갑작스런 소음은 아기를 놀라게 할 수 있다.

starve
[stɑ:*r*v]

동 굶주리다, 굶어죽다, 굶기다; 갈망하다

- Many African children are staving to death.
아프리카의 많은 어린이들이 굶어 죽고 있다.
▶ starvation[stɑ:*r*véiʃən] 명 기아, 아사

stink
[stíŋk]

동 악취를 풍기다, 불쾌하다; 쓸모[형편]없다, 서투르다
명 악취; 말썽

- Oh, your feet stink! 어우, 발 냄새!
- Don't watch that movie. It stinks! 그 영화 보지 마. 형편없어!

strain
[strein]

동 잡아당기다, 긴장시키다; 근육을 다치다; 힘껏 노력하다;
왜곡하다(distort)
명 긴장, 부담, 피로; 근육통, 접질림

- *Obviously, excess* weight puts a strain on your heart.
분명 과체중은 심장에 부담을 준다.
- I strained a muscle in my calf playing tennis.
테니스를 치다가 종아리에 근육통이 생겼다.

strict
[strikt]

형 엄격한(stern), 엄밀한

- My parents are very strict. 우리 부모님은 굉장히 엄하시다.
▶ strictly[stríktli] 엄격하게, 엄밀하게

strive
[straiv]

동 노력하다, 애쓰다

- Some students are striving to memorize many unnecessary
English words.
일부 학생들은 많은 불필요한 영어 단어들을 외우기 위해 애쓰고 있다.
▶ strife[straif] 명 투쟁, 다툼

stubborn
[stʌ́bə*r*n]

형 고집 센, 완고한, 굽히지 않는

- He's too stubborn. He will never accept your advice.
그는 고집이 너무 세. 네 조언을 절대 받아들이지 않을 거야.

stuff
[stʌf]

몡 물질, 물건, 재료, ~ 것

톱 ~에 …을 채우다, 메우다, 막히게 하다, 박제하다

• "What's that awful stuff on your desk?" "It's a stuffed rat."
"네 책상 위에 있는 저 끔찍한 건 뭐냐?" "박제한 쥐."

submit
[səbmít]

톱 복종[종속]시키다; 제출[제시]하다; ~을 감수하다, 따르다

• You can submit the application through internet email.
인터넷 이메일로 신청서[지원서]를 제출하셔도 됩니다.

• The president refused to submit to terrorists' *demands*.
대통령은 테러리스트들의 요구에 따르길 거부했다.

▶ submission[səbmíʃən] 몡 복종, 굴복, 순종
▶ submissive[səbmísiv] 혱 복종적인, 순종적인

subscribe
[səbskráib]

톱 구독 신청하다, 기부를 약속하다

• I subscribe to several newspapers and magazines.
나는 몇 개의 신문과 잡지를 구독한다.

▶ subscription[sʌbskrípʃən] 몡 (구독, 예약) 신청; 기부

subtract
[səbtrǽkt]

톱 빼다, 덜다

• Five subtracted from ten equals five. 10 빼기 5는 5.
▶ subtraction[səbtrǽkʃən] 몡 삭감, 뺄셈

summarize
[sʌ́məràiz]

톱 요약하다, 간략하게 말하다[쓰다]

• When you summarize a *passage*, you need first to *absorb* the meaning of it.
단락[글]을 요약하려면 우선 그 글의 의미를 완전히 이해해야 한다.

▶ summarization[sʌ̀mərizéiʃən] 몡 요약
▶ summary[sʌ́məri] 몡 요약, 대략 혱 요약한, 간략한

summit
[sʌ́mit]

명 (산의) 정상, 꼭대기; 절정, 전성기; 최고의 지위; 국가 지도자; 정상회담

- The way to reach the summit is rough and difficult.
  정상에 이르는 길은 험난하다.

superb
[supə́ːrb]

형 최고의, 뛰어난, 멋진

- "Starcraft" is a superb computer game.
  스타크래프트는 뛰어난 컴퓨터 게임이다.

▶ superbly[súːpərbli] 부 훌륭하게, 멋지게

supplement
[sʌ́plimənt]

동 보충하다, 추가하다

명 보충, 추가

- He supplements his income by working as a bartender at night.
  그는 밤에 바텐더로 일해서 수입을 추가한다.

▶ supplementary[sʌ̀pləméntəri] 형 보충하는, 추가의 명 추가[보충]된 것

supreme
[suːpríːm]

형 최고의, 최상의; 최종의, 궁극의

명 최고의 것[상태, 자리]

- I had the supreme honor of sitting next to the Chief Justice of the Supreme Court.
  난 대법원장 옆에 앉는 최고의 영광을 얻었다.

▶ supremacy[suːpréməsi] 명 최고, 최상, 우월; 패권
▶ Supreme Court 대법원

suspend
[səspénd]

동 매달다, 걸다; 보류[연기]하다, 중지하다; 정학[정직]시키다

- My driver's license was suspended because of an unpaid traffic ticket.
  교통범칙금을 내지 않아 내 운전면허의 효력이 정지되었다.

- Using gas lighter than air, you can suspend a balloon in the air.
  공기보다 가벼운 가스를 사용해 풍선을 공중에 띄워 매달 수 있다.

▶ suspension[səspénʃən] 명 매달기, 보류, 중지, 정학[정직]
▶ suspense[səspéns] 명 미정, 미결, 정지; 서스펜스(긴장감)

temperate
[témpərit]

형 절제하는, 삼가는; 온건한, 온화한(mild)

• The city enjoys a temperate climate year round.
그 도시는 연중 내내 기후가 온화하다.
▶ temper[témpər] 명 성질, 성격, 기분 동 완화하다, 부드럽게 하다, 조절하다
▶ temperance[témpərəns] 명 절제, 극기; 금주
▶ temperament[témpərəmənt] 명 기질, 성질, 체질

temporary
[témpərèri / -rəri]

형 일시적인, 순간의, 임시의, 임시변통의

• This is just a temporary solution to the problem.
이건 그 문제에 대한 미봉책(임시해결책)일 뿐이다.
▶ temporarily[tèmpərérəli] 부 일시적으로, 임시로

terminate
[tə́:rmənèit]

동 끝내다, 마무리하다, 끝나다

• Your *contract* has been terminated.
귀하의 계약은 만료되었습니다.
▶ termination[tə̀:rmənéiʃən] 명 종료, 종결, 최후

theme
[θiːm]

명 주제, 화제, 테마, 제목

• The most popular theme in pop songs is love.
대중가요의 가장 인기 있는 주제(테마)는 사랑이다.

thump
[θʌmp]

동 꽝[딱] 치다, 때리다, 강타하다, 쿵쿵거리며 걷다, 심장이
쿵쾅거리다 명 강타, 세게 부딪힘, 쿵쿵거림

• When he saw the girl he loves, his heart started thumping.
사랑하는 여자를 보자 그의 심장이 쿵쾅거리기 시작했다.

tolerate
[tálərèit / tɔ́l-]

图 참다, 견디다; 너그럽게 봐주다, 용서하다

- Such a bad behavior should not be tolerated in our society.
  그렇게 나쁜 행동은 우리 사회에서 용서되어서는 안 된다.
- Generally, children can not tolerate bores.
  일반적으로 어린이들은 따분한 것을 참지 못한다.
  ▶ tolerant[tálərənt] 图 관대한, 아량 있는
  ▶ toleration[tàləréiʃən/tɔ̀l-] 图 관용, 묵인, 용인
  ▶ intolerable[intálərəbəl/-tɔ́l-] 图 참을 수 없는(unbearable), 용납할 수 없는

trail
[treil]

图 지나간 자국, 흔적, 실마리, 단서; 오솔길
图 추적하다, 뒤쫓다; 끌다, 뒤처지다

- The hunting dogs were following the trail left by wild boars.
  사냥개들은 멧돼지가 남긴 흔적을 쫓아가고 있었다.
- Korea trails behind its Asian neighbors in terms of attracting foreign *investments*.
  한국은 외국 투자를 유치하는 면에서 이웃 아시아 국가들에 뒤처진다.

trait
[treit]

图 특성, 기질, 형질

- Sense of humor is a trait that children tend to learn from their parents.
  유머감각은 어린이들이 주로 부모에게서 배우는 기질이다.

trend
[trend]

图 경향, 추세, 유행
图 ~의 방향으로 가다, ~한 추세이다

- Naked wedding photos are the hot trend among young couples.
  젊은 연인들 사이에 누드 결혼사진이 대단히 유행하고 있다.

trigger
[trígər]

图 방아쇠; 원인, 자극
图 방아쇠를 당기다; 유발하다, 일으키다

- Global warming is triggered by the large *emission* of greenhouse gases.
  지구온난화는 다량의 온실가스 방출로 촉발된다.

trivial
[tríviəl]

형 사소한, 하찮은

- Don't get angry over such a trivial matter.
  그런 사소한 일로 화를 내지 마라.

tuition
[tuíʃən]

명 수업료, 등록금

- I can not *afford* the tuition of 5 million wons a term.
  나는 학기당 500만 원이나 되는 등록금을 감당할 수가 없다.

tumble
[tʌ́mbəl]

동 넘어지다, 굴러 떨어지다; 폭락하다, 무너지다
명 추락, 하락, 붕괴

- I lost my footing and tumbled down the stairs.
  나는 발을 헛디뎌 계단에서 굴러 떨어졌다.
- House prices have tumbled because of the *recession*.
  경기침체로 집값이 폭락했다.

undergo
[ʌndərgóu]

동 겪다, 경험하다 undergo–underwent–undergone

- The famous soccer player has undergone *surgery* on his right knee.
  그 유명 축구선수는 오른쪽 무릎 수술을 받았다.

utmost
[ʌ́tmoust]

형 최고의, 최대의
명 최대한도, 전력

- It's a matter of the utmost *urgency* to find out the missing girl.
  실종된 여자아이를 찾아내는 것이 가장 시급한 일이다.
- ▶ do[try] one's utmost 전력을 다하다

vehicle
[víːikəl, víːhi-]

명 탈것, 운송 수단

- The first vehicle that I owned and rode was a tricycle.
  내가 소유하고 타고 다닌 첫번째 탈것은 세발자전거였다.

veil
[veil]

명 덮개, 면사포; 가장, 빙자
동 베일로 가리다, 감추다, 숨기다

• We'd better draw a veil over our fault.
우리 잘못에 대해 함구하는 게 좋겠다.

▶ draw a veil over ~에 대해 함구하다, 감추다

vivid
[vívid]

형 생생한, 선명한, 발랄한

• His vivid description of events gives his novel a documentary quality.
생생한 사건 묘사로 그의 소설은 실화와 같은 느낌을 준다.

▶ vividly[vívidli] 부 생생하게, 선명하게

whereby
[hwɛərbái]

부 그것에 의해, 그것을 통해 = by means of, through which

• Learning a language is a *process* whereby new *vocabulary* and grammar structures are *acquired*.
언어를 배운다는 것은 그 과정을 통해 새로운 어휘와 문법구조를 습득하는 것이다.

willingly
[wíliŋli]

부 기꺼이, 흔쾌히

• When a friend asks for help, a true friend willingly provides the *support*.
친구가 도움을 청할 때 진정한 친구라면 기꺼이 도움을 준다.

▶ be willing to V 기꺼이 ~하다

wind
[waind]

동 감다, 두르다, 휘돌리다, 굽이지다
wind–wound[waund]–wound[waund]

• The nurse wound a bandage round the patient's wounded arm.
간호사는 환자의 부상당한 팔에 붕대를 감았다.

▶ wound[wund] 동 (무기 등으로) 상처를 입히다, 다치게 하다

wipe
[waip]

⑧ 닦다, (액체를 걸레 등으로) 훔치다, 지우다, 없애다

- Wipe your nose! 코 닦아!
- Hitler tried to wipe out the Jews. 히틀러는 유대인들을 완전히 없애려 했다.
- ▶ wipe out ~을 완전히 제거[파괴]하다

yield
[ji:ld]

⑧ (이익, 정보, 식량 등을) 산출하다; 낳다, 초래하다; 양보하다, 내주다, 인정하다

- His business yields big *profits*.
  그의 사업은 큰 이득을 낳는다.
- Responsible drivers would yield to *emergency vehicles* such as ambulances.
  책임감 있는 운전자라면 앰뷸런스 같은 긴급차량에게 길을 양보할 것이다.

accommodate
[əkámədèit]

⑧ 머물 장소를 제공하다, 수용하다, 필요한 것을 주다

- Our completely *renovated* hotel is ready to accommodate visitors.
  완전히 새롭게 단장한 저희 호텔은 손님 맞을 준비를 마쳤습니다.
- We will do our best to accommodate your needs.
  우린 당신이 필요로 하는 것을 충족시키기 위해 최선을 다할 겁니다.
- ▶ accommodation[əkùmədéiʃən] ⑲ 숙박시설, 수용, 편의

accumulate
[əkjú:mjəlèit]

⑧ 모으다, 축적하다

- If you are a *typical* female, you will accumulate fat around your thighs and hips.
  당신이 전형적인 타입의 여성이라면 허벅지와 엉덩이에 지방이 축적될 것이다.
- ▶ accumulation[əkjù:mjəléiʃən] ⑲ 축적, 누적

acquaintance
[əkwéintəns]

⑲ (친구는 아니지만) 아는 사람; 알고 있음, 지식

- I'm so happy to make your acquaintance.
  당신과 아는 사이가 되어 기쁩니다.
- ▶ acquaint[əkwéint] ⑧ 알다, 알리다, 소개하다

다 덤벼!

모두 다 friend?
⇨ **acquaintance**[əkwéintəns] 만난 적은 있지만 잘 알거나 친하지는 않은 사람
⇨ **buddy**[bʌ́di] 친구; friend
⇨ **companion**[kəmpǽnjən] 함께 많은 시간을 보내는 사람; 동무, 길벗
⇨ **pal**[pæl] 친한 친구; a close friend
⇨ **associate**[əsóuʃièit] 일이나 사업을 같이 하는 동료, 파트너
⇨ **colleague**[káliːg / kɔ́l-] 직장동료

affirm
[əfə́ːrm]

동 사실이라 말하다, 찬성을 표하다, 단언하다

• He *constantly* affirmed that he was not *involved* in the crime.
그는 자신이 그 범죄와 관련이 없다고 일관되게 주장했다.
▶ **affirmation**[æ̀fərméiʃən] **명** 사실 확인, 확언
▶ **affirmative**[əfə́ːrmətiv] **형** 긍정의, 단정적인, 적극적인

aggressive
[əgrésiv]

형 공격적인(offensive), 침략의; 적극적인, 의욕적인

• Playing *violent* video games can increase aggressive behavior in children and *adolescents*.
폭력적인 비디오게임은 어린이와 청소년의 공격적 행동을 증가시킬 수 있다.
▶ **aggress**[əgrés] **동** 공격하다, 시비 걸다
▶ **aggression**[əgréʃən] **명** 침략, 공격

alienate
[éiljənèit, -liə-]

동 멀어지게 하다, 멀리하다, 소외시키다

• The more you get *addicted* to the computer games, the more people will be alienated from you.
컴퓨터게임에 더 심하게 중독 될수록 네게서 더 많은 사람들이 멀어질 것이다.
▶ **alien**[éiljən, -liən] **형** 외국의(foreign), 외국인의, 이질적인 **명** 외국인, 외계인
▶ **alienation**[èiljənéiʃən, -liə-] **명** 소원, 소외감

allocate
[ǽləkèit]

동 할당하다, 배분하다

- Students need to allocate *adequate* time to *assignments*.
  학생들은 숙제에 적절한 시간을 할당해야 한다.
- ▶ allocation[æ̀ləkéiʃən] 명 할당, 배급

ample
[ǽmpl]

형 충분한(more than enough), 풍부한, 넓은

- You will have ample opportunity to ask questions after the *announcement*.
  발표가 끝난 후에 질문할 기회를 충분히 갖게 될 겁니다.
- ▶ amply[ǽmpli] 부 충분히, 풍부하게

annual
[ǽnjuəl]

형 1년의, 해마다의
명 1년에 한번 발행되는 책자; 한해살이 식물

- Many people complain that they don't have a high annual income.
  많은 사람들이 높은 연봉을 받지 못한다고 불평한다.
- ▶ annually[ǽnjuəli] 부 매년, 해마다

anonymous
[ənánəməs]

형 작자를 알 수 없는, 익명의

- This essay was written by an anonymous writer.
  이 수필은 익명의 작가가 쓴 것이다.
- ▶ anonymously[ənánəməsli] 부 익명으로
- ▶ anonymity[æ̀nəníməti] 명 작자 불명, 익명
- ▶ unanimous[juːnǽnəməs] 형 만장일치의

appraise
[əpréiz]

동 평가하다, 값[가치]를 매기다

- The picture was appraised at five million wons.
  그 그림의 감정가는 5백만 원이다.
- ▶ appraisal[əpréizəl] 명 평가, 감정

arrogant
[ǽrəgənt]

형 거만한, 콧대 높은 ↔ humble(겸손한)

- People often think that she's arrogant, because she seldom smiles.
그녀는 별로 웃지 않기 때문에 사람들은 종종 그녀가 거만하다고 생각한다.
▶ arrogantly[ǽrəgəntli] 부 거만하게, 무례하게
▶ arrogance[ǽrəgəns] 명 거만, 불손

assault
[əsɔ́:lt]

명 습격, 공격, 폭행, 맹비난
동 공격하다, 폭행하다

- In *legal* terms, sexual assault is sexual relations against a person's will and without *consent*.
법률용어로, 성폭행은 어떤 사람의 의지에 반하는, 동의 없이 행해지는 성적 관계를 말한다.

assent
[əsént]

동 동의[찬성]하다, 인정하다 = consent

- I assented to the *request* of the publishing company to write this book.
나는 이 책을 집필해달라는 출판사의 요청에 동의했다.

assert
[əsə́:rt]

동 강력히 주장하다, 단언하다, 옹호하다

- The man asserted that an old woman had *assaulted* him with a bat.
그 남자는 어떤 노파가 야구방망이로 자신을 폭행했다고 강력히 주장했다.
▶ assertion[əsə́:rʃən] 명 단언, 강한 주장

assign
[əsáin]

동 임명하다, ~하라 명하다, 선정하다, 할당하다; (시일 등을) 정하다

- Homework *refers* to tasks assigned to students by their teachers to be completed outside of class.
숙제란 수업 외 시간에 하도록 선생님이 학생들에게 내주는 과제를 말한다.
▶ assignment[əsáinmənt] 명 숙제, 과제, 할당, 임명

associate
[əsóuʃièit]

[동] 연결짓다(connect), 연상하다; 결합시키다, 연합하다
[명] 동료, 친구, 파트너

- *Violent* TV programs are associated with *aggression* in children.
  폭력적인 TV 프로그램은 어린이들의 공격성과 연관이 있다.
- One of my associates decided to leave the company this week.
  내 동료 중 한 명이 이번 주에 회사를 그만두기로 결정했다.
- ▶ association[əsòusiéiʃən] [명] 협회, 조합; 연합, 교제; 연상, 연결

attain
[ətéin]

[동] 달성하다(accomplish, achieve), 이루다, 얻다, 도달하다

- To attain your goals, you need to know where you are now.
  목표를 성취하기 위해서는 현재 당신이 어느 지점에 있는지 알 필요가 있다.
- ▶ attainment[ətéinmənt] [명] 달성, 성취, 공적, 위업
- ▶ attainable[ətéinəbəl] [형] 성취[달성] 가능한

attribute
[ətríbjuːt]

[동] ~의 탓[덕분]으로 돌리다, ~이 있다고 생각하다, ~의 것이라 여기다 [명] 속성, 특징, 자질

- Many diseases can be attributed to stress.
  많은 질병이 스트레스 때문에 생길 수 있다.
- He attributed his failure to lack of preparation.
  그는 준비 부족 때문에 실패했다고 생각한다.
- What are the attributes that make a good leader?
  좋은 지도자가 되기 위한 자질은 무엇입니까?
- ▶ attribution[ætrəbjúːʃən] [명] 귀속, 귀착; 속성
- ▶ attributable[ətríbjutəbəl] [형] ~에게 원인을 돌릴 수 있는, ~에 기인하는

authentic
[ɔːθéntik]

[형] 진정한, 진짜의(genuine); 믿을 만한, 근거 있는

- Authentic leaders take responsibility of their actions and the results of their *organizations*.
  진정한 리더는 자신의 행동과 조직의 성과에 대해 책임을 진다.

banish
[bǽniʃ]

동 추방하다, 내쫓다, 떨쳐내다

• Try to banish all the *negative* thoughts from your mind.
그런 부정적인 생각들은 전부 마음에서 떨쳐내려고 노력해.
▶ banishment[bǽniʃmənt] 명 추방

bankrupt
[bǽŋkrʌpt, -rəpt]

형 파산한, 사업이 망한, 부도난

• The company went bankrupt and caused much damage to the *investors.* 회사가 파산해서 투자자들에게 많은 손해를 입혔다.
▶ bankruptcy[bǽŋkrʌptsi, -rəpsi] 명 파산, 부도

barometer
[bərámitər]

명 기압계; (상황, 변화 등을 보여주는) 징표, 척도, 기준

• The test is an *accurate* barometer for *measuring* students' progress. 그 시험은 학생들의 실력 향상을 평가할 수 있는 정확한 척도다.

betray
[bitréi]

동 배신하다, 저버리다, 비밀을 누설[밀고]하다; 무심코 드러내다

• He betrayed his country for love. 그는 사랑 때문에 조국을 배신했다.
▶ betrayal[bitréiəl] 명 배신, 이적행위, 폭로, 탄로

bizarre
[bizá:r]

형 기괴한, 이상야릇한, 희한한

• The bizarre behavior of animals can be used as an earthquake sensor.
동물들의 기괴한 행동은 지진 감지기로 활용할 수 있다.

blast
[blæst]

명 폭발, 돌풍, 강타; 시끄러운 소음
동 폭파하다, 파괴하다; 맹비난하다

• More than 50 people were killed in the blast.
그 폭발로 50여 명이 사망했다.
• A storm blasted through the region and left some houses torn down.
폭풍이 그 지역을 강타해 집 몇 채가 무너졌다.

bold
[bould]

형 대담한, 과감한; 뻔뻔한; 눈에 확 띄는

- He is not bold enough to say "No" to his boss.
  그는 상관에게 "아니다"라고 말할 만큼 대담하지 않다.
- ▶ boldness[bóuldnis] 명 대담, 배짱, 눈에 확 띔
- ▶ bald[bɔːld] 형 대머리의

brag
[bræg]

동 자랑하다, 으스대다 = boast

명 자랑, 허풍

- She's always bragging about how smart her daughter is.
  그녀는 항상 자신의 딸이 얼마나 똑똑한지 자랑하고 다닌다.

breakthrough
[bréikθrùː]

명 돌파[구], 중요한 전환점, 타개, 약진

- Humans made the important breakthrough of using one tool to make another. 인간은 도구를 이용해 다른 도구를 만드는 중요한 약진을 이룩했다.

brisk
[brisk]

형 활발한, 활기찬; 무뚝뚝한

- Brisk walking may help women keep their brains young.
  '힘차게 걷기'는 여성들의 뇌를 젊게 유지하는 데 도움이 된다.
- ▶ briskly[brískli] 부 활기차게, 힘차게

captivate
[kǽptivèit]

동 마음을 사로잡다(attract), 매혹하다

- From the first day I went online, I was captivated by the Internet.
  온라인에 접속한 첫날부터 난 인터넷에 푹 빠져버렸다.

catastrophe
[kətǽstrəfi]

명 대재앙, 참사

- We are facing a fuel and food catastrophe for our present way of life and population *levels*.
  현재의 생활방식과 인구수로 인해 우린 연료와 식량 대재앙에 직면하고 있다.
- ▶ catastrophic[kæ̀təstráfik / -strɔ́f-] 형 파멸의, 비극적인

chronic
[kránik / krɔ́n-]

형 만성의, 오랫동안 이어진, 상습적인

- In medicine, a chronic disease is a disease that is long-lasting or *recurrent.* 의학에서 만성질환이란 오랫동안 지속되거나 재발하는 질병을 말한다.
▶ chronic disease 만성질환

clarify
[klǽrəfài]

동 뚜렷하게[명확하게] 하다, 이해하기 쉽게 하다; 깨끗하게 하다

- He clarified his view on a global food *catastrophe.*
그는 세계 식량 대재앙에 대한 자신의 주장을 명확히 설명했다.
▶ clarity[klǽrəti] 명 명쾌함, 맑음
▶ clarification[klæ̀rəfikéiʃən] 명 맑게 함, 정화; 설명, 해명

clash
[klæʃ]

동 다투다, 충돌하다; 상충되다, 어울리지 않다; 쨍그랑 소리 내다 명 다툼, 논쟁; 상충, 부조화; 요란한 금속성 소리

- There are *contradictory claims* about how the clash between farmers and police got started.
어떻게 농민들과 경찰의 충돌이 시작되었는지에 대해 상충되는 주장들이 있다.
- His decision to join the army clashes with his religious belief.
군에 가고자 한 결정은 그의 종교적 신념과 상충된다.

coincidence
[kouínsədəns]

명 동시에 일어남, 우연의 일치

- What a coincidence! We've met three times a day!
이런 우연의 일치가 있나! 우리 하루에 세 번이나 만났어!
▶ coincide[kòuinsáid] 동 동시에 일어나다, 둘이 일치하다, 의견을 같이하다
▶ coincidental[kouìnsədéntl] 형 동시에 일어나는, 우연히 일치하는

collapse
[kəlǽps]

동 무너지다, 폭락하다, 좌절되다, 맥없이 주저앉다 명 붕괴, 폭락, 좌절

- Many buildings collapsed during the earthquake.
지진으로 많은 건물들이 무너졌다.
- Coffee-*reliant* economies in Latin America and Africa are on the *brink* of collapse *due* to low prices.
커피에 의존하는 중남미와 아프리카의 경제는 낮은 가격으로 인해 붕괴 직전에 처해 있다.

collide
[kəláid]

동 충돌하다, 부딪히다, 상충하다

• Nostradamus *predicted* that a giant *comet* would collide with the Earth.

노스트라다무스는 거대한 혜성이 지구와 충돌할 거라고 예언했다.

▶ collision[kəlíʒən] 명 충돌, 대립

combat
[kámbæt, kʌm-]

명 전투, 투쟁

동 싸우다, 투쟁하다

• It took two months of *fierce* combat to break the enemy's will to *resist*.

2개월 동안의 치열한 전투가 치러진 후에 적의 저항 의지가 꺾였다.

compact
[kəmpǽkt, kámpækt]

형 작고 견고한, 작고 경제적인, 촘촘한, 간결한

동 작고 견고하게 압축하다 명 협정, 약속

• A compact car is a small and economical car.

컴팩트카란 작고 경제적인 차를 말한다.

complement
[kámpləmənt]

명 보완[보충]하는 것; (문법) 보어

동 보완[보충]하다

• Calcium is an essential complement to Vitamin D for *ideal* protection of your bones.

칼슘은 뼈의 이상적인 보호를 위해 비타민 D를 보완해주는 필수 영양소이다.

▶ complementary[kàmpləméntəri] 형 보완적인, 보충하는

▶ compliment[kámpləmənt] 명 찬사, 칭찬의 말

comprise
[kəmpráiz]

동 구성되다, 이루다, 포함하다

• The class is comprised mainly of Chinese and Japanese students.

그 반은 주로 중국과 일본 학생들로 구성되어 있다.

다 덤벼!

> **"~로 구성되다, 이루어지다"**
>
> ⇨ Water **consists of** oxygen and hydrogen.
> 물은 산소와 수소로 이루어져 있다.
>
> ⇨ Air **is** mainly **composed of** nitrogen and oxygen.
> 공기는 주로 질소와 산소로 구성된다.
>
> ⇨ Japan **is comprised of** 3,000 islands. 일본은 3,000개의 섬으로 이루어져 있다.
>
> ⇨ The human skull **is made up of** 22 separate bones.
> 인간의 두개골은 22개의 뼈로 구성된다.
>
> ⇨ Female students **constitute** about 60% of the class.
> 여학생들이 그 반의 약 60%를 구성한다.

---

compromise
[kámprəmàiz]

동 타협하다[시키다], 화해하다[시키다]
명 타협, 협상, 화해

- At some points in your life, you have to compromise with reality to survive.
  인생의 어느 시점에 생존을 위해 현실과 타협해야만 하는 때가 있다.

---

concrete
[kánkrit, káŋ-]

형 구체적인, 명확한, 실제의; 딱딱한; 콘크리트의
명 콘크리트

- The police *suspect* him of *kidnapping* the girl, but have no concrete *evidence*.
  경찰은 그가 소녀를 납치했다고 의심하지만 확실한 증거는 없다.

---

condemn
[kəndém]

동 비난하다, 책망하다; 유죄로 판결하다

- The *minister* argues that the Bible does not condemn homosexuality.
  그 목사는 성경에 동성애를 죄악시하는 내용은 없다고 주장한다.
- ▶ condemnation[kàndəmnéiʃən] 명 비난, 유죄판결

confess
[kənfés]

동 자백하다, 시인하다

- He confessed to his mother that he had stolen her money.
그는 자기가 엄마의 돈을 훔쳤다고 자백했다.
▶ confession[kənféʃən] 명 자백, 시인

consecutive
[kənsékjətiv]

형 (사건, 숫자 등이) 연속적인, 일련의

- Do you have any special plans for these consecutive holidays?
이번 연휴에 특별한 계획 있니?
▶ consecutively[kənsékjətivli] 부 연속적으로, 잇따라

consensus
[kənsénsəs]

명 일치, 합의; 여론

- The general consensus among teachers is that schools should be *reformed.*
일반적으로 교사들은 학교를 개혁해야 한다는 점에 동의한다.

consequence
[kánsikwəns]

명 (좋지 않은) 결과, 결말; 중요성

- They are suffering from *multiple* social problems as a consequence of *rapid urbanization.*
급격한 도시화의 결과로 그들은 복잡한 사회적 문제들에 시달리고 있다.
▶ consequent[kánsikwənt] 형 결과의, 결과로 생기는, 필연적인
▶ consequently[kánsikwəntli] 부 결과적으로, 따라서

consistent
[kənsístənt]

형 일관된, 항상 같은, 일치하는, 상응하는 ↔ inconsistent

- Parents should be consistent in what they present to their child as the *proper* rules of behavior.
부모들은 자녀에게 적절한 행동 규범으로 제시하는 것에 일관성이 있어야 한다.
▶ consistently[kənsístəntli] 부 일관되게, 항상

contradict
[kɑ̀ntrədíkt]

동 모순 되다, 서로 다른 말을 하다, 부정[부인]하다

- You are contradicting yourself! You're a *vegetarian* and love *raw fish*?

  말이 안 맞잖아! 채식주의자라며 회를 좋아한다고?
  - ▶ contradictory[kɑ̀ntrədíktəri] 형 모순 된, 앞뒤가 맞지 않은
  - ▶ contradiction[kɑ̀ntrədíkʃən] 명 모순, 상반; 부인

contribute
[kəntríbjut]

동 기여[공헌]하다, 기부[기증]하다

- Business people contribute to society by providing goods and services and creating jobs.

  사업을 하는 사람들은 제품과 서비스를 제공하고 일자리를 창출함으로써 사회에 기여한다.
  - ▶ contribution[kɑ̀ntrəbjúːʃən] 명 기여[공헌], 기부[기증]

controversial
[kɑ̀ntrəvɔ́ːrʃəl]

형 논쟁을 불러일으킬 만한, 논쟁의 여지가 있는

- This book covers controversial *issues* such as *abortion* and *cloning*.

  이 책은 낙태나 인간복제와 같은 논쟁을 불러일으킬 만한 문제들을 다루고 있다.
  - ▶ controversy[kɑ́ntrəvɔ̀ːrsi] 명 논쟁, 말다툼
  - ▶ controvert[kɑ́ntrəvɔ̀ːrt] 동 논쟁하다

convention
[kənvénʃən]

명 집회, 대회, 총회; 관습, 풍습; 협정, 협약

- The Convention on Biological *Diversity* is an international treaty to *sustain* the *diversity* of life on Earth.

  생물다양성협약은 지구 생명체의 다양성을 유지하기 위한 국제조약이다.
- It's a social convention to wear black at funerals.

  장례식에서 검은 옷을 입는 것은 사회적 관습이다.
  - ▶ conventional[kənvénʃənəl] 형 전통[관습]적인(traditional), 진부한

convert
[kənvə́ːrt]

동 바꾸다, 개조하다, 전환하다, 개종하다[시키다]

- The old train was converted into a *cozy* restaurant.
오래된 기차가 안락한 식당으로 개조되었다.
  ▶ conversion[kənvə́ːrʒən, -ʃən] 명 전환, 변환, 개종

coordinate
[kouɔ́ːrdənit, -nèit]

동 통합하다, 조화시키다, 조정[조율]하다

- Team members should coordinate their roles to *achieve* a common goal. 팀원들은 공동의 목적을 달성하기 위해 역할을 조율해야 한다.
  ▶ coordination[kouɔ̀ːrdənéiʃən] 명 통합, 조화

cope
[koup]

동 대처하다, 극복하다, 대항하다

- It's difficult for a child to cope with the anxiety that *violence* and death can cause. 아이가 폭력과 죽음이 초래할 수 있는 두려움에 대처하기는 힘들다.

core
[kɔːr]

명 핵심, 중심, 가장 중요한 것

- The core *issues* of the *conflict* will be dealt with in the *negotiation*.
그 분쟁의 핵심 쟁점들이 협상에서 다뤄질 것이다.

corrupt
[kərʌ́pt]

형 부패한, 타락한, 부정한
동 타락시키다, 나쁜 물을 들이다

- The corrupt *official* has already fled abroad with *illegal* earnings.
그 부패한 공무원은 불법적인 수익을 챙겨서 벌써 해외로 도주했다.
  ▶ corruption[kərʌ́pʃən] 명 부패, 타락

cowardly
[káuərdli]

형 겁이 많은, 비겁한 ↔ brave

- A *conservative* is a man who is too cowardly to fight and too fat to run.
보수주의자는 너무 겁이 많아 싸우지 못하고, 너무 뚱뚱해 달리지 못하는 사람이다.
  ▶ coward[káuərd] 명 겁쟁이 = cowardice

cozy
[kóuzi]

형 안락한, 편안한

- We used to chat for a long time in this cozy cafe.
  우린 이 안락한 카페에서 오랫동안 수다를 떨곤 했다.

crave
[kreiv]

동 갈망[열망]하다
명 주체할 수 없는 강한 욕망

- Smell is such a powerful sense that it drives our craving for food.
  후각은 대단히 강력한 감각이라 음식에 대한 우리의 욕망을 부채질한다.

crumble
[krʌ́mbl]

동 부스러지다, 산산이 무너지다, 순식간에 망하다

- The chocolate cookie crumbled under my ugly hips.
  초콜릿 쿠키가 몹쓸 내 엉덩이 밑에 깔려 부스러져 버렸다.

crush
[krʌʃ]

동 짓눌러 뭉개다, 구기다; 궤멸시키다, 압도하다; 심한 충격을 주다 **명** 압착, 분쇄, 혼잡; 홀딱 반함

- The riot police crushed *violently* the anti-government *demonstration*.
  전경들이 반정부 시위를 난폭하게 진압했다.
- I had a crush on her and asked her out.
  난 그녀에게 반해서 데이트를 신청했다.
▶ have a crush on someone ~에게 홀딱 반하다

cultivate
[kʌ́ltəvèit]

동 재배하다, 경작하다; 양성하다, 연마하다; 관계 진전에 힘쓰다

- The farmers in this region usually cultivate rice twice a year.
  이 지역 농부들은 대개 1년에 두 번 쌀을 재배한다.
- You have to cultivate a positive attitude toward yourself to *overcome depression*.
  우울증을 극복하기 위해선 너 자신에 대한 긍정적인 마음가짐을 강화해야 한다.
▶ cultivation[kʌ̀ltəvéiʃən] **명** 경작, 재배; 양성, 연마

curse
[kəːrs]

명 저주, 악담, 욕설

통 저주하다, 악담하다, 욕하다

- She cursed her husband for ruining her life.
  그녀는 자기 인생을 망쳤다며 남편에게 저주를 퍼부었다.

demolish
[dimáliʃ]

통 건물을 헐다, 철거하다; 폐지하다; ~에게 쉽게 이기다

- This old factory will be demolished so that a new apartment *complex* can be built.
  이 오래된 공장은 철거되고 새 아파트 단지가 건설될 것이다.
  - ▶ demolition[dèməlíʃən] 명 철거, 폭파, 타파

devastate
[dévəstèit]

통 철저히 파괴하다, 황폐하게 만들다; 충격에 빠지게 하다

- The once-peaceful town was devastated by the war.
  한때 평화롭던 마을은 전쟁으로 초토화되었다.
- She was devastated by the *tragic* news that her son died.
  그녀는 아들이 죽었다는 비극적 소식에 넋을 잃었다.
  - ▶ devastating[dévəstèitiŋ] 형 파괴적인, 압도적인, 충격적인
  - ▶ devastation[dèvəstéiʃən] 명 파괴, 황폐, 압도, 충격

diagnosis
[dàiəgnóusis]

명 병의 진단, 정확한 판단

- A doctor makes a diagnosis based on the *symptoms* and the results of a physical examination.
  의사는 증상과 신체검사 결과에 근거해 병을 진단한다.
  - ▶ diagnose[dáiəgnòus] 통 진단하다, 원인을 밝히다, 판단하다

dialect
[dáiəlèkt]

명 사투리, 방언

- Even Koreans like me can't understand the Jeju dialect.
  나 같은 한국인들도 제주 방언은 이해하기 힘들다.

discriminate
[diskrímənèit]

통 차별(대우)하다; 구별하다, 식별하다

- She believes that *obese* people are being discriminated in our society. 그녀는 비만인 사람들이 사회에서 차별대우 받는다고 믿는다.

▶ discrimination[diskrìmənéiʃən] 명 차별(대우), 구별

disguise
[disgáiz]

통 변장하다, 가장하다, 속이다, 감추다

명 변장[가장], 속이기, 거짓 행동

- The famous singer goes out in disguise to avoid being bothered by the public.

그 유명 가수는 대중들이 귀찮게 하는 것을 피하기 위해 변장을 하고 외출한다.

dispute
[dispjú:t]

명 논쟁, 분쟁, 싸움

통 논쟁하다, 다투다

- We are in dispute with our neighbor over the ownership of an apple tree.

우린 사과나무 한 그루의 소유권을 놓고 이웃과 분쟁 중이다.

▶ disputable[dispjú:təbəl] 형 분명하지 않은; 해결되지 않은, 논쟁중인

▶ be beyond dispute 명백히 사실인, 논쟁의 여지가 없는

disrupt
[disrʌ́pt]

통 분열[붕괴]시키다, 혼란에 빠지게 하다, 방해하다

- Anti-China *protesters attempted* to disrupt the Beijing Olympic torch relay in Paris.

반(反)중국 시위대가 파리에서 베이징 올림픽 성화 봉송을 방해하려고 시도했다.

▶ disruption[disrʌ́pʃən] 명 분열, 혼란, 방해, 중단

▶ disruptive[disrʌ́ptiv] 형 분열시키는, 문제를 야기하는, 방해하는

dissolve
[dizálv / -zɔ́lv]

통 녹(이)다, 용해하다; 해산[이혼]하다; 점점 사라지다

- Because sand does not dissolve in water, sand is *insoluble* in water. 모래는 물에 녹지 않기 때문에 물에서는 불용성이다.

- This yoga program is *designed* to dissolve your stress and *tension.*

이 요가 프로그램은 당신의 스트레스와 긴장을 없앨 수 있도록 짜여 있다.

distort
[distɔ́:rt]

동 왜곡하다, 곡해하다; 비틀다, 일그러뜨리다

- Those *deceptive* newspapers often distort facts.
  그 기만적인 신문들은 자주 사실을 왜곡한다.
  ▶ distortion[distɔ́:rʃən] 명 왜곡, 곡해, 일그러짐

divine
[diváin]

형 신성한, 신과 같은, 신이 주는; 아주 훌륭한[멋진]

- Friendship is a divine gift and a true blessing.
  우정은 신이 주신 선물이며 진정한 축복이다.

duplicate
[djú:pləkit]

명 복제[복사]품 형 복제의 동 [djú:pləkeit] 복제[복사]하다

- I made a duplicate of the key for my roommate.
  내 룸메이트를 위해 열쇠를 복사했다.
  ▶ duplication[djù:pləkéiʃən] 명 복제, 복사

embed
[imbéd]

동 깊이 넣다, 파묻다; 깊이 새기다, 각인하다 = imbed

- This happy moment will be forever embedded in my memory.
  이 행복한 순간은 영원히 내 기억 속에 새겨질 것이다.

embrace
[embréis]

동 포옹하다, 껴안다; 적극 수용[포용]하다, 받아들이다
명 포옹, 수용

- The couple embraced each other.
  그 연인은 포옹을 했다.
- We should embrace different thoughts and ideas with open arms.
  우리는 가슴을 열어 다른 생각과 사고를 적극 포용해야 한다.

endeavor
[endévər]

동 노력하다, 시도하다
명 노력, 시도

- *Despite* their best endeavors, their *mission* resulted in complete failure.
  최선의 노력을 다했지만 그들의 임무는 완전 실패로 끝났다.

enterprise
[éntərpràiz]

몡 기업; 모험적 계획[사업]; 진취적 생각

- His latest ...erprise is to start an Internet-based enterprise.
  그가 갖고 있는 최근의 계획은 인터넷을 기반으로 하는 회사를 시작하는 것이다.
- ▶ enterprising[éntərpràiziŋ] 혱 진취적인, 모험심이 있는

entitle
[entáitl]

동 자격을 주다, 권리를 주다; ~라 칭하다

- As a customer, I feel entitled to complain about your poor service.
  고객으로서 나는 당신들의 형편없는 서비스에 대해 불만을 표할 권리가 있다고 생각한다.
- ▶ entitlement[entáitlmənt] 몡 권리, 자격

erupt
[irʌpt]

동 (화산이) 분출하다, 터져 나오다

- Active *volcanoes* erupt *constantly*.
  활화산은 지속적으로 폭발한다.
- Her face erupted in pimples. 그녀의 얼굴엔 여드름이 만개했다.
- ▶ eruption[irʌpʃən] 몡 분출, 폭발

estimate
[éstəmèit]

동 (가격, 크기 등을) 짐작하다, 추산하다, 평가하다
몡 추산, 평가, 견적 = estimation

- The painting has an estimated value of five million wons.
  그 그림의 추정 가격은 5백만 원이다.

exploit
[éksplɔit / iksplɔ́it]

동 착취하다, 부당하게 이용하다; 개발하고 활용하다
몡 공적, 위업

- Many countries are competing for the right to exploit the Arctic's natural resources.
  많은 국가들이 북극권의 천연자원을 개발할 권리를 두고 경쟁하고 있다.
- Greedy employers are exploiting *illegal immigrants* and even children.
  탐욕스러운 고용주들이 불법이민자들, 심지어 어린들까지 부당 착취하고 있다.
- ▶ exploitative[iksplɔ́itətiv] 혱 착취하는, 이용해먹는
- ▶ exploitation[èksplɔitéiʃən] 몡 부당한 이용, 착취; 개발, 활용

extract
[ikstrǽkt]

통 뽑아내다, 추출하다; 알아내다; 발췌하다

명 추출물; 발췌

- I had my wisdom tooth extracted yesterday.
  난 어제 사랑니를 뽑았다.
- These *passages* were extracted from an *encyclopedia*.
  이 구절들은 한 백과사전에서 발췌한 것이다.

▶ extraction[ikstrǽkʃən] 명 추출, 발췌

famine
[fǽmin]

명 기아, 기근, 굶주림

- North Korea is on the *brink* of famine because of last year's *devastating* flood.
  북한은 지난해의 파괴적인 대홍수로 인해 기아의 위기에 처해 있다.

fatal
[féitl]

형 치명적인, 죽을; 운명의, 결정적인

- He made a mistake that could be fatal to his career.
  그는 자신의 경력에 치명적일 수도 있는 실수를 저질렀다.

▶ fate[feit] 명 운명; 죽음

fatigue
[fətíːg]

명 피로, 과로

통 피로하게 하다

- Fatigue is the most common *symptom* that individuals with cancer experience.
  피로는 암에 걸린 사람들이 경험하는 가장 흔한 증상이다.

▶ chronic fatigue syndrome 만성피로증후군

flourish
[fláːriʃ, flʌ́riʃ]

통 잘 자라다, 번성[번창]하다; 과시하다, 흔들어 보이다

- Cactuses flourish in the *harsh* desert climate.
  선인장은 험한 사막기후에서 잘 자란다.

fluent
[flú:ənt]

형 말이 유창한

• She is fluent in five languages.
그녀는 5개국어를 유창하게 한다.
▶ fluently[flú:əntli] 부 유창하게
▶ fluency[flú:ənsi] 명 유창함

forge
[fɔːrdʒ]

동 위조하다, 꾸며내다; 쇠를 녹여 ~로 만들다, 힘들여 만들다

• A man with a forged passport was arrested at the airport.
위조 여권을 갖고 있던 남자가 공항에서 붙잡혔다.
• We try our best to forge a good relationship with our *clients*.
우리는 고객들과 좋은 관계를 형성하기 위해 최선을 다한다.
▶ forgery[fɔ́:rdʒəri] 명 위조, 위조품

다 덤벼!

"가짜"는 다 정리해야지!
⇨ This necklace is an **imitation**. 이 목걸이는 모조품이다.
⇨ You paid million dollars for this **fake** painting?
이 위조 그림을 백만 달러 주고 샀다고?
⇨ A supernote is an almost perfect **counterfeit** of a U.S. banknote.
슈퍼노트는 미국 지폐의 거의 완벽한 위조품이다.
⇨ I can't believe it's a **forgery**. It looks just like the original.
이게 "짝퉁"이라는 게 믿어지지 않아. 진짜와 진짜 똑같이 생겼어.

fragment
[frǽgmənt]

명 부서진 조각, 파편

• If an *intruder* breaks a window, fragments of glass may stick to his clothing.
침입자가 창문을 깬다면 유리 조각이 그의 옷가지에 박힐 수도 있다.

fraud
[frɔd]

명 사기, 기만; 사기꾼

- If you use the Internet, you are at *risk* from Internet fraud.
  인터넷을 사용한다면 당신도 인터넷 사기를 당할 위험이 있습니다.

freak
[friːk]

형 별난, 괴상한 **명** 괴짜, 별난 것; 열광자, 푹 빠진 사람
동 (흥분, 실망, 경악, 무서움 등등) 감정이 극도로
변하다[변하게 하다]

- You should've seen him wear a skirt. He's a freak!
  네가 개 스커트 입은 모습을 봤어야 하는 건데. 진짜 괴짜야!
- When I told my parents that I would quit school, they freaked.
  내가 학교를 그만두겠다고 하자 부모님께서는 질겁하셨다.

gamble
[gǽmbəl]

명 도박, 무모한 모험
동 도박[노름]하다, 위험한 모험을 하다

- He gambled away all his money.
  그는 노름으로 돈을 다 날렸다.

genius
[dʒíːnjəs, -niəs]

명 천재, 천재성, 특별한 재주

- There is no great genius without some touch of madness.
  위대한 천재는 누구든 어느 정도 광기를 갖고 있다.

geographic
[dʒìːəgrǽfik]

형 지리적인, 지리학의 = geographical

- GPS *navigation* is a useful tool to get geographic information.
  GPS 내비게이션은 지리 정보를 얻을 수 있는 유용한 도구이다.
- ▶ geography[dʒiːágrəfi] **명** 지리학; 지리, 지형
- ▶ geology[dʒiːálədʒi] **명** 지질학

germ
[dʒəːrm]

명 세균, 병균

- Rats and flies spread germs. 쥐와 파리들은 세균을 퍼뜨린다.

gorgeous
[gɔ́ːrdʒəs]

형 멋진, 무척 아름다운, 훌륭한

• What a gorgeous **moon tonight!** 오늘밤 달이 참 아름답다!

harass
[hǽrəs, hərǽs]

동 계속 괴롭히다, 귀찮게 하다, 희롱하다

• The poor girl has been harassed by her classmates for a long time.
그 불쌍한 소녀는 오랫동안 급우들로부터 괴롭힘을 당해왔다.

▶ harassment[hǽrəsmənt, hərǽs-] 명 괴롭힘, 희롱
▶ sexual harassment 성희롱

hazard
[hǽzərd]

명 위험, 해악, 모험
동 위험을 무릅쓰고 하다

• Yellow dust from China poses a serious health hazard to Koreans.
중국에서 불어오는 황사는 한국인들의 건강에 심각한 해가 된다.

▶ hazardous[hǽzərdəs] 형 위험한, 모험적인

hemisphere
[hémisfiər]

명 지구의 반구[절반]; 범위, 영역

• Australia is in the southern hemisphere. 호주는 남반구에 있다.

heritage
[héritidʒ]

명 전통, 유산

• Our cultural heritage is the most precious gift that we have received from our *forebears*.
우리의 문화 유산은 우리의 선조들로부터 받은 가장 소중한 선물이다.

hinder
[híndər]

동 방해하다, 훼방하다, (능력, 발전을) 제한하다

• *Piracy* is hindering the development of *mobile content*.
저작권 침해는 모바일 컨텐츠의 개발을 저해한다.

▶ hindrance[híndrəns] 명 방해, 방해 요소

hook
[huk]

몡 갈고리, 낚시 바늘; 끌어들이는 것, 유혹하는 것

통 갈고리에 걸다, 낚다; 사로잡다, 유혹하다

- I'm hooked on Greek *Mythology.*

난 그리스신화에 푹 빠져 있다.

▶ by hook or by crook 무슨 수를 쓰더라도, 반드시

hostile
[hástl / hóstail]

혱 적대적인, 적의 있는, 적의, 반대의; 살기 힘든

- The new tax policy will result in a hostile *response* from *ordinary* people.

새로운 세금 정책은 서민들의 적대적 반응을 유발할 것이다.

▶ hostility[hastíləti] 몡 적의, 적대 행위, 반대

humid
[*h*jú:mid]

혱 습한, 습기 있는, 눅눅한

- It's very hot and humid today. 오늘 정말 무덥구나.

▶ humidity[*h*ju:mídəti] 몡 습함, 습도

▶ hot and humid 무더운, 덥고 습한

humiliate
[*h*ju:mílièit]

통 창피를 주다, 굴욕감을 느끼게 하다

- My father humiliated me by *scolding* me in front of my friends.

아버지는 내 친구들 앞에서 날 꾸짖어 모욕감을 느끼게 했다.

▶ humiliating[*h*ju:mílièitiŋ] 혱 굴욕적인, 수치스러운

▶ humiliation[*h*ju:mìliéiʃən] 몡 창피, 굴욕

illustrate
[íləstrèit, ilʌ́streit]

통 예를 들어 설명하다, (책, 잡지 등의) 그림을 그리다

- Let me give another example to illustrate my point.

다른 예를 하나 들어서 내 요점을 설명해 볼게.

- This *gorgeous* book was illustrated by a famous painter.

이 멋진 책의 삽화는 유명한 화가가 그린 것이다.

▶ illustration[ìləstréiʃən] 몡 설명을 위한 예; 책의 그림, 삽화

immense
[iméns]

혱 거대한, 광대한; 굉장한

- Students must memorize immense amount of *vocabulary* to pass the exam.

  그 시험에 통과하려면 학생들은 엄청난 양의 어휘를 암기해야 한다.

▶ immensely[iménsli] 뮈 굉장히, 대단히

immortal
[imɔ́ːrtl]

혱 불멸의, 영원한, 불후의 ↔ mortal(죽을 수밖에 없는)

몡 전설 같은 사람, 불사신

- The dead body of the Egyptian emperor was made into a mummy in order to *preserve* the body for its immortal soul.

  그 이집트제왕의 시신은 불멸의 영혼을 위해 육체를 보존할 목적에서 미라로 만들어졌다.

▶ immortality[ìmɔːrtǽləti] 몡 불멸, 영원, 불후의 명성

incline
[inkláin]

됭 마음 내키게[기울게] 하다, 기울이다; ~하고 싶어지다

- No one seemed inclined to help the lazy guy.

  누구도 그 게으른 녀석을 도와주고 싶어 하지 않는 듯하다.

▶ inclination[ìnklənéiʃən] 몡 (~하는) 경향, 기호, 기분

indispensable
[ìndispénsəbəl]

혱 없어서는 안 되는, 반드시 필요한, 피할 수 없는 ↔ dispensable(없어도 되는)

- You will feel that this book is indispensable to you.

  이 책이 너에게 꼭 필요한 것임을 느끼게 될 것이다.

inevitable
[inévitəbəl]

혱 필연적인, 당연한, 어쩔 수 없는 = unavoidable ↔ evitable(피할 수 있는)

- His *bankruptcy* is an inevitable *consequence* of his wasteful habits.

  그의 파산은 낭비벽에서 비롯된 필연적인 결과이다.

▶ inevitably[inévitəbli] 뮈 필연적으로, 반드시

infection
[infékʃən]

명 전염, 감염

- The scientist argued that the *risk* of human infection from mad cow disease is *statistically* weak.

그 과학자는 광우병의 인간 감염 위험성은 통계적으로 낮다고 주장했다.

▶ infect[infékt] 통 전염시키다, 물들이다
▶ infectious[infékʃəs] 형 전염성의, 옮기 쉬운

infer
[infə́:r]

통 추측[추리]하다, 추론하다

- I inferred from her *response* that she didn't like me.

나는 그녀의 반응에서 그녀가 날 좋아하지 않는다고 추론했다.

▶ inference[ínfərəns] 명 추정, 추론

inherit
[inhérit]

통 물려받다, 상속하다, 유전하다

- She will inherit a fortune when her father dies.

그녀는 아버지가 죽으면 막대한 재산을 물려받을 것이다.

▶ inheritance[inhéritəns] 명 상속, 물려받은 것, 유전

inject
[indʒékt]

통 주입[투입]하다, 주사하다, 집어넣다

- The development plan will inject new *vitality* into the town.

그 개발계획은 마을에 새로운 활력을 불어넣을 것이다.

▶ injection[indʒékʃən] 명 주사, 주입

innovation
[ìnouvéiʃən]

명 혁신, 혁신적인 생각[아이디어]

- All innovation begins with creative ideas.

모든 혁신은 창조적인 아이디어에서 시작된다.

▶ innovate[ínouvèit] 통 혁신하다, 변화를 일으키다
▶ innovative[ínouvèitiv] 형 혁신적인

insert
[insə́:rt]

⑧ 끼워 넣다, 삽입하다 ⑲ 삽입하는 것

- Insert your name here. 여기에 이름을 써넣으시오.
▶ insertion[insə́:rʃən] ⑲ 삽입, 투입

integrate
[íntəgrèit]

⑧ 전체로 합치다, 통합하다; 동화되다, 적응하다

- World's economy is being integrated, no doubt about it.
  의심의 여지없이, 세계경제는 하나로 통합되고 있다.
- Children are very good at integrating into a new society.
  어린이들은 새로운 사회에 잘 동화된다.
▶ integration[ìntəgréiʃən] ⑲ 통합, 융합

intense
[inténs]

⑲ 격렬한, 심한(extreme); 감정적인, 열정적인

- The pain was so intense that even painkillers didn't work.
  고통이 너무 심해서 진통제로도 효과가 없었다.
▶ intensity[inténsəti] ⑲ 격렬, 전력; 세기, 강도
▶ intensify[inténsəfài] ⑧ 세게 하다, 강화하다, 증대하다

introvert
[íntrəvə̀:rt]

⑲ 내성적인 사람 ↔ extrovert(외향적인 사람)
⑲ 내성적인 = introverted

- An introvert is very quiet and doesn't like to be at the center of attention.
  내성적인 사람은 상당히 조용하며 주목받는 것을 좋아하지 않는다.

investigate
[invéstəgèit]

⑧ 수사하다, 조사하다

- The police are investigating the cause of the explosion.
  경찰이 폭발사고의 원인을 수사하고 있다.
▶ investigation[invèstəgéiʃən] ⑲ 수사, 조사

ironic
[airánik]

형 반어적인, 비꼬는 투의; 말이 안 되는 = ironical

- It is ironic that he's a *financial consultant* and a debtor himself.
  그가 재정상담가이면서 자신이 채무자라는 건 아이러니다.
  ▶ irony[áirəni] 명 풍자, 빈정댐, 반어(反語)

keen
[ki:n]

형 날카로운, 예리한, 신랄한; 예민한, 민감한; 몹시
열망하는, 열심인

- My brother is keen on playing computer games.
  남동생은 컴퓨터게임에 빠져 있다.
- There is a keen competition for the position.
  그 자리를 놓고 치열한 경쟁이 벌어지고 있다.

kidnap
[kídnæ̀p]

동 납치하다, 유괴하다

- Kidnapping children is the most evil crime. 유괴는 가장 사악한 범죄다.

lament
[ləmént]

동 슬퍼하다, 애도하다
명 비탄, 한탄, 애도

- The old professor lamented over the loss of moral *virtues* in
  Korea. 노교수는 한국에서 도덕적 가치들이 상실되는 것에 대해 한탄했다.

legacy
[légəsi]

명 유산, 물려받은 것

- The war has left a legacy of hatred. 전쟁은 증오라는 유산을 남겼다.

legislation
[lèdʒisléiʃən]

명 법률 제정; 법률

- Legislation is the main job of lawmakers.
  입법 활동은 국회의원들의 주요 책무이다.
- The president will not sign the legislation to end capital
  punishment.
  대통령은 사형 제도를 폐지하는 법안에 서명하지 않을 것이다.
  ▶ legislate[lédʒislèit] 동 법률을 만들다

lessen
[lésn]

동 줄이다, 작게 하다, 줄다, 약화되다

• Laughter lessens stress and *improves* body *immunity* and *resistance* to disease.

웃음은 스트레스를 줄여주고, 신체 면역력과 병에 대한 저항력을 향상시켜준다.

magnify
[mǽgnəfài]

동 확대하다, 확대해서 보다; 과장하다(exaggerate)

• A *microscope* is an *instrument* for producing a magnified image of a small object.

현미경은 작은 사물의 확대된 이미지를 만들기 위한 기구이다.

▶ magnification[mæ̀gnəfikéiʃən] 명 확대, 과장

manipulate
[mənípjəlèit]

동 자기 이익을 위해 남을 조종[통제]하다, 교묘히 조작하다

• Those newspapers are good at manipulating the public.

그 신문들은 대중을 조종하는 데 능하다.

▶ manipulation[mənìpjəléiʃən] 명 조종, 조작, 속임수
▶ manipulative[mənípjələtiv] 형 교묘히 조종하는, 조작하는

marvelous
[mά:rvələs]

형 놀라운, 신기한; 멋진, 훌륭한

• The marvelous *fantasy* novel, "Harry Potter" was written by Joan Rowling.

멋진 판타지 소설인 "해리 포터"는 조앤 롤링이 썼다.

▶ marvel[mά:rvəl] 명 놀라운 일[사람], 경이로움 동 놀라게 하다

masculine
[mǽskjəlin]

형 남자의, 남성다운(manly)
↔ feminine(여성의, 여성다운)

• *Boldness* used to be considered masculine.

대담함은 남성다운 것으로 여겨지곤 했다.

▶ masculinity[mæ̀skjəlínəti] 명 남성성, 남성다움 ↔ femininity[fèmənínəti]

maternal
[mətə́:rnl]

형 어머니의, 모계의 ↔ paternal(아버지의, 부계의)

- The maternal *instincts* of a woman arise from the female *hormones* within her body.

  여성의 모성본능은 몸 안에 있는 여성호르몬으로부터 생겨난다.

  ▶ maternity[mətə́:rnəti] 명 모성(母性), 어머니다움 ↔ paternity[pətə́:rnəti]

meditate
[médətèit]

동 명상하다; 곰곰이 생각하다, 숙고하다

- He meditated on the meaning of life and death.

  그는 삶과 죽음의 의미에 대해 곰곰이 생각했다.

  ▶ meditation[mèdətéiʃən] 명 명상, 심사숙고

metaphor
[métəfɔ̀:r, -fər]

명 은유, 상징

- "All the world is a stage." — Shakespeare uses the theater as a metaphor of life.

  "세상은 전부 무대이다." – 셰익스피어는 극장을 인생의 은유(상징)로 삼고 있다.

mingle
[míŋgəl]

동 혼합하다, 섞다(mix, combine); 교제하다, 어울리다

- The two flavors of pork and kimchi mingle together perfectly.

  돼지고기와 김치의 맛이 섞여 완벽한 조화를 이룬다.

- *Typically*, an *extrovert* likes to mingle with people.

  전형적으로, 외향적인 사람은 사람들과 어울리길 좋아한다.

mist
[mist]

명 안개

- The mist *veiled* the top of the mountain.

  안개가 산봉우리를 덮고 있었다.

  ▶ misty[místi] 형 안개 낀

  ▶ fog 〉 mist 〉 haze(안개의 농도 차이)

mock
[mɑk, mɔ(:)k]

동 조롱하다, 흉내 내며 놀리다

- Never mock your *handicapped* classmate.
  절대로 장애가 있는 급우를 흉내 내며 조롱하지 마라.
- ▶ mockery[mɑ́kəri, mɔ́(:)k-] 명 조롱, 조롱거리

mourn
[mɔːrn]

동 슬퍼하다, 애도하다

- She still mourns for her little brother.
  = She still mourns little brother's death.
  그녀는 아직도 어린 동생의 죽음을 슬퍼한다.
- ▶ mournful[mɔ́ːrnfəl] 형 슬퍼하는, 애도하는

negotiate
[nigóuʃièit]

동 협상하다

- The U.S. government makes it a rule not to negotiate with terrorists.
  미국 정부는 테러리스트들과는 협상을 하지 않는다는 것을 원칙으로 한다.
- ▶ negotiation[nigòuʃiéiʃən] 명 협상

novice
[nɑ́vis]

명 초보자(beginner), 풋내기

- This is my first time to drive a car. I'm a complete novice.
  지금 처음으로 차를 운전하는 거야. 난 완전 초보야.

obscure
[əbskjúər]

형 분명치 않은(unclear), 애매한, 모호한; 세상에 알려지지 않은(unknown) 동 가리다, 덮다

- We had a hard time to understand the *contract* because of some obscure words.
  우리는 일부 의미가 불분명한 단어들 때문에 계약서를 이해하는 데 어려움을 겪었다.
- ▶ obscurity[əbskjúərəti] 명 불분명함, 애매함

obsess
[əbsés]

동 (생각 등에) 사로잡히다, 집착하게 하다

- Many Koreans seem obsessed with money and apartments.
많은 한국인들이 돈과 아파트에 미친 듯하다.
▶ be obsessed with ~에 집착하다, 사로잡히다
▶ obsession[əbséʃən] 명 집착, 강박관념

offhand
[ɔfhǽnd]

부 즉석에서, 사전 준비 없이
형 퉁명한, 쌀쌀맞은, 무례한

- I can't tell you the exact figures offhand. I'll let you know later.
지금 당장 정확한 수치를 말씀드릴 수는 없고요, 나중에 알려드리겠습니다.
- I don't know why she is offhand with me. What did I do wrong?
왜 그녀가 날 막 대하는지 모르겠다. 내가 뭘 잘못했나?

paradox
[pǽrədàks]

명 역설, 모순(contradiction)

- He said, "My spear can *pierce* any *shields* and my *shield* can defend from all spear attacks." It's a paradox.
그는 "내 창은 어떤 방패든 뚫을 수 있고 내 방패는 창 공격은 전부 막을 수 있다."고 말했다. 그건 모순(矛盾)이다.
▶ paradoxical[pǽrədáksikəl] 형 역설적인, 모순적인

paralyze
[pǽrəlàiz]

동 마비시키다, 무력하게[쓸모없게] 만들다

- A tornado paralyzed the city. 토네이도가 도시를 마비시켰다.
▶ paralysis[pərǽləsis] 명 마비, 무력함, 불능

peculiar
[pikjú:ljər]

형 기묘한, 이상한, 특이한; 고유의, 독특한

- It is peculiar that he has not yet arrived here.
그가 아직 이곳에 도착하지 못하다니 이상하다.
- Many Koreans wrongly believe that candle *demonstration* is peculiar to Korea. 많은 한국인들이 촛불시위가 한국 고유의 것이라 잘못 믿고 있다.
▶ peculiarly[pikjú:ljərli] 부 기묘하게도, 특이하게도
▶ peculiarity[pikjù:liǽrəti] 명 독특, 특유

penetrate
[pénətrèit]
동 꿰뚫다, 관통하다; 꿰뚫어보다, 이해하다

- X-rays can easily penetrate low-*density* material, such as flesh.
엑스레이는 살과 같은 저밀도 물질은 쉽게 관통할 수 있다.
- Teachers can easily penetrate their students' minds.
선생님들은 학생들의 마음을 쉽게 꿰뚫어볼[이해할] 수 있다.
▶ penetration[pènətréiʃən] 명 관통, 간파

pension
[pénʃən]
명 연금

- The old age pension is paid out from the age of 65.
노령연금은 65세부터 지급된다.

perish
[périʃ]
동 소멸하다, 사라지다, 죽다, 멸망하다

- More than five thousand people perished in the earthquake.
그 지진으로 5천 명 이상이 사망했다.

perplex
[pərpléks]
형 잘 몰라 난처하게[당황하게] 하다, 어리둥절하게 하다

- I was perplexed by her *obscure* explanation.
난 그녀의 분명하지 않은 설명에 어리둥절했다.
▶ perplexity[pərpléksəti] 명 당황, 혼란, 난처한 상황

phase
[feiz]
명 단계, 특정한 시기

- Most teens go through a *rebellious* phase after the *puberty*.
대부분의 십대들은 사춘기 이후에 반항하는 시기를 겪게 된다.

phenomenon
[finámənən]
명 현상; 백년에 한번 나올까 말까 한 비범한 인물
→ 복수형. phenomena

- Aging is a natural phenomenon. 노화는 자연 현상이다.
▶ phenomenal[finámənəl] 형 경이적인

pierce
[piərs]

동 구멍을 뚫다, 꿰뚫다; (마음에) 사무치다

- I got my ears pierced yesterday.
  난 어제 귀를 뚫었다.

plague
[pleig]

명 역병, 전염병; 골칫거리, 귀찮은 사람
동 계속 괴롭히다, 귀찮게 하다

- The plague was spread by fleas that lived on rats.
  그 역병은 쥐에 기생하는 벼룩에 의해 퍼졌다.

plain
[plein]

형 알기 쉬운, 평이한, 평범한; 명백한, 분명한

- I don't get it. Would you please explain it in plain English?
  이해가 안 됩니다. 쉬운 영어로 설명해주시겠습니까?

plunge
[plʌndʒ]

동 뛰어들다, 돌진하다, 갑자기 시작하다
명 뛰어듦, 돌진

- The marathoner suddenly stopped running and plunged into the water.
  그 마라톤 선수는 갑자기 달리기를 멈추고 물로 뛰어들었다.
- The city plunged into *chaos* because of sudden power failure.
  갑작스런 정전으로 도시는 혼란에 빠졌다.

postpone
[poustpóun]

동 연기하다(put off), 미루다

- The singer had to postpone the concert because of a bad cold.
  그 가수는 독감 때문에 콘서트를 연기해야 했다.

preach
[pri:tʃ]

동 설교하다, 훈계하다, 잔소리하다
명 설교, 훈계 = sermon

- My dad is always preaching at me about getting up early.
  우리 아빠 항상 나한테 일찍 일어나라고 잔소리를 하신다.

precede
[prisí:d]

동 앞서다, ~보다 우선하다

- Positive thoughts precede success.
  긍정적인 사고가 성공의 앞에 있다 → 긍정적으로 생각해야 성공한다.
  ▶ **preceding**[prisí:diŋ] 형 앞서는, 이전의
  ▶ **precedence**[présədəns] 명 우선권

prestige
[prestí:dʒ]

명 명성, 위신

- Yale law has more prestige than Harvard among lawyers and judges.
  예일 법대는 변호사와 판사들 사이에서 하버드보다 더 명성이 높다.
  ▶ **prestigious**[prestídʒiəs] 형 유명한, 명성 있는

presume
[prizú:m]

동 가정하다, 추측하다, ~라 짐작하다[믿다]
명 주제넘게[감히] ~하다

- I presume he won't come because he is busy.
  그는 바쁘기 때문에 아마 오지 않을 거야.
- I don't wish to presume, but why don't you call her that you can't go?
  주제넘은 얘기인지 모르지만, 가지 못한다고 그녀에게 전화하는 게 어때요?
  ▶ **presumably**[prizú:məbli] 부 아마도(probably)
  ▶ **presumption**[prizʌ́mpʃən] 명 추정, 짐작; 무례, 뻔뻔함

privilege
[prívəlidʒ]

명 특권, 혜택, 특별한 기회
동 특권을 주다, 특별히 허가[면제]하다

- With our "Spend-All" credit card, you can enjoy privileges wherever you go.
  저희 "몽땅써" 신용카드로, 어디에 가시든 특권을 누릴 수 있습니다.

prominent
[prámənənt]

형 두드러진, 눈에 띄는; 탁월한, 유명한

- Is there a prominent building nearby?
  근처에 눈에 잘 띄는 건물이 있니?
  ▶ **prominence**[prámənəns] 명 두드러짐, 탁월함

prompt
[prɑmpt]

형 신속한, 즉시 ~하는

동 촉구하다, 자극하다

- I would *appreciate* a prompt reply. 즉시 답변 주시면 고맙겠습니다.
▶ promptly[prɑ́mptli] 부 즉시, 신속히; (시간) 정확히

prosecute
[prɑ́səkjùːt]

동 기소하다, 재판에 넘기다

- She was prosecuted for *fraud.* 그녀는 사기죄로 기소되었다.
▶ prosecution[prɑ̀səkjúːʃən] 명 기소, 고발
▶ prosecutor[prɑ́səkjùːtər] 명 검사

prospect
[prɑ́spekt]

명 전망, 가능성; 가능성이 있는 사람

- There's little prospect that the war will end soon.
전쟁이 곧 끝날 거란 전망은 희박하다.
▶ prospective[prəspéktiv] 형 기대되는, 장래 ~가 될

provoke
[prəvóuk]

동 화나게 하다, (감정을) 불러일으키다; 자극하다, 선동하다

- The police were very careful not to provoke the angry *protesters.*
경찰은 성난 시위대를 자극하지 않기 위해 조심했다.
▶ provocative[prəvɑ́kətiv / -vɔ́k-] 형 화나게 하는, 자극하는, (흥미, 호기심
등을) 불러일으키는

puberty
[pjúːbərti]

명 사춘기(12세 전후)

- Puberty is the time in life when a person becomes sexually
mature. 사춘기는 사람이 성적으로 성숙해지는 인생의 시기를 말한다.

quote
[kwout]

동 인용하다, 예를 들다

- He quoted the famous saying of Socrates that "Know yourself!"
그는 "너 자신을 알라!"는 소크라테스의 유명한 말을 인용했다.
▶ quotation[kwoutéiʃən] 명 인용, 인용구

ratio
[réiʃou, -ʃiòu]

명 비율(比率)

- The school's student-teacher ratio has *improved significantly* over the last 10 years.
  그 학교의 학생-교사 비율은 지난 10년간 괄목할 만큼 향상되었다.

recession
[riséʃən]

명 불경기, 경기 침체

- When a country is in recession, people are afraid to spend money.
  나라가 불경기에 처하면 사람들은 돈 쓰는 걸 두려워한다.
- ▶ depression[dipréʃən] 명 심한 장기적 불경기, 불황; 우울

reconcile
[rékənsàil]

동 화해시키다, 중재하다; 일치시키다, 조절해 맞추다

- We quarrelled, but now we are reconciled.
  우린 말다툼을 했지만, 지금은 화해했다.
- Teachers should reconcile their *philosophies* of education with reality.
  교사는 자신의 교육철학과 현실을 적절히 안배해야 한다.
- ▶ reconciliation[rèkənsìliéiʃən] 명 화해, 중재

relevant
[réləvənt]

형 연관된, (목적 등에) 적합한; 연관되어 중요한
↔ irrelevant

- She has some work experience relevant to the job.
  그녀는 그 일과 관련된 실전 경험을 갖고 있다.
- ▶ relevance[réləvəns] 명 연관성, 적합성

reluctant
[rilʌ́ktənt]

형 마음 내키지 않는, 하기 꺼려지는, 마지못해 하는

- Most teens feel reluctant to talk openly with their father.
  대부분의 십대들은 자기 아버지와 터놓고 말하는 걸 꺼린다.
- ▶ reluctance[rilʌ́ktəns] 명 싫음, 마지못해 함

renovate
[rénəvèit]

图 (건물을) 개보수하다, 고쳐 새롭게 만들다

- They will renovate their old house and sell it.
  그들은 낡은 집을 개보수해서 팔 것이다.
- ▶ renovation[rènəvéiʃən] 图 개보수

reproach
[ripróutʃ]

图 비난하다, 책망하다 图 비난, 질책

- You have nothing to reproach yourself with. 넌 자책할 필요가 없어.

reproduce
[rìprədjúːs]

图 번식하다, 복제하다, 재생하다

- Like most insects, mosquitoes reproduce by *laying* eggs.
  대부분의 벌레들이 그렇듯 모기도 알을 낳아 번식한다.
- ▶ reproduction[rìprədʌ́kʃən] 图 번식, 복사, 재생

resentful
[rizéntfəl]

图 화를 내는, 분개하는

- She gave me a resentful look and said, "You're the worst man I've dated ever".
  그녀는 화난 표정을 보이더니 "넌 내가 데이트했던 남자 중 최악이야."라고 말했다.
- ▶ resent[rizént] 图 화를 내다, 분개하다
- ▶ resentment[rizéntmənt] 图 분개, 분노

resign
[rizáin]

图 사임[사직]하다; 단념하다

- My father resigned from the company to get a better job.
  우리 아버지는 더 나은 일자리를 얻기 위해 그 회사를 그만두셨다.
- ▶ resignation[rèzignéiʃən] 图 사임, 사직; 포기

resolve
[rizálv / -zɔ́lv]

图 (문제 등을) 해결하다, 풀다; 결정[결심]하다

- We tried a number of ways to resolve the problem.
  우린 그 문제를 해결하기 위해 많은 시도를 했다.
- ▶ resolution[rèzəlúːʃən] 图 해결[책]; 결정, 결심; 용해

restrain
[ristréin]

동 (감정을) 억제하다; 못 하게 하다, 제지하다; 제한하다, 구속하다

- I'm totally *addicted*! I can't restrain myself from eating chocolate.
나 완전 중독이야! 초콜릿만 보면 자제가 안 돼.
▶ **restraint**[ristréint] 명 억제, 자제, 제한

scatter
[skǽtər]

동 흩어지다, 흩뿌리다; 해산시키다

- The wind scattered cherry blossom petals.
바람에 벚꽃 꽃잎이 흩날렸다.

seal
[si:l]

동 밀폐하다, 봉하다; 도장 찍다

명 밀폐, 봉인; 도장

- I sealed the parcel with sticky tape. 나는 접착테이프로 소포를 봉했다.
- I can't tell you. My lips are sealed.
말 못 해. 절대 말 안 하기로 약속했어.

segregate
[ségrigèit]

동 분리[격리]하다, 차별하다

- Hitler segregated Jews from the rest of the public.
히틀러는 다른 사람들로부터 유대인들을 격리시켰다.
▶ **segregation**[sègrigéiʃən] 명 분리, 격리, 차별

sheer
[ʃiər]

형 완전한, "완전", 순 ~; (옷) 얇은; (경사) 깎아지른 듯한

부 완전히, "완전", 전연; 수직으로

- He won by sheer luck. 그는 순전히 운이 좋아 이겼다.

shift
[ʃift]

동 이동시키다, 옮기다; 방향[위치]를 바꾸다

명 이동, 교체[교대], 방향[위치]의 변화

- She tried to shift the *blame* onto me for her own wrongdoing.
그녀는 자기 잘못의 책임을 나한테 뒤집어씌우려 했다.
- There should be a *dramatic* shift in our education policy.
우리 교육 정책에 극적인 변화가 필요하다.

shrink
[ʃriŋk]

동 움츠리다, 뒷걸음질치다, 주눅 들다; 줄이다, 줄다

shrink – shrank – shrunk

- The little boy shrank when the dog started barking at him.

개가 짖기 시작하자 어린 소년은 뒷걸음질쳤다.

soothe
[suːð]

동 위로하다, 달래다; 진정시키다, 가라앉히다

- She spent all night soothing her crying baby.

그녀는 우는 아기를 달래느라 밤을 새웠다.

▶ soothing[súːðiŋ] **형** 위로가 되는, 진정시키는

sophisticated
[səfístəkèitid]

형 세련된, 정교한

- A sophisticated woman will never wear the boots.

세련된 여자라면 그런 부츠는 절대 신지 않을 거야.

- A more sophisticated *approach* is needed to solve this problem.

이 문제를 해결하기 위해서는 보다 정교한 접근법이 필요하다.

▶ sophistication[səfìstəkéiʃən] **명** 세련, 정교함

speculate
[spékjəlèit]

동 추측하다(guess), 사색하다; (주식, 부동산 등) 투기하다

- The police are speculating that the *pedestrian* was killed in a hit-and-run accident.

경찰은 그 보행자가 뺑소니 사고로 죽었다고 추측하고 있다.

▶ speculation[spèkjəléiʃən] **명** 추측, 사색; 투기

splendid
[spléndid]

형 화려한, 멋진, 뛰어난

- We had a splendid holiday at the beach.

우린 그 해변에서 멋진 휴일을 보냈다.

▶ splendor[spléndər] **명** 화려함, 빛남, 훌륭함

spontaneous
[spɑntéiniəs]

형 자연히 발생하는, 자발적인, 무의식적인, 자연스러운

• His offer of help is spontaneous. Nobody has told him to do that.
그의 도움 제의는 자발적인 것이다. 아무도 그에게 그렇게 하라고 말하지 않았다.

▶ spontaneously[spɑntéiniəsli] 부 자연 발생적으로, 자연스럽게

spouse
[spaus]

명 배우자(남편, 아내)

• Spouse *abuse* is commonly termed *"domestic violence."*
배우자 학대는 일반적으로 "가정폭력"이란 용어로 불린다.

sprout
[spraut]

동 싹트다, 시작하다, 발생하다 명 싹, 자손

• When air, water, and suitable temperature are *provided*, seeds begin to sprout.
공기, 물, 적당한 온도가 제공되면 씨앗은 싹이 트기 시작한다.

▶ bean sprout 콩나물

stable
[stéibl]

형 안정적인, 고정된, 견고한

• Many college students want to get a stable job after graduation.
많은 대학생들이 졸업 후 안정적인 직장을 얻고 싶어 한다.

▶ stability[stəbíləti] 명 안정성, 견고함

stale
[steil]

형 (음식이) 상한, 신선하지 않은; 진부한, 지겨운

• This bread has gone stale. 이 빵은 상했다.

statistics
[stətístiks]

명 통계, 통계학

• According to *official* statistics, only a third of people trust *official* statistics.
공식 통계에 따르면 겨우 3명 중 1명만이 공식 통계를 신뢰한다고 한다.

▶ statistically[stətístikəli] 부 통계상으로, 통계로 볼 때

steer
[stiər]

통 조종[운전]하다, 향하다, ~로 이끌다

- I tried to steer the conversation away from the uncomfortable topic.

나는 불편한 주제로부터 대화의 방향을 돌리려고 했다.

▶ steering wheel 자동차 핸들

stern
[stə́ːrn]

형 엄격한, 단호한, 용서 없는; 피할 수 없는

- I grew up under the stern *discipline* of my father.

나는 아버지의 엄한 훈육을 받으며 자랐다.

▶ sternly[stə́ːrnli] 부 단호하게, 엄하게

stiff
[stif]

형 뻣뻣한, 딱딱한; 힘든, 어려운; 값이 비싼

- My fingers got stiff in cold weather.

추운 날씨에 손가락이 뻣뻣하게 얼었다.

stout
[staut]

형 풍채 좋은, 뚱뚱한; 튼튼한, 견고한

- The criminal is a stout middle-aged Japanese.

범인은 뚱뚱한 중년의 일본인이다.

stumble
[stʌ́mbəl]

통 비틀거리다, 휘청거리다; (말을) 더듬다, 막히다

- I felt dizzy and stumbled backward.

난 현기증을 느껴 뒤로 휘청 흔들렸다.

superficial
[sùpərfíʃəl]

형 표면의, 피상적인, 언뜻 보기에는; 천박한, 진지하지 않은

- *Despite* their superficial similarities, pandas and bears are different species.

언뜻 보기에 비슷하지만, 판다와 곰은 다른 종(種)이다.

suppress
[səprés]

동 억압[진압]하다, 억제하다, 막다

• In summary, suppressed emotions often cause *depression*.
요약하자면, 억제된 감정들은 종종 우울증의 원인이 된다.

▶ suppression[səpréʃən] 명 억압, 진압, 억제

surpass
[sərpǽs]

동 ~보다 낫다, 능가하다; 초월하다

• The book's success has surpassed everyone's expectations.
그 책의 성공은 모두가 기대한 것 이상이었다.

surplus
[sə́:rplʌs, -pləs]

명 나머지, 여분, 잉여, 흑자(↔ deficit[défəsit] 적자)
형 나머지의, 여분의, 과잉의

• We are collecting surplus food to *distribute* to the needy.
우린 필요한 사람들에게 나누어 주기 위해 남는 음식을 모으고 있다.

surrender
[səréndər]

동 항복하다; (자기 것을) 어쩔 수 없이 넘겨주다; 참지
못하고 ~하다 명 항복, 포기

• We will rather die than surrender to the enemy.
우린 적에게 항복하느니 차라리 죽음을 택하겠다.

swell
[swel]

동 부풀[리]다, 커지다, 키우다, 증가시키다
명 팽창, 증대

• I got *stung* by a bee on my head, and now it's swollen.
벌한테 머리를 쏘여서 지금 부어 있어.

• His heart swelled with pride when he shook hands with the president.
그는 대통령과 악수를 하면서 자랑스러움으로 가슴이 부풀었다.

symptom
[símptəm]

명 (병의) 증상; 징후, 징조

• High fever, coughing, nose drippings are the *typical* symptoms of flu.
고열, 기침, 콧물은 독감의 대표적 증상들이다.

syndrome
[síndroum, -drəm]

명 증후군, 행동양식

- Stockholm Syndrome describes the behavior of *hostages* who, over time, become *sympathetic* to their captors.
  스톡홀름증후군이란 시간이 지나면서 인질범들을 동정하게 되는 인질들의 행동을 말한다.

tackle
[tǽkəl]

동 다루다(deal with), 처리하다, 부딪히다, 태클하다
명 처리, 태클; 도구, 연장

- This is the best way to tackle the problem.
  이게 그 문제에 가장 잘 대처하는 방법이다.
- Maradona got a red card for a dangerous back tackle.
  마라도나는 위험한 백태클로 레드카드를 받았다.

tame
[teim]

동 길들이다; (성질 등을) 죽이다, 누르다
형 길들여진, 온순한

- It's not easy to tame wild animals.
  야생동물을 길들이기는 쉽지 않다.
- You need to tame your *temper* if you want to be a good father.
  좋은 아빠가 되고 싶다면 넌 성질을 좀 죽여야 돼.

tempt
[tempt]

동 유혹하다, 부추기다, 하고 싶게 만들다

- Satan tempted Adam and Eve to eat the *forbidden* fruit.
  사탄은 선악과[금지된 열매]를 먹으라고 아담과 이브를 부추겼다.
- ▶ temptation[temptéiʃən] 명 유혹, 부추김

tenant
[ténənt]

명 세입자, 임차인

- I'm not the owner of this house, but a tenant.
  저는 이 집의 소유주가 아니라 세입자입니다.
- ▶ landlord[lǽndlɔ̀ːrd] 명 (땅, 집) 주인

territory
[térətɔ̀ːri]

명 영토; 영역

• *Sovereignty* is *supreme legitimate authority* within a territory.
주권은 영토 내에서 행사되는 최고의 법적 권한이다.
▶ territorial[tèrətɔ́ːriəl] 형 영토의, 영토와 관련된
▶ virgin territory 새로운 영역, 미개척지

therapy
[θérəpi]

명 치료법, 요법

• Patients sometimes quit a therapy because of its *adverse* effects.
환자들은 때때로 역효과 때문에 치료를 그만두기도 한다.
▶ therapist[θérəpist] 명 치료사

thorough
[θə́ːrou, θʌ́r-]

형 철저한, 완전한, 빈틈없는

• They did a thorough search for the missing woman, but couldn't
find her. 그들은 실종된 여인을 찾기 위해 철저히 수색했지만 발견하지 못했다.
▶ thoroughly[θə́ːrouli] 부 완전히, 철저하게

timid
[tímid]

형 소심한, 겁 많은; 주저하는, 결단력이 부족한

• He is too timid to ask her out.
그는 너무 소심해서 그녀에게 데이트 신청을 못한다.
▶ timidly[tímidli] 부 소심하게, 자신 없게

toxic
[tάksik]

형 독성이 있는(poisonous), 중독의

• They have been dumping toxic waste into the river every night.
그들은 매일 밤 유독성 쓰레기를 강에 버리고 있다.

transparent
[trænspέərənt]

형 투명한, 비쳐 보이는; 명료한, 이해하기[알기] 쉬운

• Clear water is transparent. 맑은 물은 투명하다.
• The meaning of the sentence is transparent. 그 문장의 의미는 명료하다.
▶ transparency[trænspέərənsi] 명 투명, 투명도

tribe
[traib]

명 부족, 종족; 가문, 집안

- The Amazons is a *legendary* tribe of female warriors.
  아마존스는 여전사들로 구성된 전설상의 부족이다.
  ▶ tribal[tráibəl] 형 부족[종족]의

turmoil
[tə́rmɔil]

명 소란, 소동, 혼란

- A series of terror attacks threw the country into turmoil.
  일련의 테러 공격으로 그 나라는 혼란에 빠져들었다.

undertake
[ʌ̀ndərtéik]

동 (일, 책임 등을) 떠맡다, 착수하다, 시작하다; 약속하다

- He will undertake responsibility for running the school.
  그가 학교 운영의 책임을 맡게 될 것이다.

vacant
[véikənt]

형 비어 있는(empty), 빈 자리의, 사람이 없는

- People say this vacant house is *haunted*.
  이 빈 집에서 귀신이 나온다고 하더라.
  ▶ vacancy[véikənsi] 명 빈 자리, 빈 방

vanish
[vǽniʃ]

동 갑자기 사라지다(disappear), 소멸하다

- The robber took the money and vanished into thin air.
  강도는 돈을 챙겨 감쪽같이 사라져 버렸다.

vast
[væst]

형 광대한, 막대한, 굉장한

- He robbed the bank of vast amount of money.
  그는 은행에서 엄청난 액수의 돈을 강탈했다.

verge
[vəːrdʒ]

图 가장자리, 맨 끝; 경계

- His company is on the verge of bankruptcy.
  그의 회사는 파산 직전에 처해 있다.
- ▶ **on the verge of** 거의 ~할 지경인, ~하기 일보직전의

verify
[vérəfài]

图 증명[입증]하다, 확인하다

- The scientist are conducting *experiments* to verify his theory.
  그 과학자는 자신의 이론을 증명하기 위해 실험을 하고 있다.
- ▶ **verification**[vèrəfikéiʃən] 图 증명, 확인

vigorous
[vígərəs]

图 원기 왕성한, 정력적인, 활기찬; 강력한

- During vigorous walking, the heart beats more *rapidly*, helping to strengthen the heart muscle.
  힘차게 걷는 동안 심장은 더 빠르게 뛰기 때문에 심장 근육 강화에 도움이 된다.
- ▶ **vigor**[vígər] 图 정력, 활기
- ▶ **vigorously**[vígərəsli] 图 힘차게, 강하게

virtually
[vəːrtʃuəli]

图 사실상, 실질적으로, 거의

- Her son is virtually out of control.
  그녀의 아들은 사실상 통제 불능이다.
- ▶ **virtual**[vəːrtʃuəl] 图 사실상의, 실제의; (컴퓨터에서) 가상의
- ▶ **virtual reality** (컴퓨터, 인터넷상의) 가상현실
- ▶ **virtuality**[vəːrtʃuǽləti] 图 실질, 본질

vow
[vau]

图 맹세하다(swear), 서약하다, 바치다
图 맹세(oath), 서약

- After losing a lot of money, he vowed that he would never gamble again.
  그는 많은 돈을 잃고 난 후, 다시는 노름을 하지 않기로 맹세했다.

warrant
[wɔ́(ː)rənt, wɑ́r-]

图 보증하다, 정식 허가하다, 정당화하다
图 보증, 허가증, 정당한 이유 = warranty

- Yes, he *mocked* you, but it doesn't warrant beating him.
  그래. 걔가 널 조롱했지. 하지만 그렇다고 해서 걔를 두들겨 패도 되는 건 아니지.
- The police searched my house without a warrant.
  경찰은 허가서[영장]도 없이 내 집을 수색했다.

weird
[wiərd]

图 기묘한, 괴상한

- That's weird! I feel that the girl in the picture is really looking at me.
  정말 이상하다. 사진 속 여자가 정말로 날 쳐다보고 있는 듯한 느낌이 든다.

▶ weirdly[wiərdli] 图 괴상하게

다 덤벼!

얼마나 "이상한"가?

⇨ **abnormal**[æbnɔ́ːrməl] 비정상의, 예외적인
⇨ **unusual**[ʌnjúːʒuəl] 드문, 별난
⇨ **uncommon**[ʌnkámən] 흔하지 않은, 특별한
⇨ **extraordinary**[ikstrɔ́ːrdənèri] 비범한, 색다른
⇨ **peculiar**[pikjúːljər] 이상한, 특이한
⇨ **odd**[ɑd / ɔd] 이상한, 뜻밖의
⇨ **queer**[kwiər] 괴상한, 수상한
⇨ **weird**[wiərd] 기묘한, 괴상한
⇨ **grotesque**[groutésk] 기괴한

withstand
[wiðstǽnd, wiθ-]

图 저항하다, 버티다, 견뎌내다

- This building is designed to withstand earthquakes.
  이 건물은 지진에 견디도록 설계되어 있다.

withdraw
[wiðdrɔ́:, wiθ-]

통 움츠리다, 뒤로 빼다, 철수하다, 물러나다; 예금을 인출하다

- The president will withdraw his army from Irag.
  대통령은 군을 이라크에서 철수시킬 것이다.
- As a child, I used to withdraw into my own *fantasy* world.
  어렸을 적 난 나만의 상상 속으로 빠져들곤 했다.
- I withdrew one million wons from my bank *account*.
  난 은행 계좌에서 1백만 원을 인출했다.
- ▶ withdrawal[wiðdrɔ́:əl, wiθ-] 명 취소, 철수, 예금 인출

worsen
[wə́:rsən]

통 악화시키다(make something worse), 악화되다

- Stay away from it! You will just worsen the situation.
  물러나 있어! 넌 상황을 더 악화시킬 뿐이야.

yearn
[jə:rn]

통 몹시 ~하고 싶어 하다, 갈망하다; 그리워하다

- The prisoners of the war yearned to return home.
  전쟁 포로들은 집에 돌아가길 간절히 원했다.

Round 3

수능에서 속 썩이는 "동사＋전치사(부사)"를 제압하라!

너무 억울하지 아니한가, 다 아는 뻔한 단어들인데?!
기본 동사와 전치사[부사]가 결합된 구동사(phrasal verb)는 수능 고득점을 위해 반드시 정복해야 하는 영어의 기본 요소이다. 듣기와 독해 지문에서 활개치고 다니며 여러분을 괴롭히는 까다로운 것들만 모았다. 빠르게 확인하면서 자신 없는 것들에 일침을 가하자. Go for it!

account
[əkáunt]

~라 여기다; ~의 원인이 되다
account for ~을 설명하다, ~의 원인이 되다;
　~에 책임을 지다; ~을 차지하다

answer
[ǽnsər]

대답하다, 답하다
answer back 말대꾸하다
answer for ~의 책임을 지다, 대가를 치르다
answer to ~에 일치하다, 부합하다

ask
[æsk]

묻다, 청하다
ask out ~에게 데이트 신청하다
ask over ~를 집에 초대하다

attend
[əténd]

출석[참석]하다; 간호하다
attend on[upon] ~을 간호하다, 돌보다
attend to ~을 귀담아 듣다, 주목하다

bring
[briŋ]

가져오다, 초래하다
bring about ~을 발생하게 하다, 초래하다
bring back ~을 반품하다, 되돌리다; 생각나게 하다
bring off (어려운 일을) 성공하다, 해내다
bring on ~을 초래하다; 성장[발전]하게 만들다
bring out ~을 발표하다, 출시하다
bring through ~을 이겨내게 하다
bring up ~을 양육하다, 기르다; 언급하다, 말을 꺼내다

call
[kɔ:l]

부르다, 전화하다, 지시하다
call down ~을 꾸짖다, 야단치다
call for ~을 요구하다, 필요로 하다
call off ~을 취소하다, 중지를 명하다
call on[upon] ~을 방문하다; ~하라고 시키다
call up ~에게 전화하다

carry [kǽri]	나르다, 전하다, 지니다 carry away 이성을 잃을 만큼 흥분하게 하다, "뿅가게 하다" carry off ~을 쉽게[성공적으로] 실행하다 carry on ~을 계속하다 carry out ~을 실행하다, 완성하다
catch [kætʃ]	잡다, 받다, 목격하다 catch on 유명해지다, 유행하다; ~을 서서히 이해하기 시작하다 catch up 시간을 만회하다 catch up with ~을 따라잡다 catch up on 시간을 맞추기[만회하기] 위해 열심히 ~하다
check [tʃek]	점검하다, 저지하다, 억제하다 check in (호텔, 공항 등에) 입장 수속하다 check out (호텔에서) 계산하고 떠나다; ~을 조사하다 check over ~의 상태를 면밀히 검사하다
close [klouz]	닫다, 끝내다 close down 문 닫다; 폐쇄하다 close in (on) ~을 서서히 에워싸다, 포위망을 좁히다 close out 헐값에 팔아치우다, "땡처리하다"
come [kʌm]	오다, 도착하다 come by ~을 얻다, 받다; 집을 방문하다 come down with ~ 병에 걸리다 come into ~을 상속받다 come off ~에서 분리되다, 떨어지다 come over 잠깐 들르다, 방문하다 come through 공개되다, 발표되다 come to 정신을 차리다, 의식이 돌아오다; ~에 이르다 come up with ~을 생각해내다, 창조하다

count
[kaunt]

세다, 계산하다

count down 거꾸로 세다

count on[upon] ~을 믿다, 의지하다

count out ~을 제외[배제]하다, 빼다

cut
[kʌt]

자르다, 베다, 그만두다, 줄이다

cut across ~을 가로지르다, 지름길로 가다

cut back ~을 삭감하다, 줄이다 = cut down

cut in ~에 끼어들다, 방해하다 = cut off

cut out ~을 잘라내다; 그만두다

deal
[di:l]

나누어주다, 다루다, 거래하다

deal in ~을 사고팔다, (장사 물건을) 취급하다

deal with ~을 다루다, 대처하다; 거래하다

do
[du:, du]

하다, 주다, 처리하다

do away with ~을 폐지하다, 끝내다

do over ~을 다시 하다, 반복하다

do up (단추, 지퍼 등을) 잠그다, 채우다; ~을 꾸미다,
치장하다

be[have] to do with ~와 관련 있다

do without ~없이 지내다[괜찮다]

draw
[drɔ:]

당기다, 끌다, 그리다, 작성하다

draw back 물러서다, ~을 철회하다

draw on (시간이) 다가오다; ~을 꺼내어 쓰다, 활용하다

draw out (시간을) 연장하게 만들다, 길어지다

draw up ~을 작성하다; (차가) 멈추다; 배치하다

drop
[drɑp / drɔp]

떨어뜨리다, 쓰러지다, 내려놓다
drop in 예고 없이 방문하다
drop off 줄다, 시들해지다; ~를 차에서 내려주다
drop out 탈퇴하다, 자퇴하다

face
[feis]

향하다, 직면하다, 맞서다
face out 용감하게 ~에 반대[대처]하다
face up to 용감하게 ~을 인정하다, 떳떳하게 대하다
face with ~을 들이대다, 제시하다

fall
[fɔːl]

떨어지다, 넘어지다
fall back 물러서다; 뒤돌아서다
fall back on[upon] 요긴할 때 ~을 사용하다, 기대다
fall down 넘어지다; 실패하다
fall for 속임수에 넘어가다; 갑자기 ~와 사랑에 빠지다
fall in with ~와 사귀다, 어울리다
fall on[upon] ~을 맹공격하다; 허겁지겁 먹다
fall out with ~와 언쟁하다, 다투다
fall through 무산되다

feel
[fiːl]

느끼다, 만지다, 동정하다
feel for ~을 동정하다, 애석하게 여기다
feel out ~의 의향을 떠보다, 넌지시 묻다
feel up to ~할 기분이 들다

figure
[fígjər]

계산하다, 고려하다, 믿다, 나타나다
figure on ~을 기대[예상]하다, 계획하다
figure out ~을 이해하다, 알아내다

fill
[fil]

채우다, 가득 차다, 충족시키다
fill in ~을 완성하다, 채워 넣다; 최신 정보를 주다
fill in for ~의 빈자리를 대신하다
fill out 통통해지다; ~을 완성하다, 채워 넣다
fill up ~을 끝까지 채우다, 가득 넣다

fix
[fiks]

고정시키다, 확립하다, 집중시키다, 수리하다
fix on ~을 결정하다, 선택하다
fix up ~을 수리하다, 개보수하다

follow
[fálou]

뒤를 잇다, 따르다
follow on[upon] ~ 때문[뒤]에 생기다, ~에서 비롯되다
follow through 끝까지 ~을 해내다, 끝내다
follow up 계속 ~을 추구하다

get
[get]

얻다, 받다, ~하게 되다[하다]
get about[around] 여기저기 돌아다니다, 떠돌다
get across ~을 이해시키다, 받아들이게 하다
get along 잘 지내다[해내다]; 진행[진척]되다;
　　관계를 잘 유지하다
get around 돌아다니다; 자신에게 유리하게 회피하다
get at ~의 손에 닿다, ~을 발견하다; 의미하다
get away 빠져나가다[나오다]
get away with ~ 잘못을 하고도 벌을 받지 않다
get back (집에) 돌아가다; 다시 집권하다
get back at ~에게 복수하다, 앙갚음하다
get by (경제적으로) 그럭저럭 살아가다; 좋진 않지만 쓸 만하다
get down to 다시 진지하게 (일, 논의 등에) 임하다, 집중하다
get into 영향을 미쳐 이상하게 만들다;
　　~할 수밖에 없게 만들다; 배우다, 익숙해지다
get off (여행 등을) 떠나다, 출발하다; (버스 등에서) 내리다

get on 옷을 입다; 차에 오르다, 타다; 늦어지다, 늙다

get on with 좋은 관계를 유지하다; 다시 하던 일을 계속하다

get over 회복하다, 정상으로 돌아오다; 끝내다

get through 일을 끝내다; 뚫다

get together 모이다, 함께 만나다

give
[giv]

주다

give away ~을 남에게 줘버리다; 사실[정보]를 털어놓다

give in (to) ~을 포기하다, 항복하다

give off (냄새, 빛 등을) 내보내다, 배출하다

give out ~을 나눠주다, 배포하다; 소진하다, 바닥나다

give up ~을 포기하다, 항복하다

go
[gou]

가다, 출발하다, 작동하다, 죽다, ~이 되다

go along 계속 하다

go along with ~을 동의하다, 지지하다

go at ~을 열심히[맹렬히] 하다

go back on (약속, 동의를) 깨다, 물리다

go by (움직이는 것, 시간 등이) 지나가다, 흐르다;
   ~에 따라 행동하다

go down with ~한 병에 걸리다

go for ~을 얻으려[쟁취하려] 하다

go in for ~에 참여하다

go off 발사[폭파]되다, 화나다; (요란한 소리 등이) 울리다;
   작동을 멈추다; (음식이) 상하다

go on 계속하다, ~중이다, 발생하다

go over 가서 ~을 살펴보다; 반복[복습]하다;
   의도한 대로 받아들여지다

go through 세밀히 검사[연구]하다, (힘든 과정을) 겪다,
   인내하다

go with (옷 등이) 어울리다

go without ~ 없이 살다, 버티다

hand
[hænd]

건네주다, 전하다

hand down 쓰던 ~을 물려주다; 공식 발표하다
hand in ~을 제출하다, 전달하다
hand out ~을 나누어주다
hand over 남에게 ~을 넘기다, 건네다

hang
[hæŋ]

걸다, 매달(리)다

hang around[about] 어슬렁거리다, 빈둥거리다
hang back 자신 없어 머뭇거리다
hang on 기다리다, 잡고 있다
hang out 한 장소에서 놀다
hang up 전화를 끊다; 옷걸이에 옷을 걸다

have
[hæv]

갖고 있다, 소유하다

have on ~을 입다, 몸에 걸치다
have over ~을 집에 초대하다
have (got) to do with ~과 관련 있다

hit
[hit]

때리다, 맞히다, 충돌하다

hit on[upon] 우연히 찾아내다, 생각해내다
hit out at[against] ~에 대해 강한 반감을 표하다, 비난하다

hold
[hould]

들다, 잡다, 유지하다, 소유[보관]하다, 억제하다, 개최하다

hold back ~을 제지하다, 통제하다
hold off ~을 지체하다, 미루다
hold on 기다려라; ~을 꼭 붙잡다
hold on to ~을 계속 보관하다, 갖고 있다
hold out on ~에게 말하지[알려주지] 않다
hold up ~을 늦게[지체하게] 만들다

keep
[kiːp]

보유하다, 계속하다, 붙들어두다, 지키다

keep around ~을 가지고 다니다

keep at ~을 포기하지 않다, 계속하다

keep from ~ing ~하지 못하게 하다, 막다

keep on ~ing ~을 계속하다

keep out of ~에 관여[가담]하지 않다

keep to 여전히 ~에 매달리다[계속하다]

keep up ~ 상태를 계속 유지하다

keep up with ~을 뒤처지지 않다, 계속 배우다

kick
[kik]

발로 차다, 버리다

kick around ~을 위해 열심히 머리를 짜내다

kick back 앉거나 누워 편히 쉬다

kick in 효과가 나타나기 시작하다

kick off (경기, 행사 등을) 시작하다

lay
[lei]

놓다, 눕히다, 알을 낳다

lay away 미래를 위해 ~을 남겨두다[보관하다]

lay down (법, 규칙 등을) 정하다

lay into ~을 심하게 혼내다[비난하다]

lay off ~을 해고하다; 끊다, 그만두다

lead
[liːd]

인도하다, 앞장서다, 이끌다

lead off (행사, 공연 등을) 시작하다

lead on ~을 속이다

lead to 결과를 가져오다, ~로 이어지다

let
[let]

시키다, 허용하다, 세놓다

let down ~을 실망시키다; 길이를 늘이다; 내리다
let in for ~을 겪게[당하게] 하다
let off (벌, 의무 등을) 면제하다, 봐주다
let on 비밀을 말하다
let out ~을 풀어주다, 큰소리로 표현하다
let up 약해지다, 잦아들다

level
[lévəl]

평평하게 하다, 같은 높이로 하다, 평등하게 하다

level off[out] 고도[수준, 높이]를 유지하다
level with ~에게 숨김없이 말하다, 터놓다

live
[liv]

살다, 남아 있다

live by ~ 란 기준[가치, 규칙]에 따라 살다
live off ~에게서 수입을 얻다, ~에 기대어 먹고살다
live up to 수준에 맞다, 기대에 부합하다

look
[luk]

바라보다, 살피다, ~로 보이다[생각되다]

look after ~을 돌보다
look back (on) ~을 회상하다, 기억하다
look down on ~을 얕잡아보다, 깔보다
look for ~을 찾다
look forward to (설레는 마음으로) ~을 기대하다
look into ~을 조사하다, 수사하다
look on ~라 여기다
look out (for) (~을) 조심하다, 주의하다
look over ~을 대충 훑어보다[검토하다]
look through ~을 충분히 조사하다; 간파하다
look to ~에게 의지하다, 도움을 청하다
look up 상황이 호전되다, 진전되다
look up to ~을 우러러보다, 존경하다

make
[meik]

만들다, 준비하다, 벌다, ~하게 하다, ~이 되다

make for 급히 ~로 향하다

make off 급히 떠나다[벗어나다]

make out ~을 작성하다; 판독하다, 이해하다; 가장하다,
　~인 체하다; 성공하다

make over ~을 다시 하다

make up ~을 꾸며내다, 조작하다; 화장하다; 채우다;
　화해하다

be made up of ~로 이루어지다

make up for ~을 보상하다, 만회하다

pass
[pæs]

지나가다, 추월하다, 넘기다, 사라지다

pass away 돌아가시다, 죽다

pass by[over] ~을 지나치다, 지나가버리다

pass down[on] (기술 등을) 전수하다, 물려주다

pass off 무사히 끝나다[치르다]

pass out 기절하다; 배포하다

pass up (기회를) 놓치다

pick
[pik]

따다, 줍다, 고르다, 쪼다

pick on (벌, 비난, 괴롭힘 등의) 대상이 되다, 항상 걸리다

pick out ~을 선택하다, 고르다

pick up ~을 집어 들다[올리다]; 와서 차를 태워주다;
넘어졌다 일어서다; 쉽게 배우다; 성장[발전]하다

pick up on ~을 신경 쓰다, 알아채다

play
[plei]

놀다, 경기하다, 연주하다, ~역을 하다, 상연하다

play along 동의하는 척하다, 속이다

play down ~을 중요하지 않은 듯 보이게 만들다, 의미 축소하다

play out 승부가 날 때까지 ~을 계속하다

play up ~을 과장하다, 실제보다 중요한 듯 떠벌이다

pull
[pul]

당기다, 이끌어내다

pull ahead 추월하다

pull down ~을 끌어내리다, 헐어내다; (돈을) 벌다

pull in (기차가) 역에 도착하다; 주차하다; 잡아들이다

pull out (기차, 차가) 출발하다

pull over 차를 갓길에 세우다

pull through 가까스로 살아남다, 목숨을 건지다

pull together 자신의 감정[기분]을 제어하다, 진정하다

pull up 차가 멈추다

push
[puʃ]

밀다, 추진[전진]하다, 강요하다

push for ~을 강력히 요구하다, 기필코 얻으려 하다

push in 무례하게 끼어들다; 새치기하다

put
[put]

놓다, 두다, 부과하다, ~ 상태에 처하게 하다, 적다, 평가하다

put across (감정, 생각 등을) 이해시키다, 효과적으로 전달하다

put at ~라 추측하다

put down ~을 깎아내리다, 험담하다

put down as ~라고[한다고] 추측하다

put in for ~을 공식 요청하다, 신청하다, 응모하다

put off ~을 미루다, 연기하다

put on 옷(신발, 장신구 등을) 입다, 신다; 몸무게가 늘다; ~을 가장하다

put out 불을 끄다; 화나게 하다, 불편하게 하다

put through 전화를 ~로 연결하다; 성공적으로 마치다

put up ~을 세우다, 건설하다; 게시[고시]하다; (값을) 올리다; 숙식을 제공하다

put up with ~을 참다, 견디다

rip
[rip]

찢다, 벗겨내다
rip into ~을 사납게 공격하다[비난하다]
rip off ~에게 바가지 씌우다; ~을 훔치다
rip up ~을 찢어발기다

root
[ru:t, rut]

응원하다; 뿌리박게 하다, 정착시키다, 각인시키다
root for ~을 응원하다
root out ~을 철저히 파괴하다, 근절하다

round
[raund]

돌다, 둥글게 하다
round off ~을 만족스럽게 끝내다
round on 갑자기 뒤돌아 ~을 공격하다
round out ~을 마치다, 끝내다
round up ~을 한데 모으다

run
[rʌn]

달리다, 흐르다, 도망치다, 작동하다, 운영하다
run across 우연히 ~을 만나다[발견하다]
run after ~을 뒤쫓다; 추구하다
run away 도망치다, 가출하다
run down ~을 차로 치다; 비판하다, 깎아내리다; 찾아내다
run into 우연히 ~을 만나다, 마주치다
run off ~을 추방하다, 몰아내다; 복사[카피]하다; 급히 떠나다
run out of ~이 다 떨어지다[소비하다]
run over 차로 ~을 치다[깔고 지나가다]
run through ~을 반복 연습하다, 빨리 읽다, (돈을) 흥청망청 쓰다

see
[si:]

보이다, 보다, 구경하다
see about ~을 고려하다, ~할 것이다
see off ~을 배웅하다
see through (속임수를) 간파하다, 진실을 알아채다
see to ~을 돌보다, 확인하다

set
[set]

놓다, 배치하다, 정하다, ~하게[되게] 하다, 기울다
set about ~을 시작하다, 착수하다
set apart ~을 분리하다, 구분하다
set aside ~을 아껴두다, 잠시 잊다
set off (여행을) 출발하다; ~을 폭발시키다, 촉발하다
set on ~을 공격하게[뒤쫓게] 하다
set out ~을 가지런히 펼치다, (상을) 차리다
set up ~을 사귀게 하다; ~을 준비하다; 설치하다

settle
[sétl]

놓다, 자리 잡게 하다, 정착하다, 진정시키다, 해결하다
settle down 진정하다[시키다], 자리 잡다, 내려앉다
settle for (차선책을) 받아들이다, 동의하다
settle in 이사하다
settle into (새로운 환경에) 익숙해지다
settle on[upon] ~을 결정하다, 동의하다, 선택하다
settle up 빚을 갚다, 비용을 지불하다

shake
[ʃeik]

흔들다, 혼란하게 만들다
shake off ~을 떨쳐내다, 제거하다
shake up ~을 개혁하다, 큰 변화를 일으키다

show
[ʃou]

보여주다, 모습을 보이다, 전시[상연]하다
show around[round] 구경시키다, ~을 안내하다
show off (~을) 자랑하다, 뽐내다
show up 나타나다, ~을 드러내다, 폭로하다

shut
[ʃʌt]

닫다, 막다
shut away 은둔하다, 고립되다
shut down (회사, 조직을) 폐쇄하다
shut off ~의 작동을 멎게 하다, (전기, 가스 등을) 끊다
shut out ~을 완전 패배시키다, 완승하다; 배제하다
shut up 조용히 있도록 시키다, 입 다물다

sit
[sit]

앉다, 그대로 있다
sit in for ~의 자리를 대신하다
sit on ~을 (깔고 앉은 듯) 하지 않다, 지체하다

sleep
[sliːp]

잠자다, 활동하지 않다, 죽어 묻혀 있다
sleep in (작심하고) 늦게까지 자다
sleep on 다음 날까지 ~의 결정을 미루다,
　~을 생각하며 밤을 보내다

stand
[stænd]

서다, 멈추어서다, ~한 상태에 있다, 참다
stand by ~의 곁에서 떠나지 않다; 기다리다
stand down (자리, 지위에서) 물러나다
stand for ~을 대표하다
stand in for ~의 빈자리를 잠시 대신하다
stand out 두드러지다, 두각을 보이다
stand up for ~의 명분을 위해 일어서다, 지키다
stand up to ~에게 당당히 맞서다

step
[step]

걸음을 내딛다, 걷다
step down (자리에서) 물러나다
step in ~에 개입하다
step up ~을 증가시키다, 늘리다

stick
[stik]

찌르다, 꽂다; 붙이다, 고수하다
stick around[about] 그 자리에 그대로 있다
stick at ~을 계속 열심히 하다
stick by ~을 고수하다, 계속 지지하다
stick to ~을 고수하다, 포기하지 않다
stick up for ~을 방어하다

take [teik]	잡다, 받다, 얻다, 가지고[데리고] 가다, 필요로 하다

take after ~를 닮다, 비슷하게 생기다

take apart ~을 분리하다, 해체하다

take back (말을) 취소하다, 잘못을 인정하다;
　과거를 떠올리게 하다

take in ~을 포함하다; 완전히 이해하다, 배우다; 속이다

take off 이륙하다; (옷 등을) 벗다; 출발하다, 떠나다;
　휴가 내다

take on (책임, 임무 등을) 떠맡다; 채용하다; 시비 걸다,
싸움을 시작하다

take over (책임, 권한 등을) 맡다

take to ~에게 호감을 갖다, 좋아하다; ~하는 습관이 생기다

take up ~에 관심을 갖다, ~하며 시간을 보내다; 나중에
논의하다; (공간을) 차지하다

talk [tɔːk]	말하다

talk back (어른, 상관에게) 말대꾸하다, 대들다

talk down (말로) 진정시키다

talk into ~하도록 설득하다

talk over ~에 대해 논의[토론]하다

talk round 마음을 바꾸도록 설득하다

tell [tel]	말하다, 주의를 주다

tell against ~를 불리하게 만들다, 걸림돌이 되다

tell off ~에게 화를 내다; 문책하다

tell on ~을 신고하다, 고자질하다

think [θiŋk]	생각하다, 믿다, 상상하다

think over ~을 심사숙고하다, 진지하게 생각하다

think through ~을 신중히 고려하다, 고민하다

think up 아이디어를 짜내다; 이야기를 지어내다

throw [θrou]	던지다, 분출하다 **throw away** ~을 버리다, 제거하다 **throw in** 덤으로 주다; (논의, 계획 등에) ~을 더하다, 끼워 넣다 **throw off** ~에서 벗어나다, 회복하다 **throw out** ~을 내버리다; 받아들이지 않다, 거부하다 **throw up** 토하다
touch [tʌtʃ]	손대다, 접촉하다, 도달하다, 감동시키다 **touch down** 착륙하다 **touch off** ~을 폭발시키다, 촉발하다 **touch on[upon]** ~에 대해 잠깐 언급하다 **touch up** 작은 변화[첨가]로 향상시키다
turn [tə:rn]	돌다, 돌리다, 변하다, 변화시키다 **turn against** ~을 적으로 만들다, 등을 돌리다 **turn away** ~을 들여보내지 않다, 돌려보내다; 외면하다 **turn down** (힘, 소리, 속도 등을) 줄이다; 거부하다, 퇴짜 놓다 **turn in** ~을 제출하다, 반납하다; 결과를 얻다; 잠자리에 들다 **turn into** 변해서 ~가 되다, ~로 변하다 **turn off** (수도, 전기, 가스 등을) 잠그다, 끄다 **turn on** (수도, 전기, 가스 등을) 켜다, 틀다 **turn out** 전등을 끄다; 내쫓다; 관객[청중]이 모이다; 생산하다, 만들다; 결국 ~이 되다(+ to be ~) **turn over** (경찰, 담당자에게) ~을 넘기다 **turn to** ~에게 기대다, 의지하다, 도움을 청하다 **turn up** (힘, 소리, 속도 등을) 키우다, 높이다; 우연히 발견되다; 도착하다, 모습을 보이다
wait [weit]	기다리다, 시중들다 **wait on** (식당에서) 시중들다, 서빙보다; 기다리다 **wait up** 기다리며 잠들지 않다

walk
[wɔːk]

걷다, 산책하다
walk away from (사고 등에서) 다치지 않고 빠져나오다, 무사하다
walk off[away] with ~을 훔쳐 가다
walk out on ~을 버리고 나가다, 집나가다
walk over ~을 심하게 대하다, 막 대하다; ~을 손쉽게 이기다

watch
[watʃ, wɔːtʃ]

지켜보다, 관찰하다, 기다리다
watch for ~을 찾다; 기대하며 기다리다
watch out 주의하다, 조심하다
watch over ~을 보호하다, 돌보다

wear
[wɛər]

(옷 등을) 입고[쓰고, 끼고] 있다; 닳게[지치게] 하다
wear away ~을 닳아 없어지게 하다
wear down ~을 닳아 작아지게 하다
wear off 점차 약화되다[없어지다]
wear out 닳아 못쓰게 되다; 녹초가 되게 만들다, 지치게 하다

work
[wəːrk]

일하다, 공부하다, 움직이다, 작동하다, 효과가 있다
work on ~을 처리하고[일하고] 있다
work out ~을 생각[계산]해내다, (문제를) 풀다; 운동하다; 좋은 결과를 가져다주다; 성공적이다

Round 4

수능의 기본,
중학 필수 단어

976 check-up

:

아는가, 수능 지문을 구성하는 단어들 중 60~70%는
여러분이 초등학교, 중학교 때 배운 것들임을? 이번
Round에서는 지문의 이해를 위해 필수적일 뿐만
아니라 영어 실력의 토대가 되는 기본 단어들을 정리해
놓았다. 표제어뿐만 아니라 파생어까지 꼼꼼히
정리함으로써 자신의 약점을 확인, 보완하도록 하자.

□ **abroad**[əbrɔ́ːd]	부 해외로, 나라 밖에
□ **absent**[ǽbsənt]	형 결석한, 자리에 없는 ▶ 명 absence
□ **abuse**[əbjúːz]	명 남용, 악용; 욕설, 학대 동 남용[악용]하다, 욕설하다, 학대하다 ▶ 형 abusive
□ **accept**[əksépt]	동 받아들이다, 인정[수용]하다 ▶ 명 acceptance 형 acceptable
□ **accident**[ǽksidənt]	명 사고, 우연 ▶ 형 accidental
□ **accord**[əkɔ́ːrd]	동 일치[조화]하다 명 일치, 조화 ▶ 명 accordance 부 accordingly
□ **active**[ǽktiv]	형 활동적인, 적극적인 ▶ 동 activate 부 actively
□ **actually**[ǽktʃuəli]	부 사실상, 실제로 ▶ 형 actual
□ **add**[æd]	동 더하다, 첨가하다 ▶ 명 addition
□ **address**[ədrés]	명 주소; 연설 동 연설하다, 주소를 쓰다
□ **admire**[ədmáiər]	동 찬양하다, 칭찬하다 ▶ 명 admiration
□ **adult**[ədʌ́lt, ǽdʌlt]	명 어른, 성인
□ **advantage**[ədvǽntidʒ]	명 유리함, 이익 ▶ 형 advantageous
□ **adventure**[ədvéntʃər]	명 모험 동 위험을 무릅쓰고 ~하다 ▶ 형 adventurous
□ **affair**[əfɛ́ər]	명 사건, 일
□ **affection**[əfékʃən]	명 애정, 애착 ▶ 동 affect 형 affectionate
□ **afraid**[əfréid]	형 두려운, 유감스러운
□ **afterward**[ǽftərwərd]	부 그 이후에, 뒤에
□ **agree**[əgríː]	동 동의하다, 생각이 같다
□ **ahead**[əhéd]	부 앞에, 이전에
□ **alarm**[əlάːrm]	동 경고하다, 놀래다 명 경보, 자명종 ▶ 형 alarming
□ **alive**[əláiv]	형 살아 있는, 생생한
□ **allow**[əláu]	동 허락하다, ~하게 놔두다 ▶ 명 allowance
□ **although**[ɔːlðóu]	접 비록 ~지만
□ **amateur**[ǽmətʃùər]	명 아마추어 형 아마추어의, 직업으로 하는 게 아닌
□ **amazing**[əméiziŋ]	형 놀라운, 굉장한 ▶ 동 amaze
□ **amount**[əmáunt]	명 총계, 총액, 양 동 총 ~이 되다, ~에 달하다
□ **amuse**[əmjúːz]	동 즐겁게 하다 ▶ 명 amusement
□ **ancestor**[ǽnsestər]	명 선조, 조상
□ **ancient**[éinʃənt]	형 옛날의, 고대의
□ **angle**[ǽŋgl]	명 각, 각도
□ **antique**[æntíːk]	명 골동품, 고가구 형 골동품의, 오래된, 구식의
□ **anxious**[ǽŋkʃəs]	형 걱정스러운, 불안한; 매우 ~하고 싶어 하는 ▶ 명 anxiety

□ **anyway**[éniwèi] 　　 부 어쨌든, 아무튼

□ **apart**[əpá:rt] 　　 부 떨어져서, 별개로

□ **appear**[əpíər] 　　 동 나타나다, 출현하다;
　　 ~로 보이다, ~인 것 같다
　　 ▶ 명 appearance

□ **appetite**[ǽpitàit] 　　 명 식욕, 욕구

□ **apply**[əplái] 　　 동 적용하다, 사용하다;
　　 신청[지원]하다
　　 ▶ 명 application;
　　 appliance; applicant

□ **appointment**[əpɔ́intmənt] 　 명 약속, 예약; 임명,
　　 지시 ▶ 동 appoint

□ **area**[ɛ́əriə] 　　 명 지역, 영역, 분야

□ **argue**[á:rgju:] 　　 동 논쟁하다; 주장하다
　　 ▶ 명 argument

□ **arrest**[ərést] 　　 동 체포하다, 억류하다

□ **artistic**[a:rtístik] 　　 형 예술의, 예술적인
　　 ▶ 명 artist

□ **astonish**[əstániʃ] 　　 동 깜짝 놀라게 하다
　　 ▶ 명 astonishment

□ **athlete**[ǽθli:t] 　　 명 운동선수 ▶ 형 athletic

□ **atom**[ǽtəm] 　　 명 원자; 극소량
　　 ▶ 형 atomic

□ **attend**[əténd] 　　 동 참석[출석]하다
　　 ▶ 명 attendance

□ **attention**[əténʃən] 　　 명 주의, 주목

□ **attitude**[ǽtitjù:d] 　　 명 태도, 견해, 입장

□ **attract**[ətrǽkt] 　　 동 (마음, 주의를) 끌다,
　　 매혹하다 ▶ 명 attraction
　　 형 attractive

□ **average**[ǽvəridʒ] 　　 명 평균, 보통
　　 형 보통[평균]의

□ **avoid**[əvɔ́id] 　　 동 피하다, 회피하다
　　 ▶ 명 avoidance

□ **award**[əwɔ́:rd] 　　 명 상, 상품
　　 동 상을 주다, 수여하다

□ **awful**[ɔ́:fəl] 　　 형 끔찍한, 불쾌한, 두려운
　　 ▶ 명 awe

□ **background**[bǽkgràund] 명 배경; 경력

□ **ban**[bæn] 　　 동 막다, 금하다

□ **bark**[ba:rk] 　　 동 (개가) 짖다

□ **base**[beis] 　　 명 기초, 근본
　　 동 ~에 근거하다, 기초를
　　 형성하다
　　 ▶ 명 basement

□ **battle**[bǽtl] 　　 명 전투, 싸움
　　 동 싸우다, 투쟁하다

□ **beast**[bi:st] 　　 명 짐승, 야수

□ **beat**[bi:t] 　　 동 치다, 때리다; 이기다

□ **beg**[beg] 　　 동 간청하다, 구걸하다

□ **behave**[bihéiv] 　　 동 행동하다
　　 ▶ 명 behavior

□ **behind**[biháind] 　　 전 ~ 뒤에, 늦어서
　　 부 뒤에, 늦게, 뒤처져서

□ **believe**[bilí:v] 　　 동 믿다
　　 ▶ 명 belief

□ **belong**[bilɔ́(:)ŋ] 　　 동 속하다, ~의 소유이다
　　 ▶ 명 belonging

□ **below**[bilóu] 　　 전 ~ 밑에, ~이하의
　　 부 밑에, 하위에

□ **benefit**[bénəfit] 　　 명 이득, 이익
　　 동 ~의 이득이 되다
　　 ▶ 형 beneficial;
　　 beneficent

□ **bend**[bend]	통 굽히다, 구부리다	□ **brain**[brein]	명 뇌; 인재
□ **besides**[bisáidz]	부 그 밖에, 게다가 전 ~외에	□ **branch**[bræntʃ]	명 가지, 지류, 지점
□ **bet**[bet]	명 내기, 내기에 건 돈 통 내기하다, 단언[확신]하다	□ **brave**[breiv]	형 용감한 ↔ coward ▶ 명 braveness; bravery
□ **beyond**[bijɔ́nd]	전 ~넘어, ~을 지나서, ~ 외에 부 저쪽에, 그 밖에	□ **break**[breik]	통 부수다, 깨다, 위반하다 명 중지, 잠깐의 휴식 ▶ 형 broke
□ **bill**[bil]	명 계산서, 청구서; 지폐; 법안	□ **breathe**[bri:ð]	통 숨쉬다, 호흡하다 ▶ 명 breath
□ **biology**[baiálədʒi]	명 생물학 ▶ 형 biological	□ **bride**[braid]	명 신부 ▶ 명 (bride)groom
□ **bite**[bait]	통 깨물다, 물어뜯다 명 물기, 한 입	□ **bridge**[bridʒ]	명 다리, 교각 통 다리를 놓다, 간격을 메우다
□ **bitter**[bítər]	형 맛이 쓴; 호된, 쓰라린	□ **brief**[bri:f]	형 간략한, 짧은
□ **bless**[bles]	통 축복하다, 은총을 내리다	□ **bright**[brait]	형 밝은, 영리한
□ **blind**[blaind]	형 눈이 먼, 맹목적인 ▶ 명 blindness	□ **bring**[briŋ]	통 가져오다, 초래하다
□ **blow**[blou]	통 바람을[이] 불다, 날리다, 폭파하다 명 바람, 허풍	□ **broadcast**[brɔ́:dkæst] 통 방송하다 명 방송
		□ **brush**[brʌʃ]	명 브러시, 솔, 붓 통 솔질하다, 털어내다
□ **board**[bɔ:rd]	명 판자 통 (탈것에) 올라타다; 하숙하다	□ **build**[bild]	통 짓다, 건설하다 ▶ 명 building
□ **boil**[bɔil]	통 끓이다, 끓다, 삶다	□ **burden**[bə́:rdn]	명 짐, 부담 통 짐 지우다, 부담시키다 ▶ 형 burdensome
□ **bomb**[bam]	명 폭탄; 큰 실수 통 폭격하다, 큰 실수를 저지르다 ▶ 통 bombard	□ **burn**[bə:rn]	통 태우다, 타다 명 태움, 화상
□ **boring**[bɔ́:riŋ]	형 지루한, 지겨운 ▶ 통 bore 형 bored	□ **bury**[béri]	통 파묻다, 매장하다
		□ **business**[bíznis]	명 사업, 기업; 용무, 관심사
□ **bother**[báðər]	통 귀찮게 하다, 괴롭히다	□ **calculate**[kǽlkjəlèit]	통 계산하다, 추정하다 ▶ 명 calculation
□ **bottom**[bátəm]	명 바닥, 밑; 기초, 근본	□ **calm**[kɑ:m]	형 고요한, 침착한 통 진정하다, 가라앉히다
□ **bow**[bou, bau]	명 활, 활 모양의 것 통 굽히다, 구부리다, 절하다		

□ **canal**[kənǽl]　명 운하, 수로

□ **cancel**[kǽnsəl]　동 취소하다, 삭제하다

□ **cancer**[kǽnsər]　명 암

□ **capable**[kéipəbəl]　형 유능한, 할 수 있는
　▶ 명 capability

□ **capital**[kǽpitl]　명 수도; 대문자; 자본

□ **care**[kɛər]　명 걱정, 주의, 보살핌, 관심
　▶ 형 careful

□ **carry**[kǽri]　동 나르다, 지니다, 실행하다

□ **carve**[kɑːrv]　동 새기다, 조각하다

□ **case**[keis]　명 경우, 사정, 사건; 상자, 용기

□ **cast**[kæst]　동 던지다; 배역을 맡기다

□ **casual**[kǽʒuəl]　형 격식을 차리지 않은,
　편한, 일상적인

□ **cattle**[kǽtl]　명 소, 가축

□ **cause**[kɔːz]　동 일으키다, 발생시키다
　명 원인, 이유; 명분

□ **cave**[keiv]　명 동굴

□ **celebrate**[séləbrèit]　동 축하하다, 기념하다
　▶ 명 celebration

□ **cemetery**[sémətèri]　명 공동묘지

□ **century**[séntʃuri]　명 한 세기, 100년

□ **ceremony**[sérəmòuni]　명 의식, 기념식

□ **certain**[sə́ːrtən]　형 확신하는, 분명한;
　어떤, 다소의
　▶ 부 certainly
　명 certainty

□ **challenge**[tʃǽlindʒ]　동 도전하다 명 도전

□ **change**[tʃeindʒ]　동 바꾸다, 변하다
　명 변화, 교환

□ **chaos**[kéiɔs]　명 혼돈, 혼란

□ **charge**[tʃɑːrdʒ]　동 짐 지우다, 부과하다,
　책임을 묻다
　명 짐, 충전, 부과, 요금

□ **charming**[tʃɑ́ːrmiŋ]　형 매력적인
　▶ 동 명 charm

□ **chase**[tʃeis]　동 뒤쫓다, 따라가다
　명 추적, 추구

□ **chat**[tʃæt]　동 잡담하다 명 잡담

□ **cheap**[tʃiːp]　형 값싼, 싸구려의

□ **cheat**[tʃiːt]　동 속이다, 부정행위하다
　명 속임수, 사기

□ **check**[tʃek]　동 확인하다, 조사하다;
　저지하다
　명 확인, 조사, 저지, 방해

□ **cheer**[tʃiər]　명 환호, 갈채
　동 환호하다, 격려하다
　▶ 형 cheerful 유쾌한, 즐거운

□ **chemical**[kémikəl]　형 화학의, 화학물질의
　명 화학 약품[제품, 물질]
　▶ 명 chemistry

□ **chief**[tʃiːf]　형 주된, 주요한, 최고의
　명 우두머리, 장

□ **childhood**[tʃáildhùd]　명 어린 시절

□ **chilly**[tʃíli]　형 서늘한, 쌀쌀한
　▶ 명 형 chill

□ **choose**[tʃuːz]　동 선택하다, 고르다
　▶ 명 choice

□ **clean**[kliːn]　형 깨끗한, 결점 없는
　동 깨끗하게 하다, 청소하다

□ **clear**[kliər]　형 맑은, 명백한

□ **clerk**[klɑːrk]　명 점원, 판매원

□ **clever**[klévər]　형 현명한, 영리한

□ **cliff**[klif]　명 절벽, 낭떠러지

□ **climate**[kláimit]　명 기후

□ **climb**[klaim]　동 오르다, 등산하다

□ **close**[klouz]　동 닫다, 끝내다
　형 가까운, 친한; 닫힌
　명 끝, 근접

□ **closet**[klázit]　명 벽장

□ **clothes**[klouz]　명 옷

□ **clue**[klu:]　명 단서, 실마리

□ **coach**[koutʃ]　명 코치, 감독
　동 지도하다

□ **coast**[koust]　명 해안 ▶ 형 coastal

□ **collect**[kəlékt]　동 모으다, 수집하다
　▶ 명 collection
　형 collective

□ **college**[kálidʒ]　명 대학

□ **colorful**[kʌ́lərfəl]　형 화려한, 다채로운

□ **column**[káləm]　명 기둥, 세로 줄; 신문의 칼럼

□ **combine**[kəmbáin]　동 결합하다, 겸하다
　▶ 명 combination

□ **comfortable**[kʌ́mfərtəbəl]　형 편안한, 편리한
　▶ 동 명 comfort

□ **command**[kəmǽnd]　동 명령하다, 지배하다
　명 명령, 지배력

□ **common**[kámən]　형 일반적인, 공통의
　▶ 명 commonness;
　commoner

□ **communication**[kəmjù:nəkéiʃən]　명 의사소통
　▶ 동 communicate

□ **community**[kəmjú:nəti]　명 지역사회, 공동체

□ **company**[kʌ́mpəni]　명 회사; 동행한 사람들, 교제

□ **compare**[kəmpɛ́ər]　동 비교하다
　▶ 명 comparison
　형 comparable; comparative

□ **competent**[kámpətənt]　형 유능한, 자격 있는

□ **competition**[kàmpətíʃən]　명 경쟁, 시합
　▶ 동 compete
　형 competitive

□ **complain**[kəmpléin]　동 불평[하소연]하다
　▶ 명 complaint

□ **complete**[kəmplí:t]　동 끝내다, 완성하다
　▶ 명 completion

□ **complicated**[kámpləkèitid]　형 복잡한,
　알기 어려운
　▶ 동 complicate

□ **compose**[kəmpóuz]　동 작문[작곡]하다, 구성하다
　▶ 명 composition

□ **compulsory**[kəmpʌ́lsəri]　형 강제적인, 의무적인

□ **conduct**[kándʌkt]　동 수행하다, 지도하다
　명 행위, 지도

□ **confident**[kánfidənt]　형 확신하는, 자신 있는
　▶ 명 confidence
　동 confide

□ **confused**[kənfjú:zd]　형 당황한, 혼란스런
　▶ 동 confuse

□ **congratulate**[kəngrǽtʃəlèit]　동 축하하다
　▶ 명 congratulation

□ **connect**[kənékt]　동 연결하다, 연상하다
　▶ 명 connection
　형 connective

□ **consist**[kənsíst]　동 구성하다, ~로 이루어지다
　▶ 형 consistent
　명 consistence

□ **consider**[kənsídə*r*] 통 고려하다, 배려하다, ~로 여기다
▶ 명 consideration
형 considerable
부 considerably

□ **content**[kəntént] 명 내용, 목차 형 만족하는 통 만족시키다
▶ 명 contentment

□ **continent**[kɔ́ntənənt] 명 대륙

□ **continue**[kəntínjuː] 통 계속하다[되다]
▶ 형 continuous, continual

□ **contrary**[kɔ́ntreri] 형 반대의, 모순된 명 반대, 역

□ **control**[kəntróul] 명 통제, 조절 통 통제하다, 조절하다

□ **convenient**[kənvíːnjənt] 형 편리한
▶ 명 convenience

□ **conversation**[kɔ̀nvərséiʃən] 명 대화, 회화

□ **copy**[kápi] 통 복사[복제]하다, 모방하다 명 복사, 모방

□ **correct**[kərékt] 형 맞는, 정확한 통 바로잡다, 고치다
▶ 명 correction

□ **cosmetic**[kɔzmétik] 명 화장품

□ **cost**[kɔːst] 명 비용, 대가, 희생 통 값이 ~이다, 희생시키다
▶ 형 costly

□ **cottage**[kɔ́tidʒ] 명 시골의 작은집, 오두막

□ **cough**[kɔ(ː)f] 통 기침하다 명 기침

□ **count**[kaunt] 통 셈하다, 수를 세다; 중요하다; 믿다 명 셈, 계산

□ **courage**[kə́ːridʒ] 명 용기 ▶ 형 courageous

□ **course**[kɔːrs] 명 과정, 진로

□ **cover**[kʌ́və*r*] 통 덮다, 가리다, 보호하다 명 덮개, 보호, 은폐
▶ 명 coverage

□ **crack**[kræk] 명 갈라진 금, 틈; 결함 통 부수다, 깨다

□ **crash**[kræʃ] 통 충돌하다 명 충돌

□ **crawl**[krɔːl] 통 기다, 굽실거리다

□ **crazy**[kréizi] 형 미친, 열광한

□ **create**[kriéit] 통 창조하다, 만들어내다
▶ 형 creative
명 creation; creator

□ **creep**[kriːp] 통 기다; 살금살금 걷다

□ **crew**[kruː] 명 승무원, 직원

□ **crime**[kraim] 명 범죄 ▶ 명 criminal

□ **crop**[krɑp] 명 곡물; 수확

□ **crosswalk**[krɔ́ːswɔ̀ːk] 명 횡단보도

□ **crowded**[kráudid] 형 붐비는, 꽉 찬
▶ 명 crowd

□ **cruel**[krúːəl] 형 잔인한, 무자비한
▶ 명 cruelty

□ **culture**[kʌ́ltʃə*r*] 명 문화, 교양, 재배
▶ 형 cultural

□ **cure**[kjuə*r*] 통 치료하다 명 치료

□ **curious**[kjúəriəs] 형 궁금한, 호기심 있는
▶ 명 curiosity

□ **current**[kə́ːrənt] 형 현재의, 널리 퍼진 명 흐름, 경향
▶ 명 currency

□ **custom**[kʌ́stəm] 명 관습, 관례

□ **customer**[kʌ́stəmə*r*] 명 고객, 손님

□ **damage**[dǽmidʒ] 명 피해, 충격

□ **dangerous**[déindʒərəs] 형 위험한
▶ 명 danger

□ **dawn**[dɔːn] 명 새벽

□ **deal**[diːl] 동 다루다, 거래하다
명 거래

□ **death**[deθ] 명 죽음
▶ 형 dead 동 die

□ **debt**[det] 명 빚, 채무

□ **decade**[dékeid] 명 10년

□ **decide**[disáid] 동 결정하다
▶ 명 decision

□ **declare**[diklέər] 동 선언하다
▶ 명 declaration

□ **decorate**[dékərèit] 동 장식하다
▶ 명 decoration

□ **decrease**[díːkriːs, dikríːs] 동 감소하다, 줄이다
명 감소

□ **defeat**[difíit] 명 패배 동 패배시키다

□ **degree**[digríː] 명 정도

□ **delay**[diléi] 동 지체[지연]시키다
명 지연, 지체

□ **delicious**[dilíʃəs] 형 맛있는

□ **delight**[diláit] 형 즐거운, 밝은

□ **democracy**[dimάkrəsi] 명 민주주의
▶ 형 democratic

□ **deny**[dinái] 동 부인[부정]하다
▶ 명 denial

□ **depart**[dipάːrt] 동 출발하다, 벗어나다
▶ 명 departure

□ **department**[dipάːrtmənt] 명 부서

□ **depend**[dipénd] 동 의지하다, 믿다
▶ 명 dependance, dependency
형 dependent

□ **describe**[diskráib] 동 묘사하다, 설명하다
▶ 명 description

□ **desert**[dézərt] 명 사막
동 [dizə́ːrt] 버리다

□ **deserve**[dizə́ːrv] 동 ~할 만하다, ~할 가치가 있다

□ **desire**[dizaiər] 동 원하다, 갈망하다
명 욕망 ▶ 형 desirable

□ **destroy**[distrɔ́i] 동 파괴하다
▶ 명 destruction

□ **detective**[ditéktiv] 명 형사, 탐정
▶ 동 detect 명 detection

□ **develop**[divéləp] 동 개발하다, 발전하다
▶ 명 development

□ **devil**[dévl] 명 악마, 악 = evil

□ **dialogue**[dáiəlɔ̀ːg] 명 대화

□ **diary**[dáiəri] 명 일기

□ **diet**[dáiət] 명 식이요법, 식습관

□ **different**[dífərənt] 형 다른 ▶ 명 difference

□ **difficult**[dífikəlt] 형 힘든, 어려운
▶ 명 difficulty

□ **dig**[dig] 동 파다

□ **digest**[daidʒést] 동 소화시키다
▶ 명 digestion

□ **diligent**[dílədʒənt] 형 부지런한 ▶ 명 diligence

□ **dine**[dain] 명 식사

□ **direct**[dairékt] 형 직접적인, 곧은
▶ 명 direction

□ **dirty**[də́:rti] 휑 더러운	□ **earn**[ə:rn] 동 벌다, 얻다
□ **disadvantage**[dìsədvǽntidʒ] 명 불이익, 불리	□ **earth**[ə:rθ] 명 지구, 땅, 흙(earthen)
□ **disappear**[dìsəpíər] 동 사라지다, 없어지다	□ **edge**[edʒ] 명 가장자리, 경계, 위기
□ **disappoint**[dìsəpɔ́int] 동 실망시키다	□ **education**[èdʒukéiʃ*n] 명 교육 ▶ 휑 educational
□ **discover**[diskʌ́vər] 동 발견하다, 알아채다	□ **effect**[ifékt] 명 효과, 영향, 결과 ▶ 휑 effective
□ **discuss**[diskʌ́s] 동 의논하다, 협의하다 ▶ 명 discussion	
□ **disease**[dizí:z] 명 병, 질병	□ **effort**[éfərt] 동 노력, 수고
□ **disgusting**[disgʌ́stiŋ] 휑 역겨운, 불쾌한 ▶ 명 동 disgust	□ **election**[ilékʃ*n] 명 선거 ▶ 동 elect
	□ **electricity**[ilèktrísəti] 명 전기 ▶ 휑 electric, electrical
□ **distance**[dístəns] 명 거리, 정도 ▶ 휑 distant	□ **elementary**[èləméntəri] 휑 기본의, 초등학교의 ▶ 명 element 휑 elemental
□ **dive**[daiv] 동 뛰어들다, 다이빙하다	
□ **divide**[diváid] 동 나누다, 분할하다 ▶ 명 division	□ **elevate**[éləvèit] 동 올리다 ▶ 명 elevation; elevator
□ **divorce**[divɔ́:rs] 동 이혼하다 명 이혼	□ **emotion**[imóuʃ*n] 명 감정, 정서 ▶ 휑 emotional
□ **dizzy**[dízi] 휑 어지러운, 현기증을 느끼는	
□ **document**[dɔ́kjəmənt] 명 서류	□ **emphasize**[émfəsàiz] 동 강조하다 ▶ 명 emphasis
□ **doubt**[daut] 동 의심하다 명 의심, 불확실	□ **employ**[emplɔ́i] 동 고용하다 ▶ 명 employment; employer; employee
□ **drag**[dræg] 동 질질 끌다	
□ **draw**[drɔ:] 동 잡아당기다; 그리다	□ **empty**[émpti] 휑 빈, 빈자리의 동 비우다
□ **drive**[draiv] 동 운전하다, 몰아가다	□ **encourage**[enkə́:ridʒ] 동 격려하다, 조장하다 ▶ 명 encouragement
□ **drop**[drɑp] 동 떨어뜨리다	
□ **drown**[draun] 동 물에 빠뜨리다, 익사시키다	□ **engage**[engéidʒ] 동 약속하다, 고용하다; 끌어들이다 ▶ 명 engagement
□ **dull**[dʌl] 휑 무딘, 재미없는	
□ **dumb**[dʌm] 휑 말 못하는, 벙어리의	□ **entire**[entáiər] 휑 전체의, 완전한 ▶ 부 entirely
□ **duty**[djú:ti] 명 의무, 맡은 일	
□ **dye**[dai] 동 염색하다	□ **entrance**[éntrəns] 명 입구 ▶ 동 enter

□ **envelope**[énvəlòup] 명 봉투, 싸개
▶ 동 envelop

□ **envy**[énvi] 동 부러워하다, 시기[질투]하다
명 질투, 시샘

□ **equal**[í:kwəl] 형 동등[평등]한, 같은
▶ 부 equally
명 equality 동 equalize

□ **erase**[iréiz] 동 지우다 ▶ 명 eraser

□ **escape**[iskéip] 동 탈출하다, 벗어나다

□ **especially**[ispéʃəli] 부 특별히, 특히

□ **essential**[isénʃəl] 형 필수의, 본질적인
▶ 명 essence

□ **event**[ivént] 명 일, 사건, 행사

□ **exact**[igzǽkt] 형 정확한 ▶ 부 exactly

□ **examine**[igzǽmin] 동 검사하다, 시험하다
▶ 명 examination

□ **example**[igzǽmpəl] 명 예, 사례

□ **excellent**[éksələnt] 형 뛰어난, 훌륭한
▶ 명 excellence

□ **except**[iksépt] 전 ~을 제외하고, ~외에

□ **exchange**[ikstʃéindʒ] 동 교환하다, 맞바꾸다

□ **excite**[iksáit] 동 흥분시키다, 신나게 하다
▶ 명 excitement

□ **excuse**[ikskjú:z] 동 용서하다, 변명하다
명 변명, 구실, 용서

□ **exercise**[éksərsàiz] 동 운동하다, 연습하다
명 운동, 연습

□ **exit**[éksit] 명 출구 동 나가다

□ **expect**[ikspékt] 동 기대하다, 예상하다
▶ 명 expectation

□ **expensive**[ikspénsiv] 형 값비싼 ▶ 명 expense

□ **experience**[ikspíəriəns] 명 경험, 경력
동 경험하다

□ **explain**[ikspléin] 동 설명하다
▶ 명 explanation

□ **explode**[iksplóud] 동 폭발하다, 터지다
▶ 명 explosion
형 explosive

□ **explore**[iksplɔ́:r] 동 탐험[탐구]하다
▶ 명 exploration
형 exploratory

□ **express**[iksprés] 동 표현하다
▶ 명 expression
형 expressive

□ **extra**[ékstrə] 형 여분의, 임시의

□ **extreme**[ikstrí:m] 형 극도의, 최고의
▶ 명 extremity
부 extremely

□ **fail**[feil] 동 실패하다 ▶ 명 failure

□ **fair**[fɛər] 형 공정한, 공평한

□ **false**[fɔ:ls] 형 틀린, 거짓의

□ **familiar**[fəmíljər] 형 익숙[친숙]한
▶ 명 familiarity

□ **famous**[féiməs] 형 유명한 ▶ 명 fame

□ **fare**[fɛər] 명 운임, 요금

□ **fasten**[fǽsn] 동 묶다, 고정하다

□ **fat**[fæt] 형 뚱뚱한
명 지방, 기름 ▶ 동 fatten

□ **fault**[fɔ:lt] 명 잘못, 과실

□ **favorite**[féivərit] 형 가장 좋아하는
▶ 동명 favor

□ **fear**[fiər] 명 두려움, 공포
동 두려워하다 ▶ 형 fearful

□ **feast**[fi:st]	명 축제, 잔치	□ **footstep**[fútstèp]	명 걸음걸이, 발자국
□ **feed**[fi:d]	동 먹이다, 부양하다 ▶ 명 food	□ **force**[fɔːrs]	명 힘, 영향력, 무력 동 강제로 ~하게 하다, 밀어붙이다 ▶ 형 forceful
□ **female**[fíːmeil]	명 여성, 암컷 형 여성의, 암컷의 ↔ male	□ **foreign**[fɔ́(:)rin]	형 외국의 ▶ 명 foreigner
□ **fever**[fíːvər]	명 열; 열광	□ **forget**[fərgét]	동 잊다, 망각하다 ▶ 형 forgetful
□ **field**[fiːld]	명 들판; 분야	□ **forgive**[fərgív]	동 용서하다
□ **fierce**[fiərs]	형 맹렬한, 사나운	□ **form**[fɔːrm]	명 모양, 형태 동 형성하다, 구성하다
□ **figure**[fígjər]	명 숫자, 모양, 인물 동 생각하다, 계산하다	□ **formal**[fɔ́ːrməl]	형 정식의, 형식적인 ↔ informal
□ **fill**[fil]	동 채우다, 충족시키다	□ **fortunate**[fɔ́ːrtʃənit]	형 운 좋은, 행운의 ▶ 명 fortune
□ **finally**[fáinəli]	부 마침내, 드디어 ▶ 형 final	□ **foundation**[faundéiʃən]	명 토대, 기초, 설립 ▶ 동 found
□ **finish**[fíniʃ]	동 끝내다, 완성하다	□ **frame**[freim]	명 틀, 뼈대 동 ~의 토대를 놓다, 뼈대를 만들다 ▶ 명 framework
□ **fire**[faiər]	명 불, 화재, 사격 동 해고하다	□ **frankly**[frǽŋkli]	부 솔직히 ▶ 형 frank
□ **firm**[fəːrm]	형 확고한, 단단한 명 회사	□ **freedom**[fríːdəm]	명 자유 = liberty ▶ 형동 free
□ **fit**[fit]	형 꼭 맞는, 알맞은, 건강한 동 ~에 맞다, 적합하다	□ **freeze**[friːz]	동 얼리다 ▶ 명 freezer
□ **flat**[flæt]	형 평평한, 납작한	□ **frighten**[fráitn]	동 놀라게[두렵게] 하다
□ **flight**[flait]	명 비행 ▶ 동 fly	□ **frost**[frɔːst]	명 서리
□ **float**[flout]	동 물에 뜨다, 퍼뜨리다	□ **fuel**[fjúːəl]	명 연료
□ **flood**[flʌd]	명 홍수	□ **funeral**[fjúːnərəl]	명 장례, 장례식
□ **flow**[flou]	동 흐르다 명 흐름	□ **furniture**[fɔ́ːrnitʃər]	명 가구
□ **foam**[foum]	명 거품 동 거품이 일다		
□ **folk**[fouk]	명 사람들, 가족, 민속		
□ **follow**[fálou]	동 따르다, ~ 다음에 오다		
□ **foolish**[fúːliʃ]	형 바보 같은, 어리석은 ▶ 명동 fool		

□ **further**[fə́:rðər] 　부 그 위에, 게다가
　　　　　　　　　 형 그 이상의

□ **future**[fjú:tʃər] 　명 미래

□ **gain**[gein] 　동 얻다, 증대하다
　　　　　　　명 이익, 증가

□ **gallery**[gǽləri] 　명 미술관

□ **gap**[gæp] 　명 틈, 차이, 간격

□ **garage**[gərá:dʒ] 　명 차고, 자동차정비소

□ **gather**[gǽðər] 　동 모으다, 모이다, 점점 늘리다

□ **gaze**[geiz] 　동 응시하다, 지켜보다
　　　　　　　명 응시

□ **general**[dʒénərəl] 　형 일반적인, 전체적인
　　　　　　　　　 ▶ 부 generally

□ **gentle**[dʒéntl] 　형 점잖은, 온화한
　　　　　　　　 ▶ 부 gently
　　　　　　　　 명 gentleman

□ **gesture**[dʒéstʃər] 　명 몸짓, 태도

□ **global**[glóubəl] 　형 지구의, 세계의
　　　　　　　　 ▶ 명 globe; globalization
　　　　　　　　 동 globalize

□ **glory**[glɔ́:ri] 　명 영광, 행복
　　　　　　　 ▶ 형 glorious

□ **goal**[goul] 　명 목표, 득점

□ **gossip**[gásip] 　동 잡담하다 명 잡담

□ **government**[gʌ́vərnmənt] 　명 정부, 통치
　　　　　　　　　　　 ▶ 동 govern

□ **grab**[græb] 　동 움켜잡다, 가로채다

□ **grace**[greis] 　명 우아, 세련, 은총
　　　　　　　 ▶ 형 graceful, gracious

□ **grade**[greid] 　명 등급, 학년, 성적
　　　　　　　 동 등급을 매기다

□ **graduate**[grǽdʒuèit] 　동 졸업하다 명 대학원생
　　　　　　　　　　 ▶ 명 graduation

□ **grain**[grein] 　명 곡물, 낟알, 아주 조금

□ **grand**[grænd] 　형 웅대한, 대규모의

□ **grave**[greiv] 　명 무덤, 묘지 = tomb

□ **greedy**[grí:di] 　형 탐욕스러운,
　　　　　　　　 몹시 갈망하는
　　　　　　　　 ▶ 명 greed

□ **greet**[gri:t] 　~에게 인사하다, 환영하다

□ **grow**[grou] 　동 기르다, 재배하다,
　　　　　　　 성장하다, 점차 ~이 되다
　　　　　　　 ▶ 명 growth

□ **guard**[ga:rd] 　명 경계, 보호
　　　　　　　 동 경계하다, 보호하다
　　　　　　　 ▶ 명 guardian

□ **guess**[ges] 　동 추측하다 명 추측

□ **guide**[gaid] 　동 안내하다, 인도하다
　　　　　　　 명 안내자, 여행가이드; 지침
　　　　　　　 ▶ 명 guidance

□ **gym**[dʒim] 　명 체육관(gymnasium),
　　　　　　　 체육, 체조(gymnastics)

□ **habit**[hǽbit] 　명 습관 ▶ 형 habitual
　　　　　　　 부 habitually

□ **halt**[hɔ:lt] 　동 멈추다, 정지하다
　　　　　　　 명 정지

□ **handle**[hǽndl] 　동 다루다, 취급하다
　　　　　　　 명 손잡이, 핸들

□ **hang**[hæŋ] 　동 매달다, 매달리다,
　　　　　　　 교수형에 처하다
　　　　　　　 ▶ 명 hanger

□ **happen**[hǽpən] 　동 발생하다, 우연히 ~하다

□ **hardly**[há:rdli] 　부 거의 ~ 않다, 없다

□ **harm**[hɑːrm] — 통 해치다 명 손해, 해 ▶ 형 harmful

□ **harvest**[háːrvist] — 명 수확, 수확물 통 수확하다

□ **haste**[heist] — 명 서두름, 급함 통 서두르다 ▶ 통 hasten 형 hasty

□ **hate**[heit] — 통 증오하다, 몹시 싫어하다 ▶ 명 hatred

□ **headache**[hédèik] — 명 두통, 골칫거리

□ **heal**[hiːl] — 통 치유하다, 고치다

□ **health**[helθ] — 명 건강 ▶ 형 healthy, healthful

□ **heat**[hiːt] — 명 열, 더위, 열광 통 가열하다, 흥분시키다

□ **heaven**[hévən] — 명 천국

□ **heavy**[hévi] — 형 무거운

□ **height**[hait] — 명 높이, 키, 절정 ▶ 형 high

□ **hesitate**[hézətèit] — 통 주저하다, 내키지 않다 ▶ 명 hesitation

□ **hide**[haid] — 통 숨기다, 숨다, 감추다

□ **highlight**[háilàit] — 통 강조하다, 두드러지게 하다 명 가장 밝은 부분, 주요 사건

□ **history**[hístəri] — 명 역사 ▶ 형 historic, historical

□ **hit**[hit] — 통 치다, 때리다

□ **hold**[hould] — 통 붙잡다, 갖고 있다, 유지하다

□ **hole**[houl] — 명 구멍

□ **hollow**[hálou] — 형 속이 빈, 공허한

□ **homesick**[hóumsìk] — 형 향수병의, 집이 그리운

□ **honest**[ánist] — 형 정직한, 진실한 ▶ 명 honesty

□ **honor**[ánər] — 명 영광, 명예 ▶ 형 honorable

□ **hop**[hɔp] — 통 껑충 뛰다, 차에 타다

□ **horizon**[həráizən] — 명 지평선, 수평선 ▶ horizontal

□ **horror**[hɔ́ːrər] — 명 공포, 전율 ▶ 형 horrible 통 horrify

□ **hospital**[háspitl] — 명 종합병원 ▶ 통 hospitalize 명 hospitality

□ **host**[houst] — 명 주인, 주최자 통 주최하다 ▶ 명 hostess

□ **however**[hauévər] — 접 하지만, 그렇지만 부 아무리 ~할지라도

□ **hug**[hʌg] — 통 껴안다, 품다 명 포옹

□ **huge**[hjuːdʒ] — 형 거대한

□ **hunger**[hʌ́ŋgər] — 명 배고픔, 갈망 ▶ 형 hungry

□ **hurry**[hə́ːri] — 통 서두르다 명 서두름

□ **hurt**[həːrt] — 통 아프게 하다, 상처주다, 아프다

□ **hydrogen**[háidrədʒən] — 명 수소

□ **iceberg**[áisbəːrg] — 명 빙산

□ **imagine**[imǽdʒin] — 통 상상하다 ▶ 명 imagination 형 imaginative, imaginary

□ **immediately**[imíːdiitli] — 부 즉시, 곧 ▶ 형 immediate

□ **import**[impɔ́ːrt] — 통 수입하다, 내포하다 명 수입 ↔ export

□ **important**[impɔ́ːrtənt] 휑 중요한 ↔ unimportant
　　　　　　　　　　▶ 몡 importance

□ **impress**[imprés] 됭 ~란 인상을 주다,
　　　　　　　　감동시키다
　　　　　　　　▶ 몡 impression
　　　　　　　　휑 impressive

□ **incident**[ínsədənt] 몡 사건, 일

□ **include**[inklúːd] 됭 포함하다, 개입시키다
　　　　　　　　▶ 몡 inclusion

□ **income**[ínkʌm] 몡 소득, 수입

□ **increase**[inkríːs] 됭 증가하다, 늘리다
　　　　　　　　몡 증가

□ **indeed**[indíːd] 묌 정말로, 과연

□ **independent**[ìndipéndənt] 휑 독립적인, 독립한
　　　　　　　　▶ 몡 independence

□ **individual**[ìndəvídʒuəl] 몡 개인, 개체
　　　　　　　　휑 개인의

□ **indoor**[índɔ̀ːr] 휑 실내의

□ **industry**[índəstri] 몡 산업, 근면
　　　　　　　　▶ 휑 industrial, industrious
　　　　　　　　됭 industrialize
　　　　　　　　몡 industrialization

□ **inflation**[infléiʃən] 몡 팽창, 인플레이션
　　　　　　　　▶ 됭 inflate

□ **information**[ìnfərméiʃən] 몡 정보

□ **initial**[iníʃəl] 휑 처음의, 초기의

□ **injury**[índʒəri] 몡 부상, 상해

□ **inner**[ínər] 휑 내부의, 내적인

□ **insect**[ínsekt] 몡 벌레, 곤충

□ **insist**[insíst] 됭 고집하다, 우기다
　　　　　　　　▶ 휑 insistent
　　　　　　　　몡 insistence

□ **instance**[ínstəns] 몡 실례, 사실

□ **instant**[ínstənt] 휑 즉석의, 즉시의
　　　　　　　　▶ 묌 instantly

□ **instead**[instéd] 묌 대신에

□ **instrument**[ínstrəmənt] 몡 기구, 악기
　　　　　　　　됭 기계[기구]를 설치하다
　　　　　　　　▶ 휑 instrumental

□ **interest**[íntərist] 됭 흥미를 끌다
　　　　　　　　몡 관심, 흥미;
　　　　　　　　이자(利子), 이익
　　　　　　　　▶ 휑 interesting

□ **intimate**[íntəmit] 휑 (남녀가) 친밀한
　　　　　　　　▶ 묌 intimately

□ **introduce**[ìntrədjúːs] 됭 소개하다, 받아들이다
　　　　　　　　▶ 몡 introduction

□ **invade**[invéid] 됭 침략하다, 쇄도하다
　　　　　　　　▶ 몡 invasion

□ **invent**[invént] 됭 발명하다, 고안하다
　　　　　　　　▶ 몡 invention; inventor

□ **invite**[inváit] 됭 초대하다
　　　　　　　　▶ 몡 invitation

□ **jail**[dʒeil] 몡 감옥 = prison

□ **jam**[dʒæm] 됭 채워 넣다, 밀어붙이다
　　　　　　　　몡 꽉 들어참, 혼잡; 잼

□ **jealous**[dʒéləs] 휑 질투심 많은, 시샘하는
　　　　　　　　▶ 몡 jealousy

□ **join**[dʒɔin] 됭 연결하다, 합류[가입]하다
　　　　　　　　몡 접합, 합류
　　　　　　　　▶ 몡 joint

□ **journey**[dʒə́ːrni] 몡 여행, 왕복

□ **joy**[dʒɔi] 몡 기쁨
　　　　　　　　됭 기뻐하다
　　　　　　　　▶ 휑 joyful

□ **judge**[dʒʌdʒ]	통 재판하다, 판단하다 명 재판관, 판사 ▶ 명 judgement	□ **library**[láibrèri]	명 도서관
□ **justice**[dʒʌ́stis]	명 정의, 정당, 사법 ▶ 형 just	□ **license**[láisəns]	명 면허, 허가증 통 면허를 주다
□ **keep**[ki:p]	통 간직[유지]하다, 지키다, 계속 ~하게 하다	□ **lift**[lift]	통 들어올리다, 높이다
□ **kindergarten**[kíndərgà:rtn] 명 유치원		□ **limit**[límit]	명 한계, 제한 통 제한하다 ▶ 명 limitation 형 limitless
□ **knowledge**[nálidʒ] 명 지식, 학식 ▶ 통 know		□ **link**[liŋk]	명 연결, 고리 통 잇다, 연결되다
□ **label**[léibəl]	명 라벨, 꼬리표 통 ~라 분류하다, 꼬리표를 붙이다	□ **list**[list]	명 목록 통 목록을 만들다
□ **lack**[læk]	명 부족, 결핍 통 ~이 부족하다, 없다	□ **literature**[lítərətʃər]	명 문학, 문헌 ▶ 형 literal, literate, illiterate 부 literally
□ **language**[lǽŋgwidʒ] 명 언어		□ **load**[loud]	명 짐, 부담 통 짐을 싣다
□ **laundry**[lá:ndri]	명 세탁소, 세탁물	□ **location**[loukéiʃən]	명 장소, 위치 ▶ 통 locate
□ **law**[lɔ:]	명 법 ▶ 형 lawful	□ **lock**[lɑk]	통 잠그다, 가두다 명 자물쇠
□ **lazy**[léizi]	형 게으른 = idle ▶ 명 laziness	□ **lonely**[lóunli]	형 외로운 ▶ 명 loneliness 형 alone
□ **lay**[lei]	통 놓다, 눕히다; 알을 낳다	□ **loose**[lu:s]	형 풀린, 느슨한 ▶ 통 loosen
□ **lead**[li:d]	통 인도하다, 이끌다 명 지도, 인도, 앞섬 ▶ 명 leader	□ **lose**[lu:z]	통 잃다, 놓치다, 패하다 ▶ 명 lost
□ **leak**[li:k]	통 새다, 누설되다 명 새는 것, 누설 ▶ 명 leakage	□ **loud**[laud]	형 소리가 큰, 시끄러운 ▶ 부 loudly; aloud
□ **leap**[li:p]	통 도약하다, 뛰어넘다 명 도약	□ **low**[lou]	형 낮은 ↔ high ▶ 통 lower
□ **leather**[léðər]	명 가죽	□ **luck**[lʌk]	명 행운, 운 ▶ 형 lucky ↔ unlucky
□ **leave**[li:v]	통 떠나다, 뒤에 남기다 명 휴가		
□ **lend**[lend]	통 빌려주다 ↔ borrow		

□ **lunar**[lú:nər] 형 달의, 음력의

□ **machine**[məʃí:n] 명 기계 ▶ 명 machinery

□ **magazine**[mæ̀gəzí:n] 명 잡지

□ **main**[mein] 형 주요한, 주된
▶ 부 mainly

□ **major**[méidʒər] 형 주요한, 일류의 ↔ minor
▶ 명 majority

□ **mammal**[mǽməl] 명 포유동물

□ **mankind**[mæ̀nkáind] 명 인류, 인간

□ **march**[mɑ:rtʃ] 동 행진[전진]하다 명 행진

□ **Mars**[mɑ:rz] 명 화성

□ **mass**[mæs] 명 덩어리, 다량, 대중
형 대량의, 대중의

□ **master**[mǽ:stər] 명 주인, 대가, 달인
동 숙달하다, ~의 주인이 되다

□ **match**[mætʃ] 동 조화시키다, 맞추다;
~에 필적하다, 어울리다
명 시합, 대전 상대; 성냥

□ **material**[mətíəriəl] 명 물질, 재료 형 물질의
▶ 명 materialism

□ **math**[mæθ] 명 수학 =mathematics

□ **matter**[mǽtər] 명 물질, 문제
동 중요하다

□ **meal**[mi:l] 명 식사

□ **meat**[mi:t] 명 고기

□ **medicine**[médəsən] 명 약, 의술
▶ 형 medical
명 medics

□ **memorize**[méməràiz] 동 암기[기억]하다, 외우다
▶ 명 memory,
memorization

□ **mental**[méntl] 형 정신의, 정신적인 ↔
physical
▶ 명 mentality
부 mentally

□ **mention**[ménʃən] 동 언급하다, 말하다
명 언급

□ **merchant**[mɔ́:rtʃənt] 명 상인

□ **mercy**[mɔ́:rsi] 명 자비, 인정
▶ 형 merciful

□ **merry**[méri] 형 즐거운, 흥겨운

□ **metal**[métl] 명 금속

□ **method**[méθəd] 명 방법, 방식

□ **mild**[maild] 형 온화한, 순한

□ **military**[mílitəri] 형 군의, 군대의 명 군대

□ **million**[míljən] 명 백만, 다수
▶ 명 millionaire

□ **mind**[maind] 명 마음, 생각
동 ~을 꺼려하다, 신경 쓰다

□ **minimum**[mínəməm] 명 최소, 최저 ↔ maximum

□ **miracle**[mírəkəl] 명 기적, 불가사의

□ **miss**[mis] 동 놓치다; 그리워하다

□ **mistake**[mistéik] 명 실수

□ **mix**[miks] 동 섞다, 어울리다
명 혼합, 혼합물
▶ 명 mixture

□ **modern**[mɔ́dərn] 형 현대의
▶ 명 modernization

□ **monk**[mʌŋk] 명 승려

□ **monument**[mɔ́njəmənt] 명 기념물, 기념비

□ **moral**[mɔ́(:)rəl] 형 도덕의, 도덕적인
▶ 명 morality

□ **mostly**[móustli]	부 대부분, 대개는 ▶ 형 most
□ **motion**[móuʃən]	명 운동, 동작 동 몸짓으로 알리다
□ **mud**[mʌd]	명 진흙, 진창
□ **murder**[mə́:rdər]	명 살인, 살해 동 살해하다 ▶ 형 murderous 명 murderer
□ **muscle**[mʌ́səl]	명 근육, 완력 ▶ 형 muscular
□ **museum**[mju:zí:əm]	명 박물관
□ **musician**[mju:zíʃən]	명 음악가 ▶ 명 music 형명 musical
□ **mystery**[místəri]	명 신비, 불가사의 ▶ 형 mysterious
□ **nail**[neil]	명 못, 손[발]톱 동 못 박다, 꼼짝 못하게 하다
□ **nap**[næp]	명 낮잠 동 낮잠 자다, 졸다(doze off)
□ **narrow**[nǽrou]	형 폭이 좁은 ↔ wide
□ **national**[nǽʃənəl]	형 국가의, 전국의 ▶ 명 nation
□ **native**[néitiv]	형 출생의, 본국의
□ **nature**[néitʃər]	명 자연, 본성 ▶ 형 natural 부 naturally
□ **nearby**[níərbài]	부 근처에, 가까이에
□ **nearly**[níərli]	부 거의, 간신히 ▶ 전형부 near
□ **neat**[ni:t]	형 깔끔한, 정돈된; 솜씨 좋은
□ **necessary**[nésəsèri]	형 필요한, 필연적인 ▶ 명 necessity 부 necessarily
□ **need**[ni:d]	동 ~을 필요로 하다 명 필요, 필요한 것, 부족
□ **neighbor**[néibər]	명 이웃
□ **nervous**[nə́:rvəs]	형 불안한, 신경질적인 ▶ 명 nerve
□ **nightmare**[náitmὲər] 명 악몽	
□ **noble**[nóubəl]	형 고귀한, 고상한 ▶ 명 nobility
□ **nod**[nɔd]	동 고개를 끄덕이다, 승낙하다
□ **noise**[nɔiz]	명 소음, 소란
□ **normal**[nɔ́:rməl]	형 정상의, 표준의 ↔ abnormal
□ **notice**[nóutis]	동 알아채다, ~에 주의하다 명 주의, 주목, 통고 ▶ 동명 note 동 notify
□ **nuclear**[njú:kliər]	형 핵의, 핵무기의 명 핵무기
□ **nurse**[nə:rs]	명 간호사, 보모 동 돌보다, 간호하다
□ **oath**[ouθ]	명 맹세, 서약
□ **obey**[oubéi]	동 ~에 복종하다, 따르다 ▶ 명 obedience
□ **object**[ɔ́bdʒikt]	명 사물; 객관; 목표 동 반대하다, 항의하다 ▶ 명 objection, objective
□ **obtain**[əbtéin]	동 얻다, 획득하다
□ **occur**[əkə́:r]	동 발생하다, 생각나다 ▶ 명 occurrence
□ **ocean**[óuʃən]	명 해양, 바다
□ **offer**[ɔ́(:)fər]	동 제공[제안]하다 명 제공, 제안

□ **officer**[ɔ́(:)fisər]　몡 장교, 공무원, 관료
　▶ 몡혱 official

□ **old-fashioned**[óuldfǽʃənd]　혱 구식의, 낡은

□ **operate**[ɔ́pərèit]　동 작동하다, 운영하다;
　수술하다
　▶ 몡 operation

□ **opinion**[əpínjən]　몡 견해, 의견

□ **opportunity**[ɑ̀pərtjúːnəti]　몡 기회

□ **order**[ɔ́ːrdər]　동 명령하다; 주문하다;
　배열하다
　몡 명령; 순서, 질서

□ **otherwise**[ʌ́ðərwàiz]　뷔 다른 방법으로,
　만일 그렇지 않다면

□ **outdated**[autdéitid]　혱 시대에 뒤진, 구식의

□ **overall**[òuvərɔ́ːl]　혱 전부의 뷔 전체적으로

□ **overseas**[òuvərsíːz]　혱 해외의, 외국의
　뷔 해외로

□ **owe**[ou]　동 빚[신세]를 지다,
　~을 갚아야 하다

□ **own**[oun]　혱 자기 자신의, 고유한
　동 소유하다, 자기 거라 인정하다
　▶ 몡 owner

□ **oxygen**[ɔ́ksidʒən]　몡 산소

□ **pair**[pɛər]　몡 한 쌍[짝]

□ **palace**[pǽlis]　몡 궁전, 궁궐

□ **panic**[pǽnik]　몡 공포, 공황 혱 당황한

□ **parade**[pəréid]　몡 행렬, 행진

□ **pardon**[páːrdn]　동 용서하다, 봐주다
　몡 용서, 관대

□ **parental**[pəréntl]　혱 부모의, 부모다운
　▶ 몡 parents

□ **park**[pɑːrk]　몡 공원, 주차장
　동 주차하다

□ **particular**[pərtíkjələr]　혱 특별한, 개개의

□ **pass**[pæs]　동 지나가다, 통과하다,
　합격하다, 넘기다
　▶ 몡 passport

□ **passenger**[pǽsəndʒər]　몡 승객

□ **path**[pæθ]　몡 작은 길, 경로

□ **patient**[péiʃənt]　몡 환자 혱 참을성 있는
　▶ 몡 patience

□ **pause**[pɔːz]　몡 정지, 멈춤
　동 중단하다, 멈추다

□ **peaceful**[píːsfəl]　혱 평화로운 ▶ 몡 peace

□ **peep**[piːp]　동 엿보다, 들여다보다
　몡 엿보기

□ **peer**[piər]　몡 또래, 동년배

□ **perfect**[pə́ːrfikt]　혱 완벽한 ▶ 뷔 perfectly

□ **period**[píəriəd]　몡 시기, 기간; 마침표
　▶ 혱몡 periodical

□ **personal**[pə́ːrsənəl]　혱 개인적인, 인격의
　▶ 몡 person, personality
　동 personalize

□ **pet**[pet]　몡 애완동물 혱 애완의,
　마음에 드는
　동 귀여워하다

□ **physical**[fízikəl]　혱 육체의, 물질의
　▶ 몡 physics

□ **photograph**[fóutəgræf]　몡 사진

□ **pick**[pik]　동 줍다, 집어 들다, 고르다

□ **piece**[piːs]　몡 조각, 일부

□ **pill**[pil]　몡 알약

○ ○ ○

□ **pitch**[pitʃ]　　圄 던지다; 높이를 정하다
　　　　　　　　　몡 던짐, 투구; 높이, 음정

□ **pity**[píti]　　　몡 동정, 유감, 애석
　　　　　　　　圄 불쌍히 여기다, 동정하다
　　　　　　　　▶ 혬 pitiful

□ **place**[pleis]　　圄 ~에 두다, 놓다
　　　　　　　　몡 장소, 위치, 지위
　　　　　　　　▶ 圄 misplace

□ **plane**[plein]　　몡 비행기 = airplane

□ **planet**[plǽnət]　　몡 행성

□ **plant**[plænt]　　몡 식물; 공장, 설비
　　　　　　　　圄 심다, 이식하다
　　　　　　　　▶ 몡 plantation

□ **plate**[pleit]　　몡 쟁반, 판

□ **pleasant**[plézənt]　　혬 즐거운, 유쾌한

□ **pleasure**[pléʒər]　　몡 즐거움, 기쁨
　　　　　　　　▶ 圄 please

□ **plenty**[plénti]　　몡 많음, 다량

□ **poem**[póuim]　　몡 시(詩)
　　　　　　　　▶ 몡 poet; poetry

□ **point**[pɔint]　　圄 가리키다, 지시하다,
　　　　　　　　강조하다
　　　　　　　　몡 뾰족한 끝, 요점

□ **pole**[poul]　　몡 장대; 극(極)

□ **policy**[póləsi]　　몡 정책

□ **polite**[pəláit]　　혬 예의바른, 점잖은

□ **politics**[pólitiks]　　몡 정치 ▶ 혬 political
　　　　　　　　몡 politician

□ **pollution**[pəlú:ʃn]　　몡 공해, 오염 ▶
　　　　　　　　圄 pollute 몡 pollutant

□ **popular**[pápjələr]　　혬 인기 있는, 대중의
　　　　　　　　▶ 몡 popularity 圄몡 pop

□ **population**[pàpjəléiʃən] 몡 인구

□ **port**[pɔːrt]　　몡 항구(harbor), 공항

□ **position**[pəzíʃən]　　몡 위치, 지위, 태도
　　　　　　　　▶ 圄몡 pose

□ **positive**[pózətiv]　　혬 긍정적인, 확신하는 ↔
　　　　　　　　negative

□ **possible**[pásəbəl]　　혬 가능한
　　　　　　　　▶ 몡 possibility

□ **post**[poust]　　몡 기둥, 푯말
　　　　　　　　圄 ~에 붙이다, 게시하다

□ **poverty**[pávərti]　　몡 가난, 궁핍
　　　　　　　　▶ 혬 poor

□ **powerful**[páuərfəl]　　혬 강력한, 유력한
　　　　　　　　▶ 몡 power

□ **practice**[præktis]　　몡 연습, 실행, 풍습
　　　　　　　　圄 연습(실행)하다, 종사하다

□ **praise**[preiz]　　圄 칭찬[찬미]하다
　　　　　　　　몡 칭찬, 숭배

□ **pray**[prei]　　圄 기도하다, 빌다

□ **precious**[préʃəs]　　혬 귀중한, 비싼

□ **prefer**[prifə́:r]　　圄 더 좋아하다, 선호하다
　　　　　　　　▶ 몡 preference

□ **pregnant**[prégnənt]　　혬 임신한
　　　　　　　　▶ 몡 pregnancy

□ **prepare**[pripέər]　　圄 준비[대비]하다
　　　　　　　　▶ 몡 preparation

□ **present**[prézənt]　　圄 제출하다, 소개하다,
　　　　　　　　선물하다 몡 선물
　　　　　　　　혬 현재의, 출석한
　　　　　　　　▶ 몡 presentation

□ **president**[prézidənt] 몡 대통령, 총장, 회장
　　　　　　　　▶ 혬 presidential

□ **press**[pres] 　동 누르다, 강요하다, 압박하다, 인쇄하다
　명 누름, 압박; 인쇄
　▶ 명 pressure

□ **pretend**[priténd] 　동 가장하다, ~인 체하다

□ **preview**[prí:vjù:] 　명 미리보기
　동 미리 보다, 예습하다

□ **previous**[prí:viəs] 　형 이전의, 앞의

□ **primary**[práimməri] 　형 첫째의, 처음의
　▶ 부 primarily

□ **principal**[prínsəpəl] 　명 교장선생님

□ **private**[práivit] 　형 사적인, 비밀의, 사립의
　↔ public

□ **prize**[praiz] 　명 상, 상품

□ **problem**[prábləm] 　명 문제, 난관
　▶ 형 problematic

□ **produce**[prədjú:s] 　동 낳다, 생산하다, 연출하다
　명 농산물, 제품
　▶ 동명 product
　명 production 동 reproduce

□ **progress**[prá:gres] 　동 진보[발전]하다
　명 진보, 발달
　▶ 형 progressive

□ **project**[prədʒékt] 　명 계획, 예정
　동 계획하다; 발사[투영]하다
　▶ 명 projection

□ **promise**[prámis] 　동 약속하다 명 약속

□ **pronunciation**[prənʌ̀nsiéiʃən] 　명 발음
　▶ 동 pronounce

□ **properly**[prápərli] 　부 적절히, 올바르게
　▶ 형 proper 명 property

□ **protect**[prətékt] 　동 보호하다, 지키다
　▶ 명 protection

□ **protein**[próuti:n] 　명 단백질

□ **proud**[praud] 　형 자랑할 만한, 자랑스러워하는
　▶ 명 pride

□ **prove**[pru:v] 　동 증명하다, ~임이 입증되다
　▶ 명 proof

□ **proverb**[prá:və:rb] 　명 속담, 격언

□ **provide**[prəváid] 　동 주다, 제공하다
　▶ 명 provision

□ **public**[pʌ́blik] 　형 공공의, 공적인
　▶ 명 publication, publicity
　동 publish

□ **pull**[pul] 　동 당기다, 끌다

□ **pulse**[pʌls] 　명 맥박, 진동

□ **punish**[pʌ́niʃ] 　동 벌하다, 응징하다
　▶ 명 punishment

□ **purpose**[pə́:rpəs] 　명 목적, 의도

□ **push**[puʃ] 　동 밀다, 강요하다

□ **quality**[kwɔ́ləti] 　명 질, 품질, 자질
　▶ 동 qualify
　명 qualification

□ **quarrel**[kwɔ́:rəl] 　동 말다툼하다
　명 말다툼
　▶ 형 quarrelsome

□ **quarter**[kwɔ́:rtər] 　명 4분의 1, 15분, 25센트

□ **quiet**[kwáiət] 　형 조용한, 말 없는
　▶ 부 quietly

□ **quite**[kwait] 　부 꽤, 상당히, 완전히, 전혀

□ **quiz**[kwiz] 　명 퀴즈, 쪽지시험
　동 테스트하다, 질문하다

□ **race**[reis] 　명 경주, 경쟁

□ **railroad**[réilròud]　명 철로, 철도

□ **raise**[reiz]　동 끌어올리다, 일으키다, 기르다, 재배하다

□ **rapid**[rǽpid]　형 빠른, 신속한
▶ 부 rapidly

□ **rare**[rɛər]　형 드문, 희박한

□ **rate**[reit]　명 비율, 정도, 요금

□ **rather**[rǽðər]　부 오히려, 다소

□ **reach**[ri:tʃ]　동 이르다, 닿다

□ **realize**[rí:əlàiz]　동 실현하다; 깨닫다
▶ 명 realization

□ **rear**[riər]　명 뒤쪽, 후방
형 뒤의

□ **reason**[rí:zən]　명 이유, 이성
동 추론하다, 판단하다
▶ 형 reasonable

□ **receive**[risí:v]　동 받다
▶ 명 reception, receipt

□ **recently**[rí:səntli]　부 최근에
▶ 형 recent

□ **record**[rékɔːrd]　동 기록하다 명 기록

□ **referee**[réfərí:]　명 심판, 중재인

□ **refrigerator**[rifrìdʒəréitər]　명 냉장고

□ **refuse**[rifjú:z]　동 거절[거부]하다
▶ 명 refusal

□ **region**[rí:dʒən]　명 지역, 영역, 범위
▶ 형 regional

□ **regular**[régjələr]　형 규칙적인, 정기적인
▶ 부 regularly

□ **rein**[rein]　명 고삐, 구속, 지배권
동 제어[통제]하다

□ **relative**[rélətiv]　형 상대적인; 관계있는
명 친척 ▶ 동 relate
명 relation, relationship

□ **relax**[rilǽks]　동 늦추다, 긴장을 풀다
▶ 명 relaxation

□ **relay**[rí:lei]　동 중계하다, ~에게 이어주다
명 중계, 이어주기

□ **religion**[rilídʒən]　명 종교

□ **remain**[riméin]　동 여전히 ~인 체 있다, 머무르다, 남다
명 유적, 유물

□ **remind**[rimáind]　동 상기시키다, 생각나게 하다

□ **remove**[rimú:v]　동 옮기다, 제거하다
▶ 명 removal

□ **rent**[rent]　명 임대료 동 임대하다
▶ 명형 rental

□ **repair**[ripɛ́ər]　동 수리하다, 회복하다
명 수리, 회복
▶ 명 reparation

□ **repeat**[ripí:t]　동 반복하다
▶ 명 repetition
형 repetitive

□ **replace**[ripléis]　동 대신[대체]하다, 되돌리다
▶ 명 replacement

□ **reply**[riplái]　동 대답하다 명 대답

□ **report**[ripɔ́:rt]　동 보고[신고]하다, 보도하다
명 보고[서], 성적표

□ **require**[rikwáiər]　동 요구하다, 필요로 하다
▶ 명 requirement

□ **resemble**[rizémbəl]　동 닮다, 공통점이 있다
▶ 명 resemblance

□ **resource**[rí:sɔːrs]　명 자원, 수단
▶ 형 resourceful

☐ **respect**[rispékt] 통 존경하다 명 존경
▶ 형 respectful, respectable

☐ **rest**[rest] 명 휴식, 평안; 나머지
통 쉬다, 놓다

☐ **result**[rizʎlt] 통 결과로 일어나다, ~로 끝나다
명 결과, 성과

☐ **return**[ritə́ːrn] 통 돌아오다, 돌려주다
명 반납, 반환

☐ **review**[rivjúː] 통 검토하다, 복습하다
명 다시보기, 재검토

☐ **revival**[riváivəl] 명 부활, 부흥
▶ 통 revive

☐ **revolution**[rèvəlúːʃən] 명 혁명
▶ 형 revolutionary

☐ **reward**[riwɔ́ːrd] 명 보상, 보수
통 보답하다, 상 주다

☐ **riddle**[rídl] 명 수수께끼 = puzzle

☐ **ride**[raid] 통 (자전거, 말 등을) 타다

☐ **roar**[rɔːr] 통 으르렁거리다, 고함치다

☐ **robber**[rɔ́bər] 명 강도 ▶ 통 rob
명 robbery 통 steal

☐ **role**[roul] 명 역할, 배역

☐ **roll**[roul] 통 구르다

☐ **rough**[rʌf] 형 거친, 험한

☐ **route**[ruːt] 명 진로, 노선

☐ **row**[rou] 명 열, 줄 통 배의 노를 젓다

☐ **rub**[rʌb] 통 문지르다, 마찰하다

☐ **rude**[ruːd] 형 버릇없는, 무례한
▶ 명 rudeness

☐ **ruin**[rúːin] 명 파멸, 폐허
통 망치다, 파괴하다

☐ **rule**[ruːl] 명 규칙; 지배
명 지배[통치]하다;
규정하다
▶ 명 ruler

☐ **rush**[rʌʃ] 통 돌진하다, 급히 ~하다

☐ **sail**[seil] 통 항해하다 명 항해

☐ **salt**[sɔːlt] 명 소금 ▶ 형 salty

☐ **satellite**[sǽtəlàit] 명 인공위성

☐ **satisfy**[sǽtisfài] 통 만족시키다
▶ 명 satisfaction
형 satisfactory

☐ **save**[seiv] 통 구[출]하다; 절약[저축]하다
▶ 형 safe 명 safety

☐ **saw**[sɔː] 명 톱 통 톱질하다

☐ **scar**[skɑːr] 명 흉터, 상처

☐ **scare**[skɛər] 통 놀라게 하다, 위협하다
▶ 형 scary

☐ **scene**[siːn] 명 장면, 광경, 현장
▶ 형 scenic 명 scenery

☐ **schedule**[skédʒu(ː)l] 명 시간표, 예정

☐ **scholar**[skálər] 명 학자; 장학생
▶ 명 scholarship
형 scholastic

☐ **science**[sáiəns] 명 과학, 학문
▶ 명 scientist
형 scientific

☐ **scratch**[skrætʃ] 통 긁다, 할퀴다

☐ **scream**[skriːm] 통 비명 지르다, 외치다
명 비명, 절규

☐ **sculpture**[skʎlptʃər] 명 조각 통 조각하다

☐ **search**[səːrtʃ] 통 찾다, 검색[수색]하다

☐ **secret**[síːkrit] 명 비밀 ▶ 명 secretary

□ **section** [sékʃən]   몡 절단, 단면, 구역

□ **seed** [siːd]   몡 씨(앗), 근원
 동 씨 뿌리다

□ **seldom** [séldəm]   몡 드물게, 좀처럼 ~않는

□ **select** [silékt]   동 선별하다, 뽑다
 ▶ 몡 selection

□ **selfish** [sélfiʃ]   형 이기적인

□ **semester** [siméstər]   몡 학기

□ **senior** [síːniər]   몡 65세 이상 노인, 4학년
 ▶ 몡 junior

□ **sense** [sens]   몡 감각, 느낌, 분별력, 의미
 동 알다, 느끼다
 ▶ 형 sensitive, sensible
 몡 sensation

□ **sentence** [séntəns]   몡 문장; 판결
 동 판결을 내리다

□ **series** [síəriːz]   몡 시리즈, 연속

□ **serious** [síəriəs]   형 심각한, 진지한
 ▶ 몡 seriously

□ **serve** [səːrv]   동 봉사[복무]하다, 시중들다, 도움이 되다
 ▶ 몡 service, servant

□ **settle** [sétl]   동 자리 잡다, 정착하다, 해결하다
 ▶ 몡 settlement

□ **shadow** [ʃǽdou]   몡 그림자, 그늘(shade)

□ **shake** [ʃeik]   동 흔들다 몡 흔듦, 진동

□ **shame** [ʃeim]   몡 수치, 불명예
 동 창피 주다, 부끄럽게 하다
 ▶ 형 shameful

□ **shape** [ʃeip]   몡 모양, 형태, 형식
 동 모양을 만들다, 구상하다

□ **share** [ʃɛər]   동 공유하다, 함께 갖다[쓰다]
 몡 몫, 할당, 역할

□ **sheet** [ʃiːt]   몡 한 장, 시트

□ **shell** [ʃel]   몡 껍데기, 포탄
 ▶ 몡 seashell

□ **shoot** [ʃuːt]   동 쏘다, 발사하다; 촬영하다
 ▶ 몡 shot

□ **shore** [ʃɔːr]   몡 바닷가, 해변

□ **shout** [ʃaut]   동 소리치다

□ **shower** [ʃáuər]   몡 샤워; 소나기
 동 샤워하다

□ **shrug** [ʃrʌg]   동 어깨를 으쓱하다, 움츠리다

□ **shut** [ʃʌt]   동 닫다, 폐쇄하다

□ **shy** [ʃai]   형 수줍어하는, 소심한
 동 피하다, 뒷걸음질치다
 ▶ 몡 shyness

□ **sidewalk** [sáidwɔ̀ːk]   몡 보도, 인도

□ **sigh** [sai]   몡 한숨
 동 한숨쉬다

□ **sight** [sait]   몡 시각, 봄; 조망, 광경; 견해
 동 찾아내다, 목격하다

□ **sign** [sain]   몡 기호, 사인, 신호, 조짐
 ▶ 몡 signature

□ **silent** [sáilənt]   형 침묵하는, 고요한
 ▶ 몡 silence

□ **silly** [síli]   형 바보 같은, 어리석은

□ **similar** [símələr]   형 비슷한, 닮은
 ▶ 몡 similarity
 부 similarly

□ **sincere** [sinsíər]   형 진지한, 성실한
 ▶ 몡 sincerity

□ **sink**[siŋk]	통 가라앉다, 기울다, 침몰시키다	□ **spark**[spɑːrk]	통 불꽃이 튀다, 번쩍이다 명 불꽃, 섬광
□ **situation**[sìtʃuéiʃən]	명 상황, 위치, 사태 ▶ 통 situate	□ **special**[spéʃəl]	형 특별한, 전문의 ▶ 명 specialty 명 specialize
□ **skill**[skil]	명 기술, 숙련 ▶ 형 skillful	□ **species**[spíːʃi(ː)z]	명 동식물의 종(種), 종류
□ **skinny**[skíni]	형 바싹 마른, 빼빼한 ▶ 명 skin	□ **speech**[spiːtʃ]	명 말, 언어, 연설
□ **skip**[skip]	통 거르다, 빠뜨리다, 깡충 뛰다	□ **spell**[spel]	통 철자를 쓰다[말하다]
		□ **spend**[spend]	통 쓰다, 소비하다
□ **slave**[sleiv]	명 노예 ▶ 명 slavery	□ **spirit**[spírit]	명 정신, 기백, 영혼(soul) ▶ 형 spiritual
□ **slide**[slaid]	명 미끄러짐, 미끄럼틀 통 미끄러지다, 가만히 빠져나가다	□ **spot**[spɑt]	명 점, 얼룩; 장소 형 즉석의 통 포착하다, 알아맞히다
□ **slip**[slip]	통 미끄러지다, 미끄러져 넘어지다 명 미끄러짐, 잘못	□ **spread**[spred]	통 펴다, 퍼뜨리다
		□ **square**[skwɛər]	명 광장, 정사각형
□ **smooth**[smuːð]	형 매끄러운, 유창한, 세련된 ▶ 명 smoothly	□ **stair**[stɛər]	명 계단
		□ **stamp**[stæmp]	명 도장, 우표
□ **sniff**[snif]	통 킁킁거리다, 냄새 맡다	□ **standard**[stǽndərd]	명 표준 형 표준의 ▶ 통 standardize
□ **society**[səsáiəti]	명 사회, 계층 ▶ 형 social		
□ **soil**[sɔil]	명 토양, 흙	□ **stare**[stɛər]	통 노려보다, 응시하다
□ **solar**[sóulər]	형 태양의	□ **state**[steit]	명 상태, 형편; 국가, 주 통 주장하다, 말하다 ▶ 명 statement
□ **soldier**[sóuldʒər]	명 군인, 병사		
□ **solve**[sɔlv]	통 풀다, 해결하다 ▶ 명 solution	□ **statue**[stǽtʃuː]	명 상(像), 조각상
		□ **stay**[stei]	통 그대로 있다, 머물다, 묵다
□ **somewhere**[sʌ́mhwɛ̀ər]	명 어딘가에, 어디쯤	□ **steady**[stédi]	형 꾸준한, 안정된
□ **sore**[sɔːr]	형 쓰린, 아픈	□ **stem**[stem]	명 줄기, 계통 통 유래하다, 생기다
□ **source**[sɔːrs]	명 근원, 원인		
□ **sow**[sou]	명 씨 뿌리다	□ **stick**[stik]	명 막대기, 매 통 찌르다; 붙이다 ▶ 형 sticky
□ **space**[speis]	명 공간, 우주 ▶ 형 spacious		

□ **still** [stil]	부 아직, 여전히; 훨씬, 더욱 형 움직이지 않는, 조용한
□ **stomach** [stʌ́mək]	명 배, 위
□ **stormy** [stɔ́:rmi]	형 폭풍우 몰아치는; 격렬한 ▶ 명 storm
□ **straight** [streit]	형 곧은, 직접의, 솔직한
□ **strange** [streindʒ]	형 이상한, 낯선
□ **stream** [stri:m]	명 흐름, 조류, 경향
□ **strength** [streŋkθ]	명 힘, 세기 ▶ 형 strong
□ **string** [striŋ]	명 줄, 일렬
□ **strike** [straik]	동 치다, 부딪다, 습격하다; 파업하다 명 타격, 스트라이크; 파업
□ **stripe** [straip]	명 줄무늬[자국]
□ **structure** [strʌ́ktʃər]	명 구조, 조직 ▶ 형 structural
□ **struggle** [strʌ́gəl]	동 애쓰다, 노력하다 명 고생, 투쟁
□ **stupid** [stjú:pid]	형 어리석은, 우둔한 ▶ 명 stupidity
□ **subject** [sʌ́bdʒikt]	명 과목; 주제; 국민 형 복종하는; ~받기 쉬운; ~을 조건으로 ▶ 형 subjective 명 subjection
□ **suburb** [sʌ́bə:rb]	명 교외, 근교
□ **subway** [sʌ́bwèi]	명 지하철
□ **succeed** [səksí:d]	동 성공하다; 계속되다, 계승하다 ▶ 명 succession, success
□ **suck** [sʌk]	동 빨다; 흡수하다

□ **suddenly** [sʌ́dnli]	부 갑자기, 느닷없이 ▶ 형 sudden
□ **suffer** [sʌ́fər]	동 괴로워하다, 견디다
□ **suggest** [səgdʒést]	동 제안하다, 암시하다 ▶ 명 suggestion
□ **suit** [su:t]	동 일치시키다, ~에 적합하다 명 소송; 양복 ▶ 형 suitable
□ **sum** [sʌm]	명 합계, 총액; 개요 동 합계하다, 요약하다 ▶ 명 summary 동 summarize
□ **sunrise** [sʌ́nràiz]	명 해돋이 ↔ sunset
□ **superstition** [sù:pərstíʃən]	명 미신 ▶ 형 superstitious
□ **supply** [səplái]	동 공급하다, 보충하다 명 공급, 보급(품)
□ **suppose** [səpóuz]	동 가정[추측]하다, 만약 ~라면 ▶ 명 supposition, supposal 부 supposedly
□ **surface** [sə́:rfis]	명 표면, 외관 형 표면의, 지상의
□ **surprise** [sərpráiz]	동 놀라게 하다 명 놀람, 뜻밖의 일
□ **surround** [səráund]	동 에워싸다, 포위하다 명 경계, 환경 ▶ 명형 surrounding
□ **survive** [sərváiv]	동 생존하다, ~보다 오래 살다 ▶ 명 survival
□ **swing** [swiŋ]	동 흔들리다, 빙 돌다, 진동하다 명 흔들림, 그네
□ **talent** [tǽlənt]	명 재능, 탤런트

□ **taste**[teist]　몡 미각, 맛, 기호
　▶ 혱 tasteful

□ **tax**[tæks]　몡 세금, 부담
　동 과세하다
　▶ 몡 taxation

□ **tear**[tɛər]　동 찢다　몡 [tiər] 눈물

□ **technical**[téknikəl]　혱 기술의, 전문의
　▶ 몡 technics

□ **teenager**[tíːnèidʒər]　몡 십대, 청소년
　▶ 혱몡 teen

□ **temperature**[témpərətʃər]　몡 온도, 체온

□ **temple**[témpəl]　몡 사원, 신전

□ **tend**[tend]　동 ~하는 경향이 있다
　▶ 몡 tendency

□ **tender**[téndər]　혱 부드러운, 상냥한

□ **term**[təːrm]　몡 기간, 학기; 조건; 용어
　동 이름 짓다, 칭하다

□ **terrible**[térəbəl]　혱 심한, 지독한; 무서운
　▶ 동 terrify
　몡 terror

□ **thermometer**[θərmámitər]　몡 온도계

□ **thief**[θiːf]　몡 도둑

□ **thin**[θin]　혱 얇은, 희박한

□ **thirsty**[θə́ːrsti]　혱 목마른, 갈망하는

□ **thoughtful**[θɔ́ːtfəl]　혱 생각이 깊은, 신중한
　▶ 몡 thought

□ **threat**[θret]　몡 위협, 협박
　▶ 동 threaten

□ **thrilled**[θrild]　혱 스릴 있는, 오싹한
　▶ 몡동 thrill

□ **throw**[θrou]　동 던지다

□ **thunder**[θʌ́ndər]　몡 천둥; 호통
　동 천둥치다, 호통 치다
　▶ 혱 thunderous

□ **tide**[taid]　몡 조수(밀물과 썰물);
　흥망; 풍조, 경향

□ **tie**[tai]　동 묶다, 결합하다
　몡 결합, 유대

□ **tight**[tait]　혱 꼭 끼는, 빈틈없는

□ **timetable**[táimtèibl]　몡 시간표

□ **tiny**[táini]　혱 작은, 조그마한

□ **tired**[taiərd]　혱 피곤한, 지친
　▶ 동 tire

□ **tongue**[tʌŋ]　몡 혀; 말, 언어

□ **tool**[tuːl]　몡 도구, 수단

□ **total**[tóutl]　혱 전체의, 합계의, 완전한
　▶ 부 totally

□ **touch**[tʌtʃ]　동 만지다, 닿다; 감동시키다
　몡 접촉; 기미
　▶ 혱 touchable

□ **tough**[tʌf]　혱 거친, 강인한

□ **tourist**[túərist]　몡 관광객　▶ 동몡 tour

□ **trace**[treis]　몡 발자국, 흔적
　동 흔적을 쫓다, 원인을 찾다

□ **track**[træk]　몡 자국, 진로, 궤도
　동 추적하다

□ **trade**[treid]　몡 무역, 거래
　동 거래[무역]하다

□ **tradition**[trədíʃən]　몡 전통　▶ 혱 traditional

□ **traffic**[trǽfik]　몡 교통　혱 교통의

□ **trap**[træp]　몡 덫, 함정

□ **travel**[trǽvəl]　동 여행하다　몡 여행

□ **treasure**[tréʒər]	몡 보물, 소중한 것		□ **useless**[júːslis]	혱 불필요한, 쓸모없는 ↔ useful
□ **treat**[triːt]	통 다루다, 대우[대접]하다 ▶ 몡 treatment		□ **usually**[júːʒuəli]	뷔 보통, 대개 ▶ 혱 usual
□ **trick**[trik]	몡 장난, 묘기, 속임수 통 속이다		□ **vain**[vein]	혱 헛된, 보람 없는; 허영심이 강한 ▶ 몡 vanity
□ **trip**[trip]	몡 여행 통 여행하다		□ **valley**[væli]	몡 골짜기, 계곡
□ **triumph**[tráiəmf]	몡 승리, 대성공 통 승리를 거두다, 성공하다 ▶ 혱 triumphant		□ **valuable**[vǽljuːəbəl]	혱 귀중한, 값비싼 ▶ 몡 value 혱 invaluable
□ **tropical**[trɔ́pikəl]	혱 열대의, 적도의 ▶ 몡 tropic		□ **vary**[vέəri]	통 다양하다, 다양하게 하다 ▶ 혱 various 몡 variety
□ **trouble**[trʌ́bəl]	몡 고생, 문제, 골칫거리, 불화 통 걱정시키다, 폐 끼치다		□ **vegetable**[védʒətəbəl]	몡 야채 ▶ 몡 vegetarian
□ **trust**[trʌst]	통 신뢰하다, 믿고 맡기다 몡 신뢰		□ **view**[vjuː]	몡 전망, 시야; 의견 통 보다, 조사하다, 판단하다
□ **truth**[truːθ]	몡 진실, 진리 ▶ 혱 true		□ **virtue**[vә́ːrtʃuː]	몡 미덕, 장점
□ **tunnel**[tʌ́nl]	몡 터널		□ **village**[vílidʒ]	몡 마을
□ **turn**[təːrn]	통 돌다, 변하다		□ **voice**[vɔis]	몡 목소리
□ **twice**[twais]	몡 두 번, 2회		□ **vote**[vout]	통 투표하다 몡 투표
□ **type**[taip]	몡 유형, 모범 통 타이핑하다		□ **voyage**[vɔ́iidʒ]	몡 항해, 여행
□ **umbrella**[ʌmbrélə]	몡 우산		□ **waist**[weist]	몡 허리
□ **unity**[júːnəti]	몡 통일, 일치, 단일 ▶ 통 unify 몡 union, unification		□ **wait**[weit]	통 기다리다; 시중들다 ▶ 통 await
□ **universe**[júːnəvə̀ːrs]	몡 우주, 만물 ▶ 혱 universal		□ **wake**[weik]	통 잠 깨우다, 깨다; 깨닫다 ▶ 통혱 awake
□ **unless**[ənlés]	젼 ~하지 않으면		□ **warn**[wɔːrn]	통 경고하다, 주의 주다
□ **upset**[ʌpsét]	통 뒤집어엎다, 화나게[불안하게] 하다		□ **waste**[weist]	통 허비[낭비]하다, 소모시키다 ▶ 혱 wasteful
□ **upside**[ʌ́psàid]	몡 윗면, 위쪽 ↔ downside			

□ **weak** [wiːk]	혭 약한	□ **wise** [waiz]	혭 현명한, 지혜로운
□ **wealth** [welθ]	몝 부, 재산 ▶ 혭 wealthy	□ **witness** [wítnis]	몝 목격자, 증인 톰 목격하다
□ **weapon** [wépən]	몝 무기 ▶ 몝 weaponary	□ **witty** [wíti]	혭 재치 있는 ▶ 몝 wit
□ **wear** [wɛər]	톰 옷[신발, 장신구 등]을 입다	□ **wonder** [wΛndər]	몝 놀라움, 경이, 불가사의 톰 놀라다, 의아하게 여기다, 의심하다 ▶ 혭 wonderful
□ **weather** [wéðər]	몝 날씨, 일기		
□ **weight** [weit]	몝 무게; 중요성 ▶ 톰 weigh	□ **word** [wəːrd]	몝 단어, 말; 약속
□ **welfare** [wélfɛ̀ər]	몝 복지	□ **worth** [wəːrθ]	혭 ~의 가치가 있는 몝 가치 ▶ 혭 worthy, worthless
□ **wet** [wet]	혭 젖은, 비 오는		
□ **whisper** [hwíspər]	톰 속삭이다 몝 속삭임	□ **wound** [wuːnd]	몝 부상, 상처 톰 상처를 입히다
□ **whistle** [hwísəl]	몝 휘파람, 호루라기 톰 휘파람[호루라기] 불다	□ **wrap** [ræp]	톰 감싸다, 포장하다; 끝내다
□ **whole** [houl]	혭 전부의, 완전한	□ **yell** [jel]	톰 고함치다 몝 외침
□ **wild** [waild]	혭 야생의, 사나운, 거친 ▶ 몝 wildness, wilderness